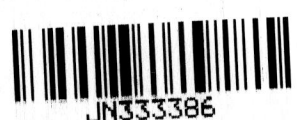

口絵 1　1662 年日向灘地震以後の 1702 年頃に完成した元禄絵図における
宮崎市大淀川から加江田川河口付近
（『宮崎県史通史編近世下　付図』、部分、宮崎県立図書館蔵）

口絵 2　想定 M9.1 南海トラフ地震による津波波源（津波波源ケース 11）と堤防崩壊条件の
もとでの津波シミュレーションによるこの地域の津波来襲後の浸水域
（地震工学研究開発センター提供）

口絵 3　1662 年日向灘地震（外所地震）の供養碑
（宮崎市島山：7 基の供養碑）

口絵 4　1662 年日向灘地震で 7 つの村が海に
沈んだ地域の干拓に尽力した飫肥藩士の
杉田新左衛門の石碑

口絵 5　現在の清武川と加江田川河口付近の航空写真（宮崎市提供）

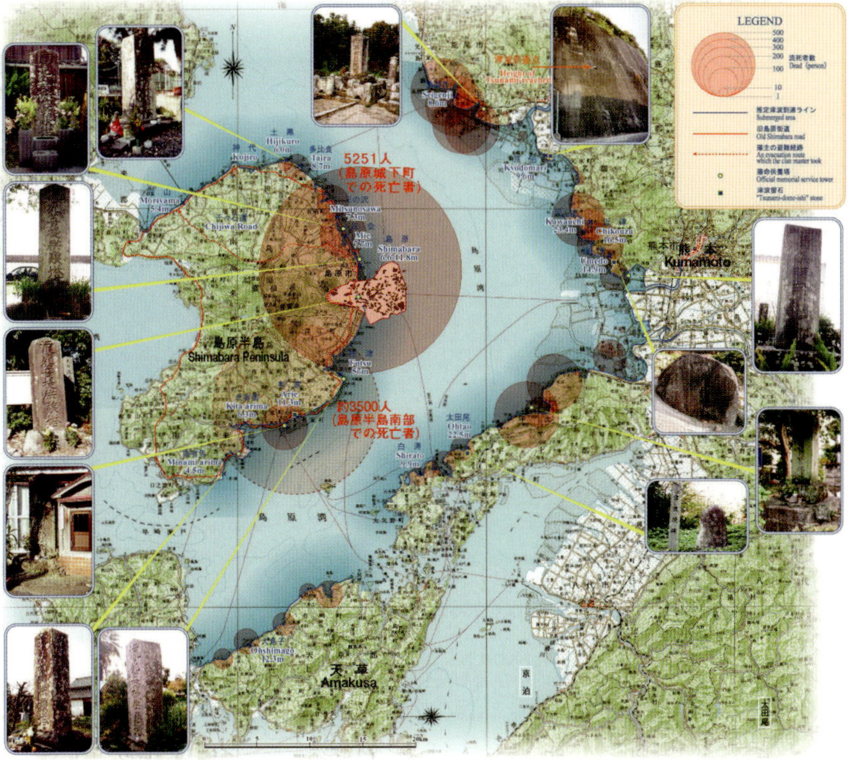

口絵 6　島原大変肥後迷惑による有明海の被害状況と慰霊碑（雲仙復興事務所 2003）

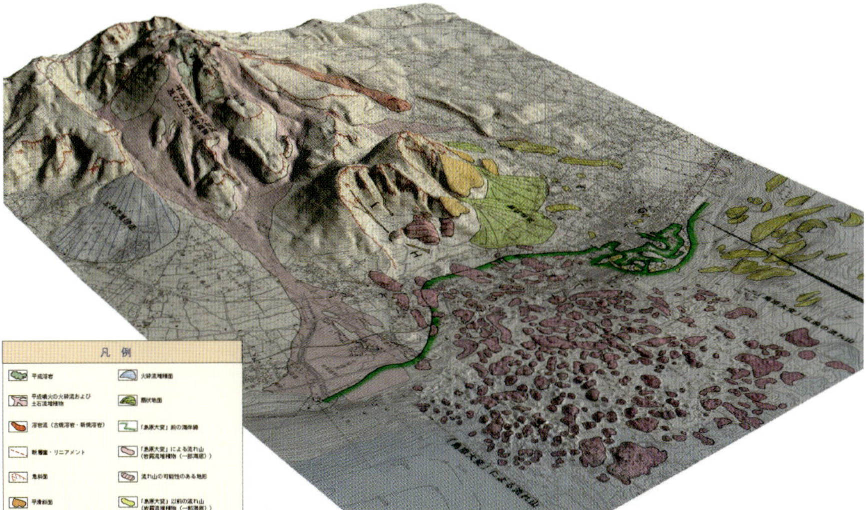

口絵 7　雲仙普賢岳と眉山の立体地形分類図
（井上 1999，雲仙復興事務所 2003）

口絵８　寛政四年大震図
（本光寺常盤歴史資料館蔵）
三月朔頃、新焼け溶岩が流下している。
島原湊付近の地形が表現されている。

口絵９　島原大変大地図（島原図書館肥前島原松平文庫蔵）
四月朔地震後の眉山の山体崩壊と流れ山地形が描かれている。

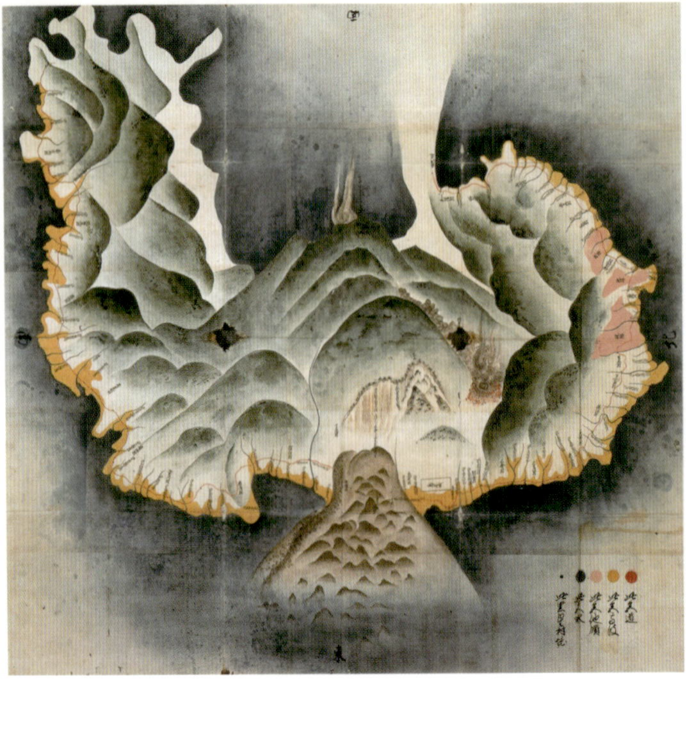

口絵 10　大変後島原絵図
（本光寺常盤歴史資料館蔵）
眉山の山体崩壊と島原半島沿いの津波の遡上高が渓流毎に描かれている。北側のピンクの部分は佐賀藩神代領で、佐賀藩からの救援物資が神代湊に送られ、被災民に配給された（『大岳地獄物語』）。

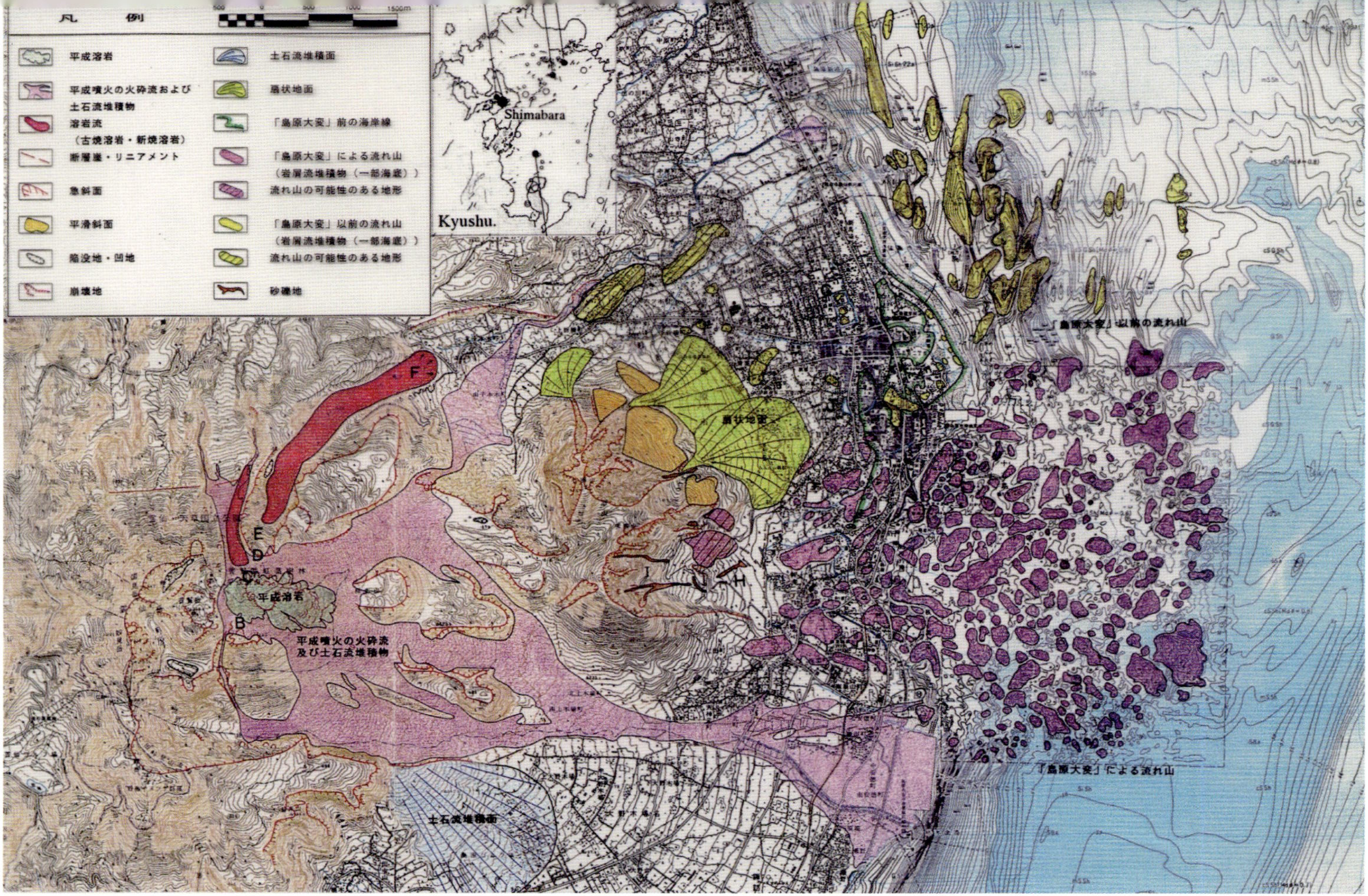

口絵 11　雲仙普賢岳・眉山周辺の地形分類図（井上 1999）

口絵 12　南側の布津断層から普賢岳・眉山を望む（2007 年 10 月井上撮影）

口絵 13　火砕流で焼けた大野木場小学校校舎
（1991 年 11 月杉本撮影）

口絵 14　雲仙岳災害記念館
（2002 年 9 月杉本撮影）

口絵 15　土石流被災家屋保存公園（2013 年 10 月杉本撮影）

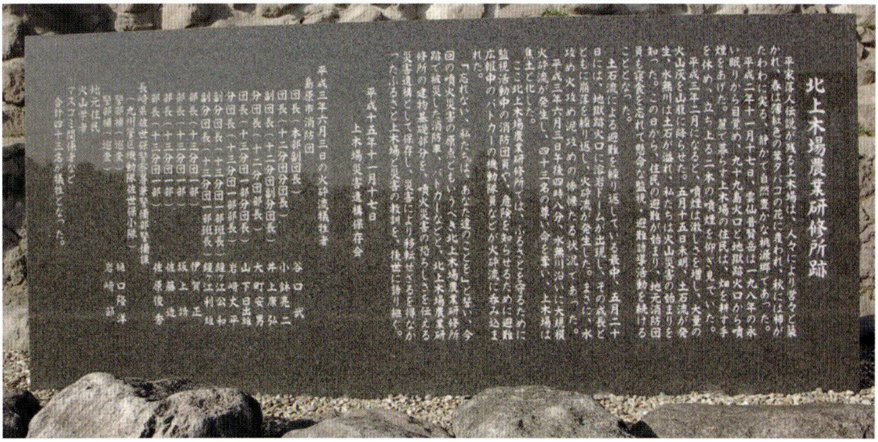

口絵 16　北上木場農業研修所跡碑文（2007 年 2 月杉本撮影）

口絵 17　土石流で埋まったわれん川（1993 年 6 月杉本撮影）

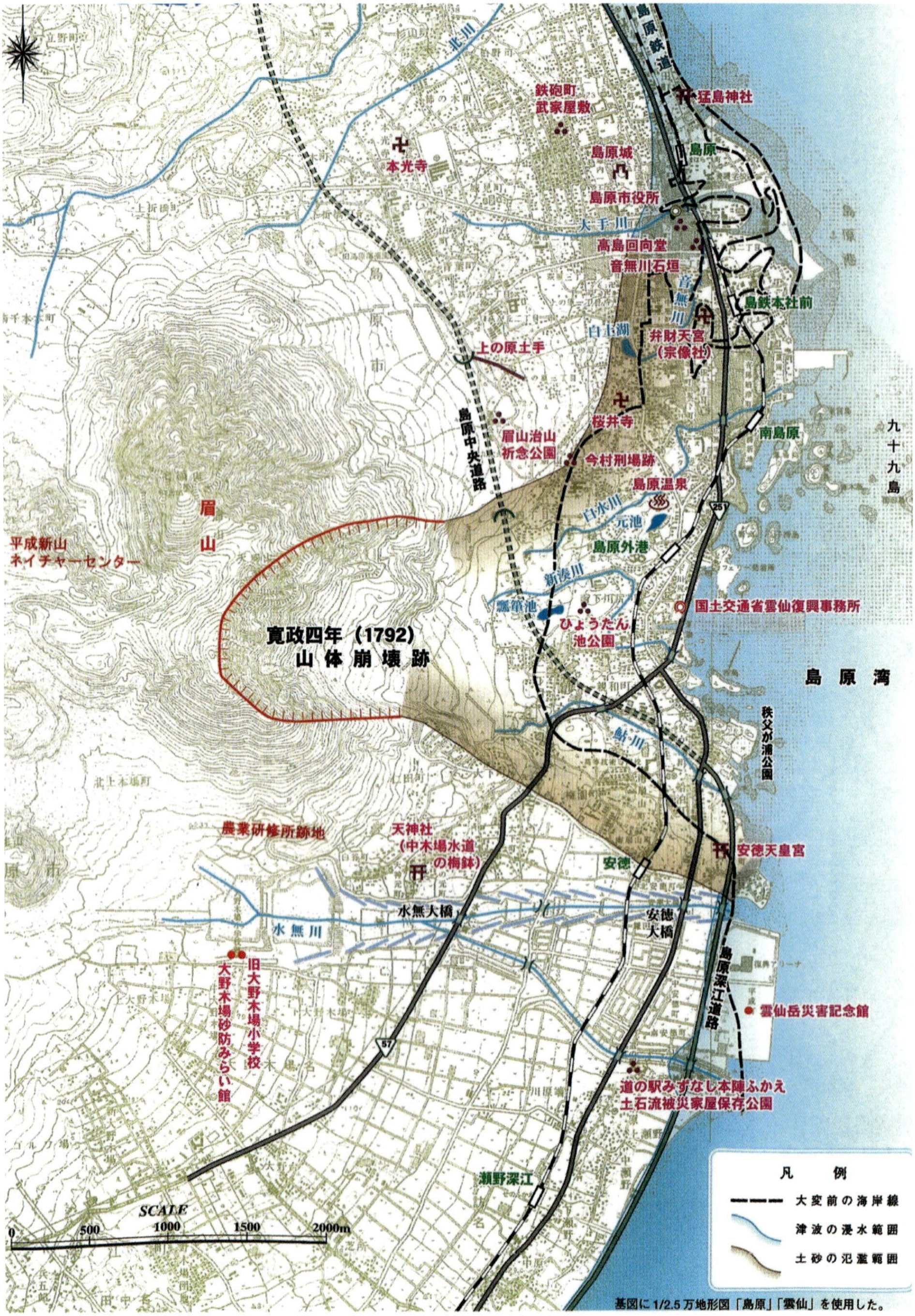

口絵 18　島原大変 1792 遺構と平成噴火の関連施設（雲仙復興事務所 2003 を修正）

口絵 19　山川河内地区の災害伝承

j

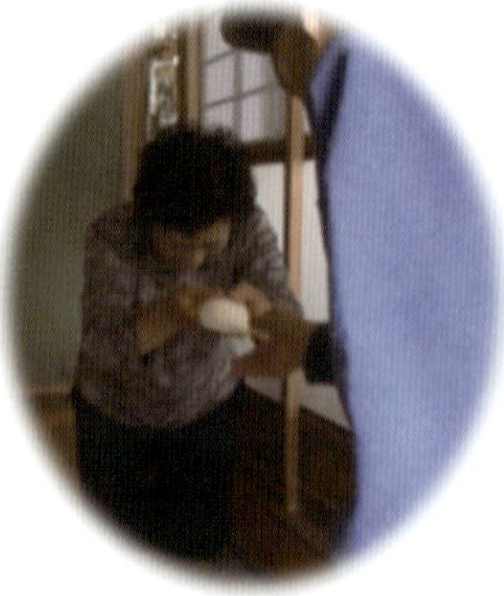

【念仏講まんじゅう】
毎月 14 日にまんじゅう等を各家持ち回りで全戸に配る山川河内独特の
行事「念仏講」。1860（万延元）年 4 月 9 日に発生した土砂災害の犠牲者の捜索が 13 日に打ち切られ、14 日に供養の法要が営まれたことに由来。

【万延元年の崩壊跡】
万延元年（1860）4 月 9 日(新暦では 5 月 29 日)、長崎地方で大水害が発生。ことに山川河内の被害は大きかった。早朝、山川河内川左岸の逃底川上流で山潮が発生（幅 25 間（約 46 m)、長さ 150 間（約 273 m))。
死者 33 人（男 18、女 15)・負傷者 1 人、住家 6 戸全壊・1 戸半壊、小屋 7 棟、家畜 13 頭（牛 6、馬 7)、田畑 0.14ha の被害。

口絵 20　念仏講まんじゅうと万延元年の崩壊跡

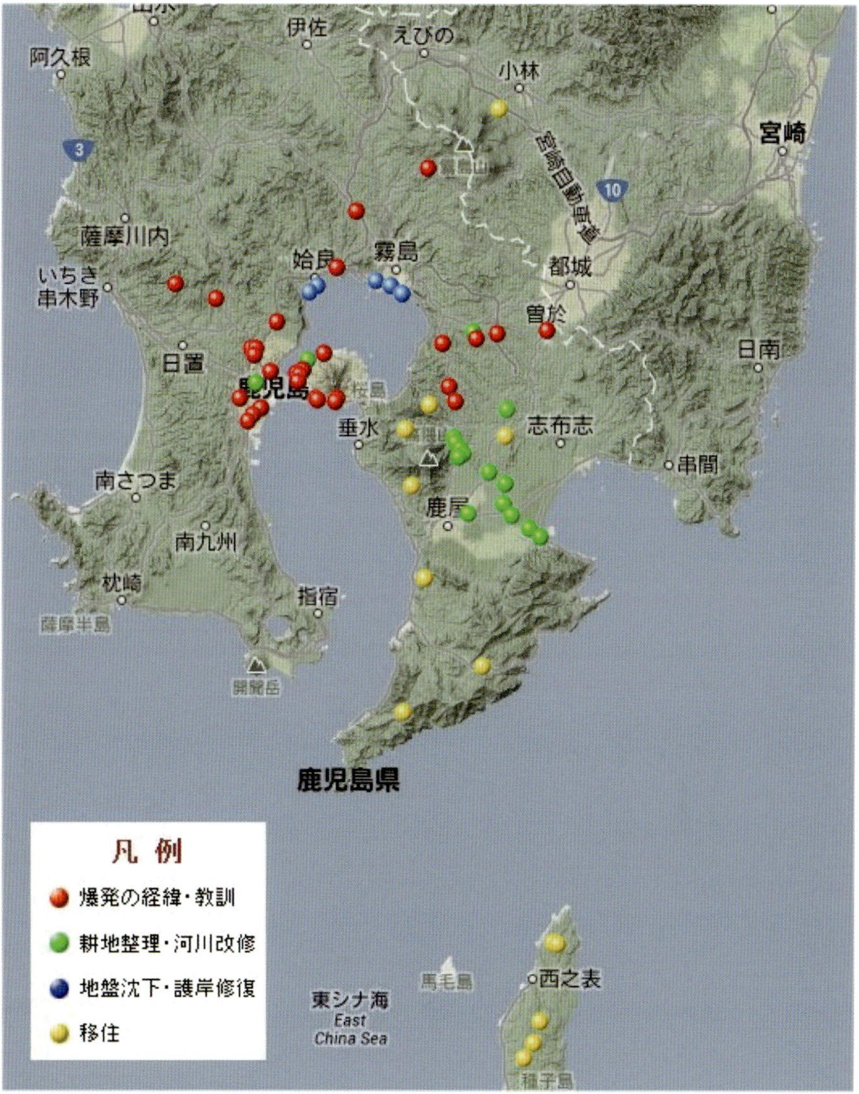

口絵 21　桜島大正噴火記念碑分布図

①噴火や地震の経緯と教訓をまとめたもの。桜島島内と鹿児島市周辺に多い。30 基

②降灰被害に伴う耕地整理や、土石流・洪水に伴う河川改修に関するもの。大隅半島、とくに串良川沿岸に多い。16 基＋（1 基行方不明）

③地盤沈下と高潮による塩田や干拓地の沈水と護岸決壊に関するもの。鹿児島湾奥部に多い。7 基

④移住の苦労と開拓魂を伝えようとするもの。宮崎県小林市から種子島までの移住者集落にある。12 基

口絵 22　櫻島爆發記念碑（東桜島小学校）
（2010 年 4 月岩松撮影）

口絵 23　櫻島爆發移住記念碑（南大隅町桜原）
（2009 年 12 月岩松撮影）

口絵 24　七高地質鉱物講師篠本二郎（？）のスケッチ（東京大学小藤文庫蔵）
（2010 年 1 月岩松撮影）

口絵 25　有村一同祖先歴代之總塔
（2009 年 12 月岩松撮影）

口絵 26　櫻島爆發記念碑（始良市立梲城小学校）
（2009 年 12 月岩松撮影）

口絵 27　烏島この下に（鹿児島市桜島町赤水）（2012 年 12 月岩松撮影）

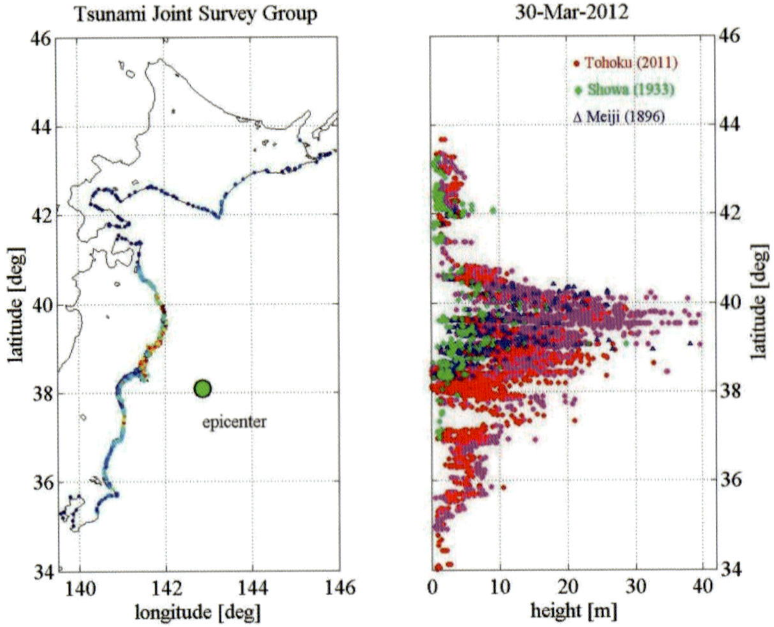

口絵 28　明治・昭和・平成の津波の比較（土木学会 2012）

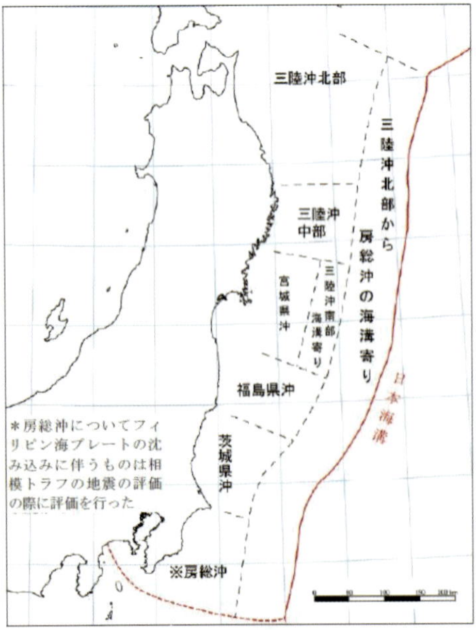

口絵 29　想定地震分布
（地震調査研究推進本部の HP より）

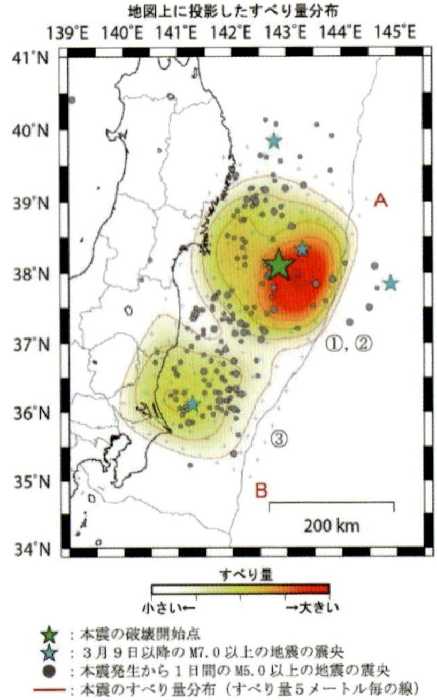

口絵 30　平成地震のすべり分布
（地震調査研究推進本部の HP より）

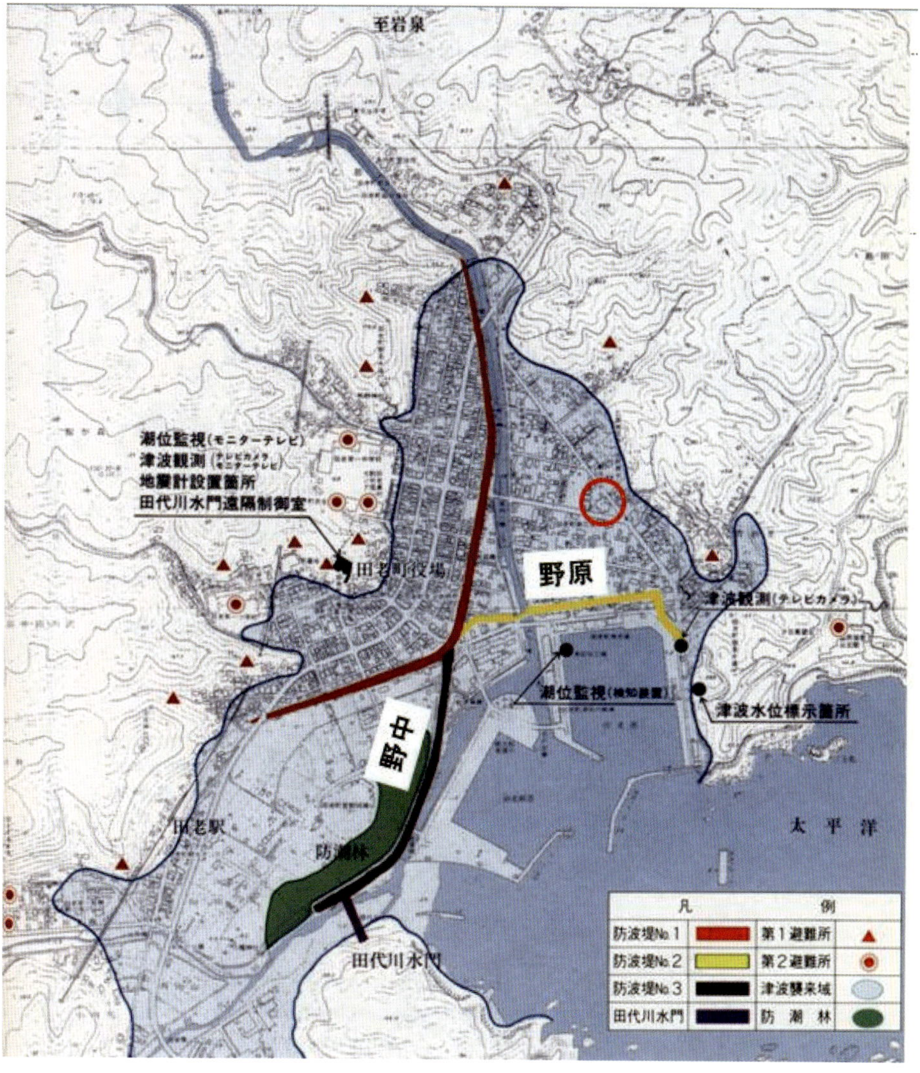

口絵 31　宮古市田老の津波対策（旧田老町地域ガイド 1995）
（岩手日報 2011 年 10 月 26 日）

口絵 32　宮城県歌津町港の津波到達標柱（首藤撮影）

口絵 33　奥尻島青苗の残った鉄筋コンクリート造の土蔵（首藤撮影）

口絵 34　宮古市田老の岩壁上の津波高（首藤撮影）

口絵 35　宮古市田老のたろう観光ホテル（保田真理氏提供）

災害伝承

—命を守る地域の知恵—

高橋和雄編著

古今書院

まえがき

2011年3月11日東日本大震災で過去に発生した津波の災害伝承が継承された地域では津波による人的被害が少なく、逆に災害伝承が途絶えた地域では同じ被害を繰り返したことが指摘されている。数百年に1回程度発生するような低頻度の災害は規模が大きく甚大な人的被害を招くが、世代を跨いで発生するために、日常生活からは忘れられるのが一般的である。災害教訓が石碑、口伝、災害遺構の保存などの手段によって世代を超えて伝承されたことにより、過去の災害体験が土地利用や警戒避難に活用され、減災につながったと解釈される。

このことを受けて、東日本大震災の教訓と課題について防災教育などを通じて後世にしっかりと伝えていく重要性が再確認され、2012年6月に改正された災害対策基本法に災害教訓の継承が明記されるとともに、防災教育が努力義務化された。長崎県においても2013年4月に制定された県防災基本条例「みんなで取り組む災害に強い長崎県づくり」において、災害伝承と防災教育が盛り込まれた。

一方、1990-95年雲仙普賢岳の火山災害後に策定された復興計画において災害遺構を保存し、火山学習や災害体験の場、火山観光の資源として活用することが地域の活性化の1つの柱として掲げられた。この結果、火砕流で焼失した旧大野木場小学校校舎の現地保存、土石流被災家屋の保存などがなされた。続いて、慰霊の場、生活記憶の継承の場として北上木場農業研修所跡の保存、われん川の復元などが地元町内会などによってなされた。さらに、火砕流によって被災したが、よみがえって、被災者に復興の意欲を湧かせた銀杏の木、柿の木、タブの木なども保存された。その後これらの災害遺構は平成新山フィールドミュージアム構想に組み込まれ、さらに、島原半島ジオパークに位置付けられた。島原半島ジオパークは世界ジオパークに認定され、防災・減災、火山との共生は変動帯のジオパークの柱になっている。2012年5月に島原半島で開催された「第５回ジオパーク国際ユネスコ会議」の島原宣言でも東日本大震災の被災体験を教育の手段に活用することが盛り込まれた。

内閣府中央防災会議の専門調査会「地方都市等における地震防災のあり方に関する専門調査会 (座長河田恵昭関西大学教綬)」の報告書 (2012 年３月) でも「中山間地域の復興対策の方向性」で被災経験を活かした地域経済の活性化の項目が設けられ、「被災経験・教訓に関する情報発信や災害遺構の保存・活用など、復興期や振興期には災害メモリアルを活用して、地域経済にも寄与するような復興計画を策定するとともに、持続的な情報発信を目指す必要がある。」と記載された。このように災害遺構の保存の方向性が示され、一歩前進といえるが、災害遺構の保存や維持管理を行うための仕組みがまだない。

災害伝承の重要性は、津波に限らず、風水害、震災、火山災害、土砂災害などのあらゆる災害に共通することで、東日本大震災で改めて確認されたと言える。災害伝承の方法はまさに地域の生き残る知恵で、前述の石碑、災害遺構の保存、口伝、諺、民話、地名などさまざまな媒体がある。さらに、災害伝承が確実に後世に伝えられるための工夫もあると考えられる。

朝日新聞 (2013 年５月 26 日) によれば、東日本大震災がきっかけで、地震や風水害、噴火を伝える古文書・石碑類や、地層に残る津波の痕跡を調べている都道府県が 27 道府県に上ることが分かったという。

本書では、災害伝承や災害遺構の保存に取り組んできた研究者や博物館などの実務者に執筆を依頼した。まず、主として九州地区を対象とした土砂災害、火山噴火、地震、津波などのいくつかの災害伝承の事例と雲仙普賢岳の火山災害から積極的に取り組まれてきた災害遺構の保存と活用、課題を紹介する。さらに、東日本大震災の被災地において大きな課題となっている災害伝承のコアとなる災害遺構の保存の取組みの現状をまとめる。

災害伝承や災害遺構はこれまであまり調査研究の対象や災害対策に活用されてこなかったが、今後はこれらの調査や活用の機会が増えるものと想定され、本書の出版は時宜を得ており、その意義は大きいと期待される。

目　次

第 1 章
歴史地震資料から学ぶ
—1662 年日向灘地震—

原田隆典

1　原理的に自然災害は怖いものではなくせる

世界中から自然災害がなくなったら、どんなにすばらしいだろう。「災害は忘れたころにやってくる」という名言を残した寺田寅彦は、1935 年に発表した『災難雑考』[1] の中で、「自然の現象と自然による災害とは区別して考えなければならない。現象の方は人間の力でどうにもならなくても、自然災害の方は注意次第でどんなにでも軽減される可能性がある」と説いているように、自然災害は原理的に人の力によってなくすことができる。例えば、大地震や大津波が起こっても、そこに人が住んでいなければ、あるいは丈夫な建物に住んでいれば、災害にはならない。

しかし現実には、寺田寅彦が 1938 年の『天災と国防』[2] の中で、「文明が進めば進むほど、天然の猛威による災害がその激烈の度を増す」と述べ、さらに、「21 世紀の時代では、日本全体が 1 つの高等な有機体である。各種の動力を運ぶ電線やパイプが縦横に操作し、色々な交通網がすきまなく張り巡らされている有様は高等動物の神経や血管と同様である。その神経や血管の一箇所に故障が起これば、その影響は全体に波及するであろう」と先見性を持った警告を発しているように、現代の経済・産業、私たちの生活は、多種多様の膨大な要素から構成された複雑なネットワークに依存しているので（ネットワーク社会）、いったん自然災害が起きると、国が衰退してしまうほどに被害の規模が大きくなってしまう。この原因は、ひとえに、自然災害の脅威を認識することよりも、健康で豊かな生活を追求することに重点を置いてきたからに他ならない。

事実、災害の研究は、医学や生産工学の分野に比べると遅れている。人類が始まって以来の重要な関心事は、病気、感染症や怪我による死を防ぐための課題の解決や、より快適な生活のための道具を生み出すことに向けられてきた。この関心事への強い動機が医学や生産工学を発展させてきた。

これまで築いてきた社会が、いかに自然災害に対して脆弱であり、いったん災害が起きると国家が衰退するような事態になるという事実を、日本に住む多くの人々が強く認識し、今の社会を再構築する覚悟を持つことによって、災害の研究が医学や生産工学と同じレベルになり、強く豊かで魅力的な国家に生まれ変われる。

現代社会は自然災害によって国が衰退するという危機を内蔵しているので、自然災害が重要な関心事となったのは近年のことであり、国家の衰退という危機を招かないためにも、自然災害の研究は、医学や生産工学の研究のレベルに達する必要がある。どんなに豊かな社会であっても、安全保障のない社会は衰退するということを皆が認識しなければならない。

ここで、自然災害をなくすために、もうひとつ重要な点を述べる。それは、上述したような自然災害の研究レベルを上げて、災害をなくす画期的な方法を見つけ出す天才的な研究者の出現を待ちつつも、一人ひとりが自然災害の現象やメカニズムと被害の知識を身に付けて、災害のイメージができるようになり、その場の状況に応じて臨機応変に対応できるようにするということも重要な解決方法である。

自然災害の予知に関しては、精度の点において不完全とはいえ、現在の研究レベルでもほとんどの自然現象の予知はできている。台風や洪水は約３日前からTVなどを通して情報が出される。津波も予知情報は出るが、強い揺れが起こってから数分してやってくるので、地震の揺れの後に津波が来ると考えていれば、各個人で津波の予知はできることになる。火山噴火も、山の膨張や地震観測により噴火の予測がかなりできるようになっている。また、自然災害の発生確率の高い危険場所を示すハザードマップも、国、県、市町村ごとに整備されているため、地域の危険場所は大方分かっている。

問題は、地震の予知を除けば自然災害の予知情報と地震を含む自然災害の危険場所（ハザードマップ）は社会に溢れているにもかかわらず、自然災害の犠牲者が出ていることにある。現行の法制度では、市町村長が避難勧告・指示を出す決まりとなっており強制力はない。緊急避難に関しては、自己責任を基本に据え、市民と行政の役割分担の合意形成を早急に推進しなければならない。

2　大震災の正体と常在防災の体制整備の必要性
―国が衰退するほどの自然災害は大震災と火山大噴火―

1923 年 9 月 1 日、東京を含む関東地域を襲ったわずか約 60 秒間の強い揺れに始まった関東大震災は、主に家屋倒壊や大火災によって約 100,000 人の犠牲者と経済損失を出した。その被害額は 40 ～ 65（平均額 55）億円とされているが、当時の国民総生産額（GNP）と一般会計予算額はそれぞれ約 150 億円、約 15 億円であり、被害額の国民総生産額や一般会計予算額との比率は、37％、367％と高いため、震災後の財政運営がうまくいかなかったのは当然である。事実、震災後、大規模な復旧・復興工事で短期的、局地的な好景気が出現したが、その後円の価格は低下、金融引き締め、輸入制限と経済成長の低下、さらに負債の増加や企業倒産が増加し、約 3 年で経済危機に直面した。この経済危機を契機に軍の権力が増し、中国への進出などを図り、結果的に我が国は第二次世界大戦への道を進んでしまった。

2011 年東日本大震災では、主に大津波による約 20,000 人の犠牲者と被害額 16 ～ 25（平均額 21）兆円の経済損失に加え、福島第一原発の過酷事故も発生し、エネルギー確保の不安定さが続いている。この震災の被害額と国内総生産額（GDP）や一般会計予算額との比率は、約 5％、22％で、関東大震災に比べるとはるかに低い値であるものの、関東大震災当時と比べ、経済・産業活動がグローバル化しており、エネルギー消費も莫大となっているため、この震災の経済損失が国を衰退させる契機となる可能性をはらんでいる。最大級の危機管理に基づいた慎重かつ大胆な経済政策でしか乗り切る方法はない。

ここで、震災と戦争とを簡単に比較しておく。第二次世界大戦では、300 万人を超える犠牲者と莫大な経済損失に加え、敗戦という精神的失望を経験した。それ以前の価値観や社会・政治構造が劇的に変わり、新しい時代の潮流に適合した新しい人々が国の再建に取り組みやすい環境となり、今日の繁栄につながった。一方、震災では、そのような劇的変化はなく、被害を招いた原因や責任の所在が曖昧にされがちで、ただ犠牲者の無念と経済損失だけが重くのしかかる。

要約すると、戦争は社会の劇的変化をもたらしその影響が分かりやすいが、大震災ではその影響がじわじわと襲ってくるので分かりにくい。人は劇的変化には反応し、対策を取るが、じわじわと襲ってくる変化には無抵抗になる傾向がある。このように考えると、地震・火山国日本の危機管理項目には、戦争と同じレベルで大震災・大噴火への危機を明確に位置づけ、その備えを進める体制（常在防災体制）の整備が喫緊の課題であることが分かる。

3　地震災害における温故知新の重要性

「地震防災は忘却との戦いだ」という思いをいつしか抱くようになった。我が国で過去 100 年間に地震・津波による犠牲者 1,000 人以上の被害をもたらした地震は 9 回も発生しているということ[例えば 3) 4) 5)]を一般市民や大学生が知らないという実情を認識した時からのように思う。前述したことを繰り返すが、歴史に学ぶと、自然災害によって国が衰退してしまうほどの大被害をもたらすものは巨大地震・津波と巨大火山噴火の 2 つに絞られる。地震の事例では、1755.11.1 リスボン（ポルトガル）大震災によってポルトガルの大航海時代は勢いが衰え、政治的混迷を招き、貿易国家から内需型経済への転換にも失敗し、衰退の道への転換点となっている。また、1923 年 9 月 1 日に発生した関東大震災（M7.9）による東京の壊滅的被害により、国家財政の立て直しに失敗し、第二次世界大戦への転換点となったことは記憶に新しい。したがって、このような自然災害に対しては、国防級の備えが必要なのである。

もう 1 つ重要なことは、各自治体単位の備えが求められる M6.8 ～ 7.5 クラスの地震・津波被害への対策を着実に実行し、国防級の備えにつなげることである。このためには、宇佐美龍夫の『日本被害地震総覧』[6)]のように、データが分散し不十分な歴史地震被害に目を向けて、現在の知識でこれらを解釈することも必要である。

以下では、過去の被害地震資料から見た我が国の大被害地震の規則性についての事例を示す。また、宮崎県に被害をもたらした 1899 年以降の規則正しく発生している日向灘地震[3) 4) 5)]による地震・津波被害に関する地元新聞記事（現在の宮崎日日新聞社の母体新聞社）の概要[8)]と、これ以前の主に郷土史の資料に基づいたものをまとめておく。特に、1662 年の日向灘地震・津波被害（地元では「外所《とんところ》地震」と呼ばれる）と、文献[6)]に記述のない 2 つの歴史地震の記述を紹介する。「語り継がれた史実をないがしろにしない」ために、古い災害データに関し、郷土史家との連携、ならびにコンピュータシミュレーション（CS）技術の大切さを再認識した次第である。なお、上記以外の資料として、文献 7）～ 14）を参照した。

4　過去の資料から見える大被害地震の規則性

我が国において、「20 世紀」の 100 年間に、死者・行方不明者数が 1,000 人以上となった「大被害地震」が 9 回も起こっている。

ここでは、大きな被害をもたらした大被害地震を詳しく紹介する。表 1.1 は、1600 年から 2011 年の約 400 年間における死者・行方不明者数 100 人以上の地震の発生年などを宇佐美龍夫の『日本被害地震総覧』[6)]より取り出し、ま

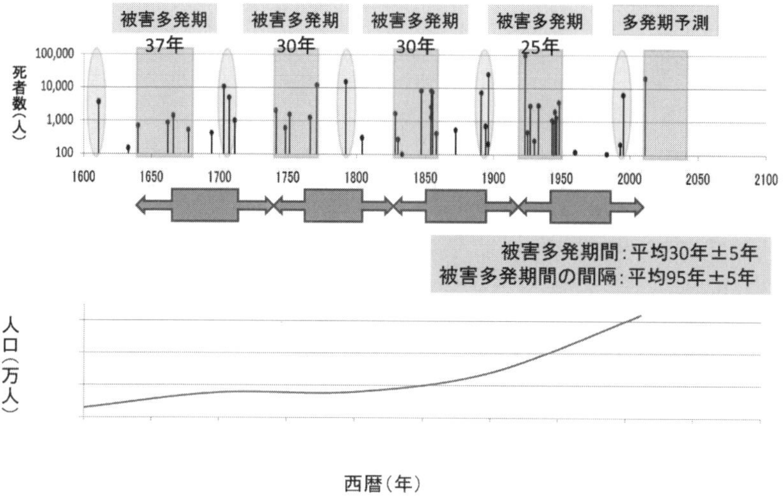

図 1.1　日本列島での過去 400 年間の大被害地震の発生パターンの規則性と人口の履歴

表 1.1　1600 年から 2011 年までの 100 人以上の死者・行方不明者を出した日本の大被害地震

西暦	地震名	被災地・震源地	マグニチュード	死者・行方不明者数（人）
1611	—	会津	6.9	3,700
1611	—	三陸沿岸および北海道東岸	8.1	3,553
1633	—	相模・駿河・伊豆	7.3 ～ 7.8	150
1640	—	北海道噴火湾	—	700
1662	—	滋賀県	7.3 ～ 7.6	880
1666	—	越後西部	6.8	1,500
1677	—	磐城・常陸・安房・上総・下総	8	535
1680	—	遠江	—	94
1694	—	秋田県	7	429
1703	元禄地震	江戸　関東諸国	7.9 ～ 8.2	10,367
1707	宝永地震	五畿七道	8.4	5,038
1711	—	讃岐中部	—	1,000
1741	—	渡島西岸　津軽　佐渡	6.9	2,033
1748	—	若狭	—	615
1751	—	越後　越中	7.0 ～ 7.4	1,541
1766	—	津軽	7.0 ～ 7.5	1,277
1771	八重山地震	八重山　宮古両群島	7.4	11,752
1792	—	雲仙岳	6.2 ～ 6.6	15,153
1804	象潟地震	羽前　羽後	6.9 ～ 7.1	313
1828	—	越後	6.9	1,681
1830	—	京都	6.3 ～ 6.7	286
1833	—	羽前　羽後　越後　佐渡	7.3 ～ 7.8	102
1847	善光寺地震	信濃北部　越後西部	7.4	8,174
1854	—	伊賀　伊勢　大和	7.0 ～ 7.5	1,308
1854	安政東海地震	東北　東山　南海諸道	8.4	2,658
1854	安政南海地震	畿内・東海・東山・北陸・南海・山陰・山陽道	8.4	8,169
1855	江戸地震	江戸	6.8 ～ 7.0	7,468
1858	飛越地震	飛騨　越中　加賀　越前	7.0 ～ 7.1	426
1872	浜田地震	石見　出雲	6.9 ～ 7.3	555
1891	濃尾地震	愛知　岐阜	8	7,273
1894	庄内地震	庄内平野	7	726
1896	明治三陸地震	三陸沖	8.5	26,360
1896	陸羽地震	秋田　岩手	7.0 ～ 7.4	209
1914	秋田仙北地震	秋田県仙北郡	7.1	94
1923	関東大地震	関東南部	7.9	99,331
1925	北但馬地震	北但馬北部	6.8	465
1927	北丹後地震	京都府北西部	7.3	2,925
1930	北伊豆地震	伊豆北部	7.3	259
1933	三陸地震	三陸沖	8.1	2,995
1943	鳥取地震	鳥取付近	7.2	1,083
1944	東南海地震	東海道沖	7.9	998
1945	三河地震	愛知県南部	6.8	1,961
1946	南海地震	南海道沖	8	1,330
1948	福井地震	福井平野	7.1	3,769
1960	チリ地震	チリ沖	9.5	122
1983	日本海中部地震	秋田県沖	7.7	104
1993	北海道南西沖地震	北海道南西沖	7.8	202
1995	兵庫県南部地震	兵庫県南東沿岸	7.2	6,436
2011	東北地方太平洋沖地震	岩手・宮城・福島県沖	9	約 20,000

とめたもので、図 1.1 は、その被害地震発生年と死者・行方不明者数と日本の人口をプロットしたもの[3,4,5]である。

図 1.1 に示すように 1,000 人以上の死者・行方不明者となるような「大被害地震」が頻繁に起こる「被害多発期」の期間は 25 年間から 37 年間であり、このような「被害多発期」の間にも、同じように 1,000 人以上の死者・行方不明者となる地震が起こっている。6,400 人を超える死者・行方不明者が出た 1995 年阪神・淡路大震災、約 20,000 人の死者・行方不明者となった 2011 年東日本大震災も図 1.1 にプロットしている。

この図に示す過去の被害多発期の発生パターンから推察すると、2011 年東日本大震災は、次の被害多発期の始まりであることがわかる。すなわち、犠牲者が多大となる地震が頻発する時期に突入したと考え、今後は、国・自治体・企業・市民が各々の立場において大被害地震に対する最大級の危機管理をしなければならない時代と言える。

これからの地震被害を最小限に食い止めるためには、日本中の人がこんなに多くの地震が起こる国に暮らしているという事実を知り、対策を考え、これを実施する。その対策効果と費用を検証する。このような地震被害を減らす考え方が日常社会で当たり前である（常在防災）ような社会環境になれば、2011 年から始まったと考えられる次の被害多発期での犠牲者は激減できる。

図 1.1 は、地震災害の研究者や防災対策の関係者に、例えば、①被害多発期の発生パターンが過去 400 年間でほとんど同じであることは、防災研究や対策の効果がないということなのか？　② 1896 年明治三陸地震・津波の犠牲者約 26,000 人に比べ、その当時と比べものにならないくらいに対策や警戒がなされていたにもかかわらず 2011 年東日本大震災で約 20,000 人の津波犠牲者が出たのはなぜか？などの問いを投げかける。この問いに対する唯一の答えは、人口増加に現行の防災対策が追い付いていないということかもしれない。例えば、明治三陸地震・津波当時の人口は図 1.1 の下図にあるように約 5.5 千万人であるが、現在の人口は約 1.2 億人と 2 倍程度となっている。人口増加、産業・経済のグローバル化、情報・物流を含むネットワーク社会に対応した防災対策への改善が必要である。

重要なことは、巨大地震・津波や巨大火山噴火によって国が衰退するという歴史に学んで、「防災政策」を変えるところまで踏み込まなければ、国が衰退するような被害が多発することを政策関係者が認識することである。被害を長期的・全国的に波及させないような国土・経済・産業システムへの改造（国土防災計画の策定）、人口密集地における建物の生活継続建物（Life Continuity Building）への改造、既存不適格建物・社会基盤施設の解消などの大胆な生命と産業を守る「防災政策」を打ち出すべきである。

5　日向灘地震発生の規則性

次に、宮崎県の「日向灘地震」の履歴を見てみよう。日向灘は、フィリピン海プレートが、九州が乗っているユーラシアプレートの下に沈み込むプレート境界付近の海域であるため、地震が多く発生する海域である。マグニチュード6（M6）以上の地震の発生履歴をプロットすると、図 1.2 のようになる。

この図から、M6 以上の地震が頻繁に起こる活動期が 14 年程度続き、その後、M6 以上の地震が全く起きない静穏期が 14 年程度続き、また活動期に入るという規則性がある。この図より、2010 年前後から日向灘は活動期に入ったと予測することができる。しかし未だ静穏で、2013 年 9 月現在、M6 以上の地

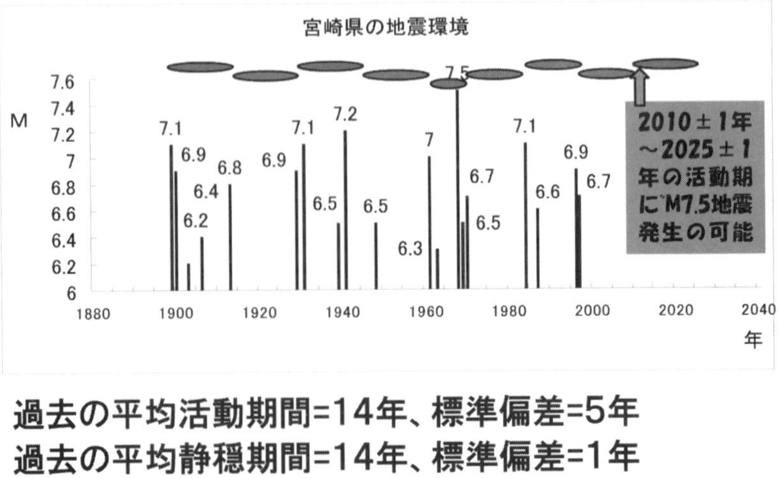

図 1.2　日向灘での M6 以上の地震の発生履歴

震は発生していない。

過去 100 年間の日向灘地震では、幸い死者・行方不明者が 1,000 人を超えるような大被害は起こっていない。しかし、もっと過去にさかのぼると、1662 年日向灘地震（M7.5、「外所地震」）では、7 つの村が海に沈んだとの記録があり、その地域の一郭に 50 年ごとに石碑が建立されてきた[5)]。地震工学の知識とコンピュータシミュレーション技術により計算してみると、宮崎平野で震度 6 強の強い揺れと、宮崎市沿岸部を波高 5 ～ 6m の津波が襲い、今の宮崎県総合運動公園周辺が水没するなど、史実の再現が出来た。このような CS 技術を使って、1662 年の日向灘地震がいま発生した場合の被害を計算すると、約 1,000 人弱の死者が出るなどの大被害となる（1997 年宮崎県地震被害想定調査報告書[7)]）。

6　1899 年以降の地震・津波による宮崎県被害概要
（地元新聞社記事整理）

宮崎県の地震・津波被害は、過去約 110 年間では、主に約 14 年間の静穏期（M6 以上の地震が起こらない期間）と約 10 ～ 20 年間の活動期（M6 ～ M7.5 クラスの地震が頻発する時期）という規則的に発生する「日向灘地震」[3)]、100 年～ 150 年間隔で繰り返し発生している M8.5 クラスの「南海トラフ巨大地震」とゲリラ的に発生する「直下地震」の 3 つの地震による。また、東日本大震災の教訓から、M9 クラスの「想定南海トラフ超巨大地震」の脅威[4) 5)]にさらされている。

このような地震・津波被害が地域社会に与えた影響や市民の関心事項は何であったのかを調べて、今後の被害対策や市民の防災意識向上を図る方策を探すことを目的に、地元新聞社の被害記事の整理を試みた。

1899 年～ 1996 年までの 19 個の地震・津波による宮崎県の被害は、表 1.2 のように地震規模と発生年月日と犠牲者や津波高、主な被害状況としてまとめられる。さらに、その被害を詳細に把握するために地元新聞記事（現在の宮崎日日新聞社の母体新聞社）を調べ、記事の内容のポイントや被害写真を整理して CD-ROM として電子化[8)]した。この作業を実施した時点で新聞記事は電子

表 1.2 近年に起きた M6 以上の日向灘地震とその被害の概要

発生年月日	マグニチュード	被害状況
1899/11/25	M7.1	03 時 43 分、03 時 55 分と続けて発生、宮崎県南西部で被害大。宮崎市で家屋の破損、瓦・壁土の落下。 飫肥、都城で石垣の崩壊、家屋・土蔵の破損。
1899/11/25	M6.9	津波：細島で全振幅 32cm
1903/10/11	M6.2	鞍崎灯台（南郷町）で点火装置の破損および亀裂
1906/3/13	M6.4	日向灘北部沿岸で棚のもの落下
1913/4/13	M6.8	宮崎市で壁亀裂などの小被害
1929/5/22	M6.9	宮崎市で煉瓦煙突の崩壊が多く、青島村内海で岸壁に小亀裂
1931/11/2	M7.1	前震（M6.0）あり。 宮崎・都城・佐土原・生目などで被害大。 死者 1 人、負傷者 29 人、家屋全壊 5、半壊 21 など。 宮崎市付近の海岸部はほとんどの家屋に被害。 津波：室戸岬で全振幅 85cm
1939/3/20	M6.5	宮崎県で死者 1 人、負傷者 1 人、家屋半壊 1、煙突倒壊 3、道路損壊 7。宮崎市ではほとんどの家屋に被害。 津波：室戸岬で全振幅 80cm、油津で 16cm
1941/11/19	M7.2	大分・宮崎・熊本県で死者 2 人、負傷者 18 人、家屋全壊 27、半壊 32、その他石垣崩壊、煙突破損、道路損壊など。 宮崎県では延岡市で被害大。 余震多し。 船舶に若干の被害 津波：細島、青島、油津で全振幅約 1m
1948/5/9	M6.5	宮崎、鹿児島県の一部で土壁の落下、瓦のずれ
1961/2/27	M7.0	宮崎県では死者 1 人、負傷者 4 人、家屋全壊 1、半壊 4、一部破損 104、非住家被害 37、その他道路、橋梁、鉄道に若干の被害。 津波：油津には地震後約 1 分で到達。 最大高さは油津 34cm、細島 45cm
1963/10/4	M6.3	人家のガラス破損、柱時計止まる。
1968/4/1	M7.5	1968 年日向灘地震 高知・愛媛県被害大。宮崎県で津波により養殖魚（ハマチ、アジ）が逃げた。 地震では負傷者 15 人、建物一部破損 9、半壊 1 など 津波：四国の南西部で全振幅 3m、細島 198cm、油津 66cm
1969/4/21	M6.5	日之影町で乗用車に落石、重傷者 2 人。 津波：油津全振幅 10cm、室戸岬 20cm
1970/7/26	M6.7	宮崎市・日南市で負傷者 13 人、道路破損 4 津波：油津全振幅 39cm、細島 12cm
1984/8/7	M7.1	宮崎県で負傷者 9 人、建物一部破損 319、道路損壊 7 など県北で被害大。 津波：最大の高さ細島で 18cm
1987/3/18	M6.6	日之影町で郵便者に落石、死者 1 人、負傷者 6 人、住家破損、道路損壊あり。
1996/10/19	M6.9	日南市飫肥城で瓦落下。 日南市楠原で落石。 宮崎市青島で窓ガラス破損。 宮崎市南部で住家瓦落下。 津波：最大の高さ室戸岬で 14cm、日向市細島で 6cm
1996/12/3	M6.7	宮崎市、都城市、三股町で水道管の破損。 佐土原町、新富町、高鍋町、宮崎市南部で小・中・高校で窓ガラス破損。 津波：最大の高さ日南市油津で 15cm、日向市細島で 7cm

化されていなかったため、資料の整理は、宮崎大学附属図書館、宮崎県立図書館、宮崎日日新聞社ならびに学生の支援無しでは不可能であった。

現在、地元新聞記事は全て3者の協力の下で電子化され、利活用が容易となっている[9]。この新聞記事の整理では、表1.3のように33地震・津波被害を対象としたが、明治の5地震に関しては、記事自体が欠番で、また、昭和19年東南海地震の記事は戦時中の報道統制により報道されていない。

表1.3　新聞記事による宮崎県の地震・津波被害整理の一覧表

西暦	和暦	月日	規模	備考
1898	明治31	12月4日	M6.7	記事なし
1899	明治32	3月24日	M6.4	記事なし
1899	明治32	11月25日	M7.1	記事なし
1903	明治36	10月11日	M6.2	
1906	明治39	3月13日	M6.4	記事なし
1909	明治42	11月10日	M7.6	記事なし
1911	明治44	2月18日	M5.6	
1911	明治44	6月15日	M8.0	
1913	大正2	4月13日	M6.8	
1929	昭和4	5月22日	M6.9	
1931	昭和6	11月2日	M7.1	
1935	昭和10	7月3日	M4.6	
1939	昭和14	3月20日	M6.5	
1941	昭和16	11月19日	M7.2	
1944	昭和19	12月7日	M7.9	東南海地震、記事なし
1946	昭和21	12月21日	M8.0	南海地震
1948	昭和23	5月9日	M6.5	
1952	昭和27	11月5日	M9.0	
1960	昭和35	5月23日	M8 1/4	チリ地震
1961	昭和36	2月27日	M7.0	
1961	昭和36	3月16日	M5.5	吉松地震
1963	昭和38	10月4日	M6.3	
1968	昭和43	2月21日	M6.1	えびの地震
1968	昭和43	4月1日	M7.5	1968日向灘地震
1968	昭和43	8月6日	M6.6	
1969	昭和44	4月21日	M6.5	
1970	昭和45	7月26日	M6.7	
1978	昭和53	5月23日	M6.7	
1978	昭和53	7月4日	M6.2	
1984	昭和59	8月7日	M7.1	
1987	昭和62	3月18日	M6.6	
1996	平成8	10月19日	M6.9	
1996	平成8	12月3日	M6.7	

このような地元新聞の被害記事から分かったことは、新聞に記載のある日数が最大震度とともに増加し、震度3、4で1日～2日、震度5で3日～5日、震度6では12～14日であること、被害の全容を伝えようとしていること、生活に関係する記事が多いこと、ハザードマップなどとの関係や被害原因や地震の発生機構に関する専門的記事や防災対策への呼びかけや防災教育の必要性などの記事がほとんどないことなどである。

このことより、明治以降の宮崎県では地震が比較的多く発生し被害もあるが、例えば1,000人を超える犠牲者が出たような大被害を経験していないため、地震・津波はよく起こるが、宮崎では大被害はないと考えている人が多い。そうではないという情報を発信できる専門家が地域に必要であり、また、国も各地の災害危険度情報をもっと分かりやすく広く伝えることが必要である。

7　1898年以前の地震・津波による宮崎県被害概要
（郷土史資料整理）

『日本被害地震総覧』[6)] と文献7）には、887年、1585年、1605年（M7.9 東海・南海・西海道地震[6)]）、1662年、1684年、1707年（M8.4 宝永地震[6)]）、1769年、1854年（M8.4 安政南海地震[6)]）、1885年の合計9個の地震被害の記述がある。

今回、新たに飫肥《おび》城歴史資料館研究紀要・資料編第三集[14)] の中に1641年、1680年にも被害地震があったことが分かった。しかし、被害の記述としては、「1641年9月7日夜地震、内海と折生迫《おりゅうざこ》（現宮崎市）の間に湖水が湧き出た」、「1680年地震、飫肥城が再び破損」の記述のみで、大被害ではなかったように思われる。

被害状況の記述が圧倒的に多いのが、1662年のM7.6日向灘地震（外所地震）で、死者200人、全壊家屋3,800戸、7つの村が海に沈み中央に島ができ、そこに50年ごとに石碑を建立し、後世へ伝承されている（口絵3）。この年の「日向灘地震」が、資料として残る地震被害の最大なものと言える。

口絵3の最新の7番目の石碑は、財団法人木花振興会により2007年9月15日に建立され、この石碑には、次のように記されている。「1662年9月19日午前0時、日向灘を震源とした大地震あり、これによって陥って海に入る家屋246戸、水死者15人と大災害に見舞われた。ここに外所大地震350回忌追悼供養を通して、諸々の犠牲を忘却することなく、大自然に対し畏敬の念を持つこと、防災の大切さを後世に伝えたいがため、この供養碑を建立した」。6番目の石碑は、宮崎市長有馬美利の名で1957年9月15日建立されている。それ以前の5つの石碑の文字は判読できないが、地元の木花と島山地区の住民による建立と伝えられている。

図1.3は、現在の宮崎市の大淀川から加江田川河口付近の地図を示してい

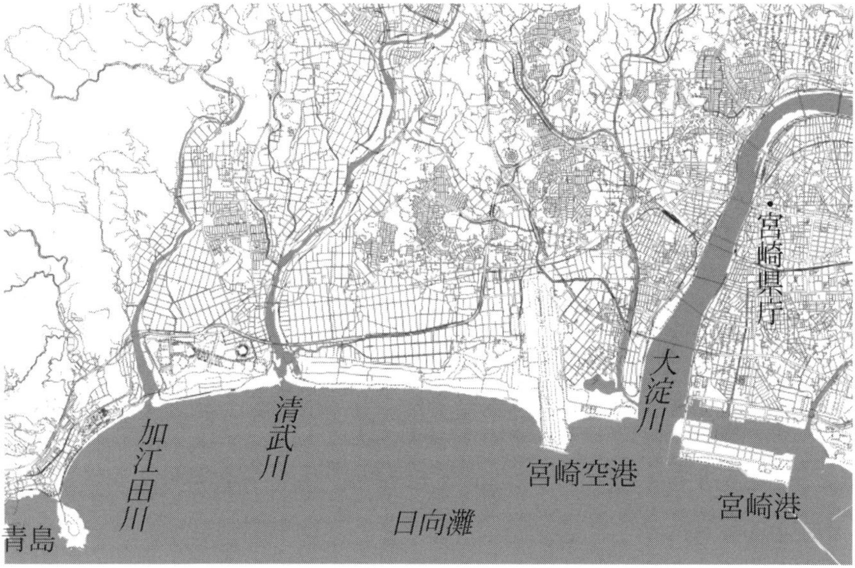

図 1.3　現在の宮崎市大淀川から加江田川河口付近の地図

る。また、口絵 1 は、1662 年日向灘地震以後の 1702 年頃に完成したといわれるこの地域の元禄絵図（宮崎県立図書館提供）である。清武川と加江田川河口付近が海として描かれ、その中央に島が見える。この一帯が史実に残る「7 つの村が海に沈み中央に島ができた」地域といえよう。口絵 3 の石碑は、この島に建立されたと伝えられている。口絵 5 は、現在の清武川と加江田川河口付近の航空写真（宮崎市提供）で、「7 つの村が海に沈み中央

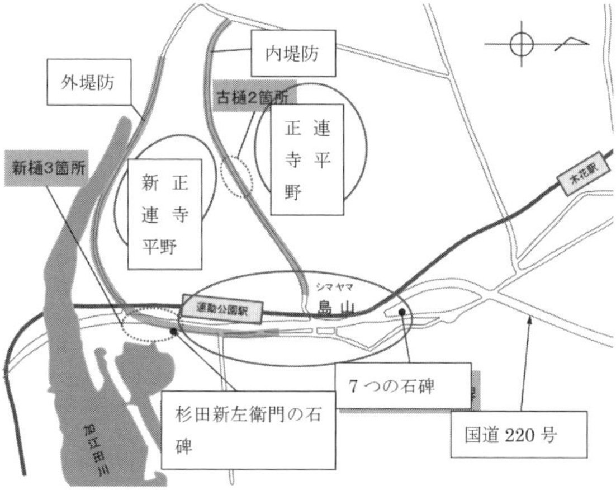

図 1.4　7 つの石碑（外所地震供養碑）、杉田新左衛門の石碑の位置と干拓のための内堤防と外堤防（正連寺内堤と正連寺外堤と呼ばれており、現在は道路として整備されている）の位置

に島ができた」地域は県総合運動公園として整備されている。次節で述べるこの地域の干拓に尽力した飫肥藩士の杉田新左衛門の石碑（口絵 4）の位置も示している（図 1.4 参照）。

8　1662 年日向灘地震（外所地震）被害の資料整理

『日本被害地震総覧』[6] と文献 5）～ 13）に被害状況の整理がなされているが、ここでは、新しく知った文献 14）からこの地震に関係する地形変化の地図を紹介する。この資料と津波高に関する羽鳥[13] の推定値や震源断層モデルによるコンピュータシミュレーションの結果などを参照し、この津波高の推定値について考察する。

図 1.5 は、現在の宮崎市大淀川～加江田川周辺の日向灘に面する宮崎平野の地形が、1662 年日向灘地震の前後でどのように変化したかを示す。上段は地震前の正保期（1645 年～ 1648 年）、下段は地震後の元禄期（1688 年～ 1704 年）の宮崎平野の地形図である。地震によって現在の大淀川河口付近と清武川と加江田川河口周辺（県総合運動公園）の大きな地形変化がよく分かる。口絵 3 の供養碑は、地震後の図 1.5 の下段の清武川と加江田川河口周辺が海となっている中央に島が描かれている所に建立されたものである。

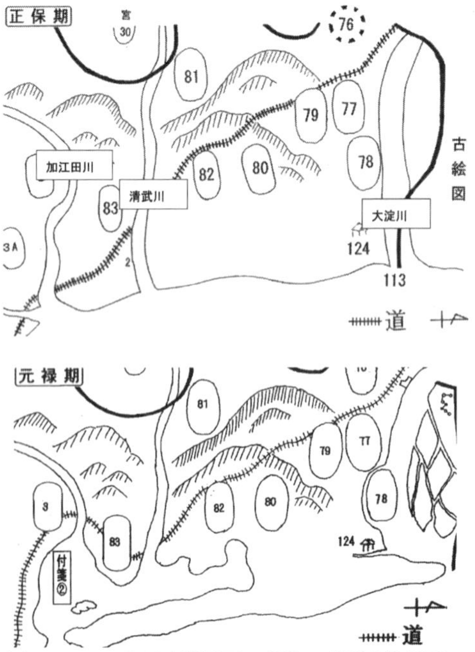

図 1.5 1662 年日向灘地震の前後の宮崎市沿岸部の地形変化（上段は地震前の正保期（1645 年～ 1648 年）、下段は地震後の元禄期（1688 年～ 1704 年）

文献 14）によると、飫肥藩はこの島を起点に陸側の復興工事を行い、1716 年から約 20 年をかけて長さ約 870m の正蓮寺内堤を築き、1818 年から約 12 年をかけて正蓮寺外堤（長さ約 1,635m）を築いたとある。現在もこの正蓮寺内堤と外堤の石垣が残されているが、道路として利用されているためはっきりとした痕跡は見えない。図 1.4 は、現在の地図に正蓮寺内堤と外堤の位置を描いた絵図である。最初の干拓のために築かれた正蓮寺内堤を誰が指導したかは不明だが、その後に築かれた正蓮寺外堤に尽力した人物は飫肥藩士の杉田新左衛門であり、その石碑が口絵 4 のように現在の国道 220 号沿いの加江田川に近い位置（口絵 5 と図 1.4）に建立されている。

この島よりも海側の復興工事はなされず、図 1.6（宮崎市木花地区の西教寺提供）のように 1955（昭和 30）年頃まで現在の清武川は直接海に流れず、島の海側との間を通り加江田川と河口で合流し海に流れていた。

その後、この海側が埋め立てられ現在の県総合運動公園となっている。現在のこの地域は、図 1.5 の上段の地形のように復元され、清武川、加江田川は別々に海（日向灘）に流れ込み、多くの市民が暮らす地域となっている（図 1.3 参照）。

また、図 1.5 で現在の大淀川河口付近の地震前後の比較をすると、左岸が大きく地すべりをして川に土砂が流れ込み、右岸側は大きく侵食されている。図中 78 番の地域は当時の福島村であるが、地震後、福島村が水没し消えて海となっている。

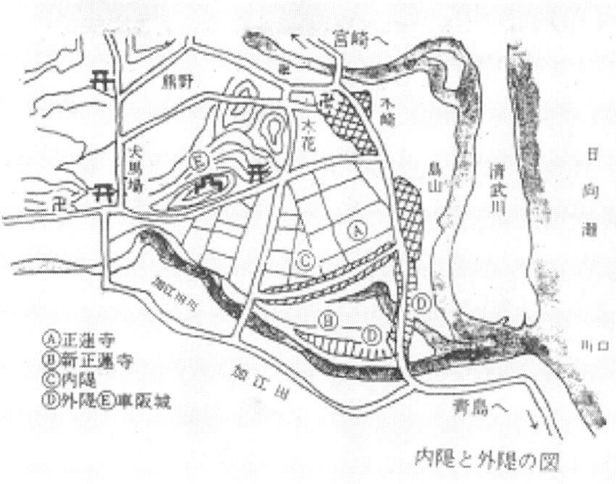

図 1.6　昭和初期の清武川、加江田川河口周辺の地図と正蓮寺内堤と外堤の位置（宮崎市木花地区の西教寺提供）

この地域のその後の復旧工事の経過は分からないが、現在の大淀川河口付近の地形には、この地震による地形変化の痕跡が残り、左岸が川側にせり出し、右岸側は陸域に食い込んだ地形となり、河口部が広がり日向灘に流れ込んでいる。この地域も今は図 1.5 の上段の地形のように復元され、多くの市民が暮らしている（図 1.3 参照）。この地形変動の原因としては、液状化による護岸の側方流動や地滑りなどが考えられるが明らかでない。基盤が傾斜している可能性は高い。

このように見ると、田舎の地域が大きな地震・津波被害を受けると、その復元までに、実に約 350 年もの時間を必要としたことになる。コンピュータシミュレーションによると[7)、15)]、いま再び、この地域は同じように地震による地盤沈下と津波の浸水で海に沈む状況となり（口絵 2 参照）、地震・津波被害の脅威にさらされている。

したがって、このような地震・津波による地形変動を伴った地域の復旧・復興工事については、復元を諦めるか、またはコンピュータシミュレーション技術を使った確かな予測と工法に基づいた丁寧な対策工事により復元するかの判断が重要であることが分かる。南海トラフ巨大地震・津波対策が始まっているが、特に、過去に地形変動を伴った地域の地震・津波対策においては、注意深い調査と対策が必要であると大地の歴史が教えてくれている。従来通りの調査と対策を行えば、高い確率で再び地形変動を伴った大被害を受けるのである。

事実、内閣府が 2013 年 8 月に公表した想定 M9.1 南海トラフ地震による津波波源を用いて、堤防崩壊の条件を加えたこの地域の津波シミュレーション[15)]を行うと、口絵 2 に示すように津波が退いた後も、浸水域が大淀川河口周辺と清武川から加江田川河口周辺に残った状況は、1662 年の日向灘地震で 7 つの村が海に沈んだという史実が再現されている。

口絵 2 に示すように津波が退いた後も宮崎市の沿岸部は浸水した状態が続くということは、この浸水地域を含めた宮崎市沿岸部の早期復旧や再建に手間がかかることを意味しており、事前の地震・津波減災計画・対策の中に考慮しておかなければならない。

図 1.7 は、現在の日南市大堂津～外之浦港周辺の日向灘に面する平野部の地形が、1662 年日向灘地震の前後でどのように変化したかを示す。上段は地震前の正保期（1645 年～ 1648 年）、下段は地震後の元禄期（1688 年～ 1704 年）の地形図である。

1650 年に外之浦港では、湾の奥が埋め立てられていたが、この地震によって 8 千 5 百石の損失となったので、世間では外之浦に無理な工事をしてわずかばかりの利を争った報いで、災害が起こり莫大な損害を招いたと風評した（郷土誌青島）。また、文献 14）に、以下のような記述がある。

「元禄期以降も土砂が堆積し、1834 年頃から家老・伊東直記が外之浦に堤防構築を計画した。儒学者・安井息軒は港の機能低下を招くとして反対したが、工事は完成した。しかし、完成後、1854 年安政南海地震・津波で壊れ、1881 年まで放置された」。

この例も、上記に指摘した「地震・津波被害の再建における確かな予測と工法に基づく土木工事の重要性」を示す事例である。

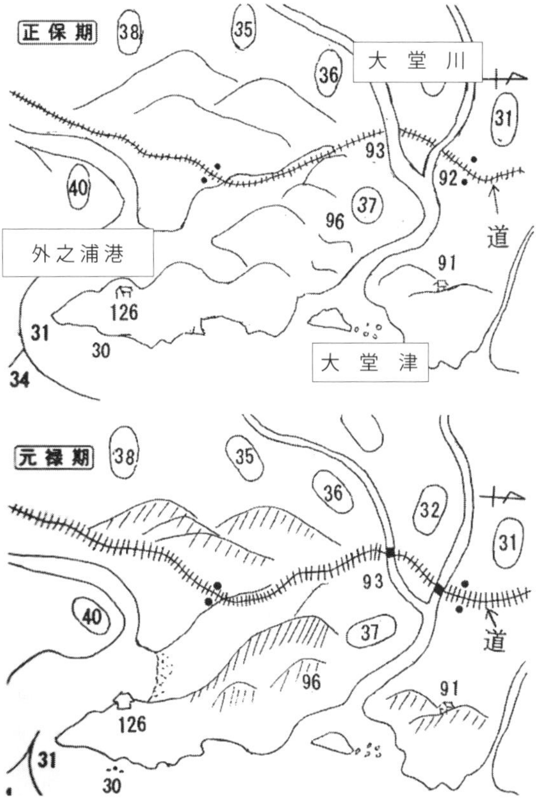

図 1.7　1662 年日向灘地震の前後の日南市大堂津～外之浦港周辺部の地形変化（上段は地震前の正保期（1645 年～1648 年）、下段は地震後の元禄期（1688 年～ 1704 年）

現在、大堂津から外之浦港、大堂川周辺は整備され、国道 220 号、JR 日南線が通っているが、もともと図 1.7 の上段のように内陸の大堂川近傍まで海であった地域なので、現在でも標高は 2 ～ 3m と低い地域であり、津波による浸水域である。

羽鳥[13)] は、「外之浦港より大堂川まで海水通じ、目井・塩津留の地、海中の島となる」と「外浦港北西の下中村と上中村の大堂川までは海水が通じていなかった」との前提で、津波高さを 2 ～ 3m と推定している。現在の外之浦港より大堂川までの標高は 2 ～ 3m であり、地震による地殻の沈下や表層地盤の沈下と合わせて、当時の最大浸水深さの記録がないことや 1662 年日向灘地震のコンピュータシミュレーションによる津波推定高[7]（外之浦港と大堂津の中間点の南郷で約 5m）を考慮すると、羽鳥[13]の推定値 2 ～ 3m よりは高く、4 ～ 5m 程度と考えておく方が妥当である。

9　行政と企業の防災を考えた「自助」「共助」「公助」の新しい枠組みの必要性

いつ頃から防災における「自助」、「共助」、「公助」の３助の役割分担が必要だと言われるようになったのか不明であるが、1995 年阪神・淡路大震災の時に家屋倒壊で生き埋めや閉じ込められた人の救助において、次のような統計が得られており、自助（家族）・共助（隣近所）の重要性が再認識されている。

救出された人の割合では、自力が 34.9％、家族が 31.9％で、これらを「自助」とすると、半分以上の 66.8％の人が自助により救出されている。次に多いのが、友人・隣近所の人に 28.1％、通行人に 2.6％の人が救助され、これを「共助」とすると、30.7％の人が共助で助けられている。自治体などの救急や自衛隊などによる「公助」での救出は 2％にも満たない割合だった。このようなデータから 1995 年阪神・淡路大震災以降、命を救った割合は、自助：共助：公助＝７：２：１という数字が広く知られるようになり、自助・共助（家族・隣近所）で救われた人の割合は９割となる。

以上のような「自助」、「共助」、「公助」の考え方は、防災を担う対象を「行政」対「市民」の２つに区分し、その役割として捉えたものである。しかし、今の日本社会における企業は、経済、雇用に至る国民生活全般に極めて大きな影響を与えている。例えば、企業が自然災害で被災すると想像してみると、世界や国、地域の経済・雇用に深刻なダメージを与えるまでに企業の社会における役割は大きくグローバルになっていることに気が付く。事実、1995 年阪神・淡路大震災、2011 年東日本大震災などの我が国の近代の大震災では、企業が被災し、サプライチェーン問題、ライフライン途絶問題、エネルギー不足問題などにより被害が拡大し、経済・雇用にも影響を及ぼしていることは記憶に新しい。

大小を問わず事故や災害は思わぬ時にやってくる。被災した後に「こうしておけば良かった」と後悔するのが一般的な人間だろう。このことは行政や企業にも当てはまる。人口の集中や社会の複雑化とネットワーク化、グローバル化に伴って、ほんの小さな失敗や事故が瞬く間に広がってしまい、結果的に大被害へと拡大する時代に暮らしていることを、私たちは忘れてはならない。被害拡大を防ぐための「一歩先を見据えた戦略と事前準備」や「リスク管理」の必要性を認識しておかなければならない。

この「リスク」という言葉は、好ましくないものという漠然とした意味で使われることも多い。しかし、よく知られているように、これを定量化する時には、「リスク：R」は「損失額：C」と「その損失をもたらす事故発生確率：P」をかけ、R ＝ C・P として定義される。このように捉えると、「リスク：R」を減らすには、「損失額：C」または「事故の発生確率：P」を減らすという 2 つの基本的対策があることが分かる。

この定義からリスクを見ると、日本の危機管理の特徴として、災害が発生しないように構造物や堤防を整備する「事故の発生確率：P」を減らす対策に重点が置かれ過ぎていることがわかる。災害が発生した時には、早期復旧のためにお金を使い損失額を減らす努力をするが、災害規模が大きくなれば、このような泥縄的対応では、2 次、3 次災害が起こり、損失額が増えることになりかねない。今後は、「損失額：C」を減らすための「戦略と計画的対策」と「技術開発」の 2 点に重点を移す必要がある。

ところで、防災の目的は「国民の生命と財産を守ること」と言われるが、相対的に「命を守る」の方に重点が置かれてきたように思う。2011 年東日本大震災の経験を踏まえると、「産業や企業を守ること」を推進し、「人命と産業を守る」という 2 本柱を立て直して、本来の防災の目的を推進する必要がある。その理由は、上述したようにグローバル化した現代社会では、産業・企業が被災すると、我が国の経済力が激減し、結果的に再建が困難になり、生き延びた人が大変苦労することになるからである。もし、企業防災が進むと、「企業とその従業員が健全」となり、「地域の被害が激減」し、「行政の対応・復旧費が激減」し、結果的に「地域が健全」という正のスパイラル効果が現れてくる。

国家的危機状態として想定される戦争、経済破綻、テロなどの国防と同様に、国家的危機状態になるような大きな自然災害、事故に備える一元的な組織や制度が必要な時代になっている。

我が国の防災に関する法律として「災害対策基本法」が制定された1961年当時と現在の社会情勢は大きく違い、防災を「行政」対「市民」の２つに区分して捉えるだけでは、社会の防災力向上は進まない。また、1995年阪神・淡路大震災でこれまでは想定していなかった「行政」機能が、庁舎の倒壊、ライフライン機能損失によって麻痺し、公助の要となる「行政」が被災し、復旧作業が混乱したが、幸いに国や他自治体の「公助」、「共助」により乗り切ることができた。

このようなことから、今後の防災・減災においては、企業と行政の防災・減災を考えておかなければならないことがわかる。したがって、防災対象を「行政」、「市民」に「企業」を加えた３つに区分し、それぞれの役割から防災・減災を捉えると、「自助」、「共助」、「公助」を３つの区分に広げて適用することの必要性が見えてくる。このような災害への備えと対応の担い手～行政防災と企業防災を考えた自助、共助、公助の新しい枠組み～を摸式的に示すと、図1.8（b）のようになる（図1.8（a）は従来の考え方を示す）。

ここでいう「市民」は、これまでと同様に家族と自治会（隣近所）で構成される。「行政」も、これまでと同様に自衛隊、警察、消防を含む国、都道府県、市町村となる。新しく加える「企業」は、民間企業とJAや商工関連団体・組織が含まれる。これら３区分の「市民」、「行政」、「企業」は、それぞれの役割として「自助」と「共助」の体制を構築する必要がある。このことは、行政BCP（BCP=Business Continuity Planning：事業継続計画）、企業BCPとも呼ばれ、災害時にも行政、企業はその機能を維持し継続するための計画と対策を実施して、実践的な「自助」と「公助」が強く求められることを意味する。

このような市民、企業、行政という３つの新しい枠組みで自然災害対策を進めるに当たり、企業を例にすると分かりやすいが、「何に失敗すると倒産するかを企業は常に把握している」ように市民、企業、行政の各枠組みは、「どのような自然災害の被害により各部署が致命的被害を受けるかを把握」し、そのための研究・技術開発と対策を進めることが肝要である。そして、市民、企業、行政において「常在防災」が当たり前となるような社会環境が醸成できれば、自然災害が起こっても生活の継続LC（Life Continuity）ができ、自然災

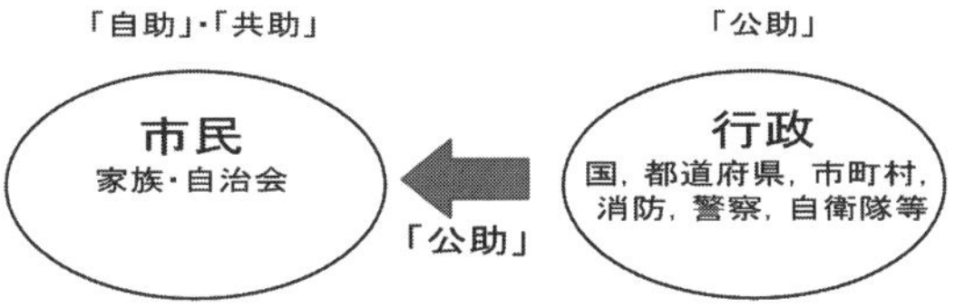

(a) 従来の「自助」、「共助」、「公助」の考え方と「市民」、「行政」の関係

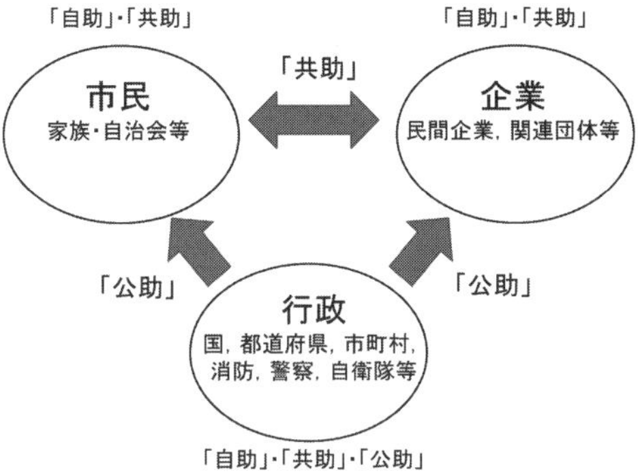

(b) 行政と企業防災を考えた新しい「自助」、「共助」、「公助」
の考え方と「市民」、「企業」、「行政」の関係

図 1.8　防災・減災における従来および新しい「自助」、「共助」、「公助」の考え方の説明

害が怖くない社会が実現する。

地震・津波によるライフライン機能損失は当たり前のように受け止められているが、今のようなネットワーク化したシステムとともに、住宅、オフィスビル、学校、公共施設などでは生活の継続 LC ができるような単独のライフライン補助機能を装備した施設を増やすべきである。市民が「災害時にここに行けば何とかなる」と思えるような施設・建造物をできるだけ増やすことが、災害に強い街づくりの 1 つの方法である。

10　まとめと防災計画策定方法の課題

この章では、「歴史地震資料や先人の考察から学ぶ」を課題として過去を振

り返り、繰り返されてきた地震・津波被害を断ち切るためのヒントを得ようとし、これらをまとめた。結論から述べると、以下のようになる。

（1）原理的に地震・津波などの自然災害が怖くない社会が実現できるということである。その理由は 1.1 節に述べた。

（2）国が衰退するほどの自然災害は大震災と火山大噴火であることを歴史から学び、戦争と大震災などの特徴を比較し、国は、このような本物の自然災害に対する国防級の危機を明確に位置づけて、その備えを進める体制（常在防災体制）の整備が喫緊の課題であることを指摘した（1.2 節）。

（3）例えば 1,000 人以上の犠牲者が出るような大震災は滅多に起こらないと思いがちであるが、日本列島全体で見ると過去 100 年間で 9 回も発生しており、その発生パターンは過去 400 年間で規則的であることを示した。本章の 1.3 節以降で述べる歴史地震資料の解釈では、コンピュータシミュレーション技術の併用の大切さをちりばめている。

（4）著者の住む宮崎県の地震・津波被害に注目し、日向灘地震発生の規則性を示し、また、明治以降の地元新聞社の被害記事を電子化した事業を紹介した。このような事業が全国各地の自然災害アーカイブに展開され、誰もが地域の過去の災害記録を見ることができるような社会環境が実現することを願う。

（5）日向灘地震・津波で記録に残る大被害は、1662 年日向灘地震（地元では、外所地震と呼ぶ）である。この資料を整理しまとめた。この地震の前後の地形変化図の観察から、地震・津波による地形変動を伴った地域の復旧・復興工事については、復元を諦めるか、またはコンピュータシミュレーション技術を活用した確かな予測と工法に基づいた丁寧な対策工事により復元するかの判断が重要であること、ならびに南海トラフ巨大地震・津波対策が始まっているが、特に、過去に地形変動を伴った地域の地震・津波対策での注意深い対策工事の必要性を指摘した。

（6）防災における自助、共助、公助の枠組みを「市民」、「行政」、「企業」の 3 部門から考えることの重要性を示した。また、地震・津波によるライフライン機能損失は当たり前のように受け止められているが、住宅、オフィスビル、学校、公共施設等では生活の継続 LC（Life Continuity）ができるような単独のライフライン補助機能を装備した施設を増やすべきであり、市民が「災害時にここに行けば何とかなる」と思えるような施設・建造物を増やすことが、災害に強い街づくりの１つの方法であることを指摘した。

（7）最後に、過去の資料から学んだことに基づいて、今後の防災計画・対策の在り方について述べる。過去の資料は重要であるが、記録が整理され残っていない場合が多い。したがって、防災を目的とした災害研究では、過去の被害資料に依存し過ぎて防災対策の条件を決めてはならない。その理由は、未だ、医学や生産工学に比べると自然災害の研究レベルは遅れており、大きな不確定性があるからである。事実、東日本大震災は想定外の出来事であった。日本列島の形成に関わる年間５～10cmの速さで運動しているプレートの詳細な空間的運動データも分かっていない。また、その運動による地殻の空間的歪・応力分布状態も分かっていない。もともと、地殻の歪・応力の初期状態は零ではないが、これがどのような状態であるかも分かっていない。

（8）このような、今の地震学における不確定性の下で実施しなければならない防災減災対策の意思決定において、最も肝心なことは、現行の一般的な方法である「地震規模の想定に基づく地震動・津波・被害の想定・防災計画・対策案」という考え方とは逆の方法、すなわち「市町村単位、都道府県単位および国家単位でのそれぞれの被害人数・経済被害額等の致命的被害限度は何かを定め、そこから防災計画・対策」を考える方法を開発する必要がある。双方の結果を総合的に考えて、防災計画・対策案を見直す時期に来ている。

参考文献

１）寺田寅彦 : 災難雑考 , 中央公論 , 1935
２）寺田寅彦 : 天災と国防 , 岩波書店（岩波新書第４）, 1938
３）一般社団法人みやざき公共・協働研究会:みやざきの自然災害，原田隆典，村上啓介監修，ISBN978-4-9906494-0-1，（有）サン・グロウ，2012
４）原田隆典：九州から見える超巨大地震・津波防災の巨象，日本地震工学会誌，第17号，pp.9-13，2012
５）原田隆典：宮崎県の地震・津波被害想定と防災計画の見直し，NDIC　News（九州大学西部地区自然災害資料センター），No.47，pp.8-13，2012
６）宇佐美龍夫：新編日本被害地震総覧，東京大学出版会，1996

7）宮崎県：宮崎県地震被害想定調査報告書 , 1997
8）河野秀一：宮崎の地震災害 100 年～ 100 年間の地震災害から見える防災・減災～ , 宮崎大学工学部土木環境工学科卒業論文 ,2008
9）宮崎大学付属図書館：宮日データーベース（http://www.cc.miyazaki-u.ac.jp/）
10）宮崎県土木部：宮崎県における災害文化の伝承 , pp.10-18, 2006
11）三好利奄：宮崎県における地震・津波・火山噴火の災害史 , 宮崎県地方史研究紀要 , 第 17 輯 , pp.23-40, 1991
12）長宗留男：日向灘における大地震の活動、鹿児島大学理学部紀要 , 第 21 号 , pp.1-21, 1998
13）羽鳥徳太郎：九州東部沿岸における歴史津波の現地調査 , 地震研究所彙報 , Vol.60, pp.439-459, 1985
14）財団法人飫肥城下町保存会：絵図と古文書（一）,（二）, pp.14-35, 飫肥城歴史資料館研究紀要・史料編第二集 , 第三集 , 2012
15）宮崎大学ベンチャー企業（株）地震工学研究開発センター : ホームページ（http://www.eerc.co.jp/）

第２章
寛政の雲仙普賢岳噴火の災害伝承
―島原大変肥後迷惑―

井上公夫

1　災害の概要

雲仙普賢岳は平成噴火（1990 ～ 95 年）だけでなく、220 年前の 1791 ～ 92 年に寛政噴火があり、大きな被害が発生した。特に、この噴火の最末期の寛政四年四月朔日（1792 年 5 月 21 日）の夜、四月朔地震（M6.4）によって、島原城下町の西側に聳える眉山が大規模な山体崩壊を起こした[1)]。口絵 6 に示したように、山体崩壊を起こした移動岩塊は高速で東方向に流下し、多くの流れ山を形成して、有明海に飛び込んだため、島原の城下町南部と付近の農村を埋め尽くしただけでなく、有明海に大津波を発生させた[2)]。このため、多くの住民が移動岩塊によって生き埋めとなり、島原半島の沿岸や有明海対岸の熊本や天草の沿岸では、死者・行方不明者が 15,000 人にも達した。このために、この大災害は『島原大変肥後迷惑』と呼ばれ、非常に多くの史料や絵図が残されている。本章では、これらの史料と現地調査の結果をもとに、この災害がどのように伝承されていったかを説明する。

島原大変については、非常に大規模な災害であったため、島原地方だけでなく、日本各地に多くの史料や絵図が残されている[3) ～ 6)]。災害の状況を詳しく描いた島原藩の公式記録だけでなく、民間でも様々な関心から多彩な記録が残された。中には写しが重ねられて、広く流布したものもあり、雲仙普賢岳の噴火や眉山崩壊の研究史料として、大きな意義を持っている。

島原半島の中央部には、雲仙地溝帯があって、東西方向の断層が数本平行に走っている[7)]。この地溝帯は現在でも南北に拡大し続け、火山活動や地震活動が活発である。口絵 7 に示したように、雲仙火山は粘り気の強いデイサイト質の岩石からなり、平成新山（標高 1,486m）や普賢岳（1,359m）、国見岳

(1,347m)、眉山（819m）など、いくつもの溶岩ドームからなる[8]。溶岩ドームは不安定で崩壊しやすく、火砕流（噴火時のみ）や土石流が多く発生した。このため、雲仙火山の山麓部には崩落した土砂が堆積してできた複合扇状地（島原半島の大半の地形）が広がっている。

2　寛政噴火から島原大変に至るまでの経緯

眉山は２つの溶岩ドーム（七面山 819m と天狗岳 708m）からなり、南側の天狗岳は 1792 年に大きく山体崩壊を起こし、東側に馬蹄形にえぐれている。その東側の沖合 5km までの広い範囲に多数の流れ山地形が認められる[9)～11)]。雲仙普賢岳の平成噴火に際して、眉山が山体崩壊を起こす可能性が懸念されたため、現在多くの計測・調査・分析が行われている。

図 2.1、図 2.2 と表 2.1、表 2.2 に示したように、寛政噴火と島原大変前後の地形変化は次の５段階に分けられる[1) 3) 8)]。なお、年月日の表示に当たって

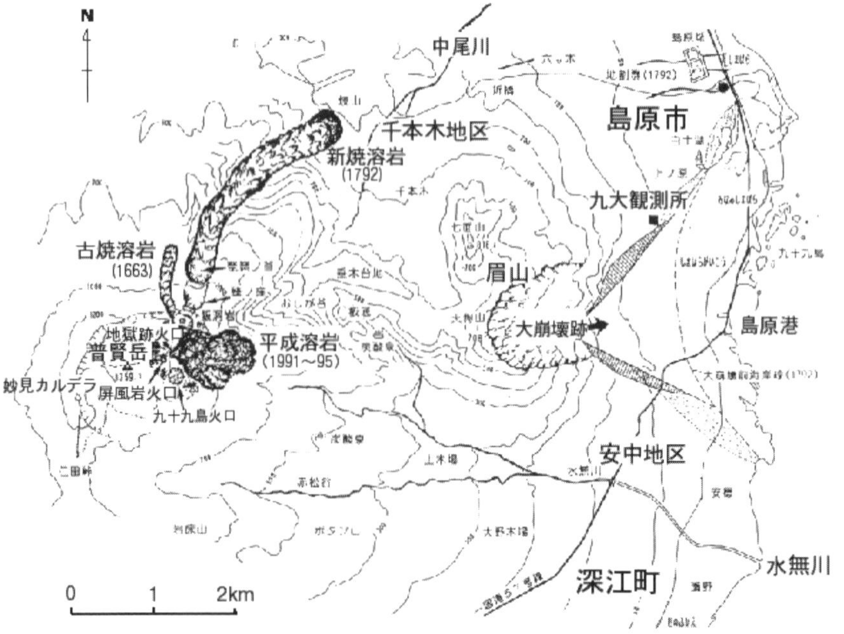

図 2.1　雲仙普賢岳と眉山（太田 1984）[8)]

は、大陰暦が使われていた明治五年（1972）以前は漢字、西暦（太陽暦）はアラビア数字を使用して区別した。

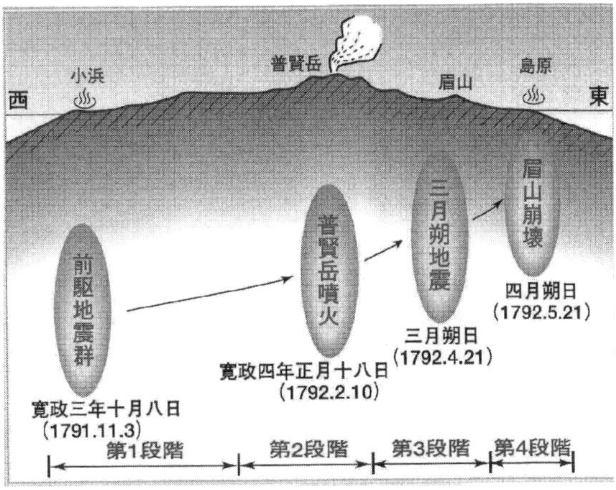

図 2.2　眉山山体崩壊に至るまでの推移
（片山 1974 に基づき編集）[3)]

第 1 段階：1791 年 11 月 3 日に始まり、以後毎日のように有感地震が続いた前駆地震の時期である。地震動は島原半島西側の小浜方面で最も強く、震度Ⅴ～Ⅵに達した。

第 2 段階：新焼《しんやけ》溶岩が噴出し続けた時期である。1792 年 1 月には、前駆地震群はほぼ静まったが、次第に雲仙普賢岳付近で山鳴りが激しくなり、

表 2.1　寛政の普賢岳噴火の経緯①（井上 1999 を基に作成）[2)]

		噴火と地震名称	和暦日付	地形変化の状況
第1段階	1	前駆地震群	寛政三年十月八日～	十月八日（11 月 3 日）より地震が始まり、以後毎日 3 ～ 4 回、地鳴りを伴う。
				小浜《おばま》方面では最も強い揺れで震度Ⅴ～Ⅵに達する。
				十一月十日（12 月 5 日）、鬢串《びんぐし》（小浜町）で番小屋にいた老夫婦が落石に打たれ押しつぶされた。
第2段階	2	普賢祠前の噴火	寛政四年正月十八日～	正月十八日（2 月 10 日）に大きな地震と山鳴りの記録あり→普賢祠前の噴火開始。
				正月十九日（2 月 11 日）には噴煙上がる。
				火山灰は四方に散り、数里四方の草木は雪霜がかぶったようになる。正月二十一日（2 月 13 日）には湯煙は衰えるが、鳴動は往日の倍である。
				湯気が噴出した所は沼のようになり、五・六尺ずつわきあがる。
	3	穴迫《あなさこ》の噴火	二月六日～	琵琶《びわ》の首《ぼち》（駒田[18)]）、現穴迫谷の谷頭で二月六日（2 月 27 日）午前 10 時、かなりの積雪の中で噴火。
				二月八日（2 月 29 日）の夜中以降、溶岩流はゆっくりと流下する。この様子はろぎ山（櫓木山・路木山）より安全に見学できた。
				穴迫谷の溶岩流は「焼け」「焼け岩」とよばれていた。
	4	蜂の窪の噴火	二月二十九日～	蜂の窪（飯洞岩（半洞岩）の下の窪み）より始まった噴火は 1 ヶ月程して琵琶の首からの溶岩と一緒になって穴迫谷を静かに流れた。
	5	古焼頭《ふるやけがしら》の噴火	閏二月二日～	古焼（鳩の穴の少し上から噴出したような小規模溶岩流）の頭で硫黄の煙が吹き出る（スコリアや溶岩の噴出はない）。
	6	新焼溶岩《しんやけようがん》の流下	閏二月三日～	閏二月三日（3 月 25 日）から新焼溶岩はゆっくりと流下し、三月朔日（4 月 21 日）には、流下をほぼ停止した（平均流速は 30 ～ 35m/ 日）。
	7	噴火に伴う諸現象	二月二十七日	三会村の礫石原《くれいしばる》で酸味の強い炭酸泉が湧出した。（1663 年の古焼溶岩噴出のときも同地点から湧出があった）
			閏二月十八日	蜂の窪から古焼頭にかけての地帯に地割れ。
			閏二月下旬	おしが谷でガス噴出。呼吸困難で小動物や鳥が死ぬ。

表 2.2　寛政の普賢岳噴火の経緯②（片山 1974 に基づき編集、井上 1999）[2)]

		噴火と地震名称	和暦日付	地形変化の状況
第3段階	8	三月朔地震群	三月朔日～	三月朔日（4 月 21 日）夕刻より地震、山鳴り頻発。島原で震度 V ～ VI、守山で震度 IV ～ V。
				眉山（天狗山）から巨大な岩石が土煙をあげて転げ落ち、木々が次々となぎ倒された。
				震度 V ～ VI の地震が 8 回程度繰り返し起きた。
				今村集落（島原大変で埋没）で地割れが激しい。
				安徳村南名で地割れがあった他、城内などで地下水源に変動あり。
	9	楠平の地すべり	三月九日	三月九日（4 月 29 日）深夜 0 時過ぎの強い地震をきっかけとして南北 720 m、東西 1080 m の楠平が東方向へ滑り落ちた。滑落崖は 90 m もあるかのように見えた。山裾より滑り始め、2 段に分かれて地すべりを起こした模様。
	10	今村の地下水位上昇	三月中旬頃	楠平前面（東側）の今村地区の六助がふいごを吹いていたが、温度が上がらないため中をのぞくと割れ目があり、水が逆流しているのが見えた。
第4段階	11	四月朔地震 眉山山体崩壊	四月朔日	四月朔日（5 月 21 日）20 時過ぎに M ＝ 6.4 ± 0.2 の地震が発生。これにより眉山（天狗山）が大崩壊し、島原城下町の南側を飲み込んだ。
				有明海沿岸に大津波が押し寄せた（半島北部では 3 波との記録がある）。
				津波の水温は平時より高く、守山方面では「温み」程度、島原城下では「あつき」程度。
				上の原の者がいた菜種の刈り置きの番屋がそのまま 1500-1600 m も海中に押し出されていた。
				立ち木を載せたまま山が滑った。
				楠木平の上、南のほうが割れ、安徳村は過半土石の下になり、中木場村も北のほうが同じ被害を受けた。
				松島と茸山の間の「小深り」は埋め立てられ、地続きになった。（押し出しのことを「山水」と用いている）
				眉山の東部は約 1 m も海岸線が前へ出た。
第5段階	12	島原大変以降続く地震と湧水変化	四月五日～	島原城下から半島北部にかけて強い地震・海鳴り。
			四月十日～	上の原に自噴井を生じ、現在よりも大きい白土湖ができたほか、上の原・万町の湧水は絶えず、数万人の用水に足りた。
			四月二十八日～	眉山には「六筋の竪割れ」ができ、急崖の中ほどにある数ケ所の穴から泥土が噴き出し、煮えるような音がしていた。
	13	普賢岳再噴火と冷え固まった溶岩の崩壊、眉山二次崩壊	六月朔日	普賢岳山頂で再噴火。煙は最初よりも軽いが、音は大きく激しい。
			六月～七月中旬	地震の度に眉山が二次崩壊をおこす。冷え固まりかけた溶岩も少しずつ崩れる。

大きな地震・鳴動が起こって、噴火の始まりを告げた。新焼溶岩流が噴出し始め、長さ 2km の穴迫谷を埋めて、2 月 27 日～ 4 月 20 日までの期間、徐々に流下した。この噴火に伴って、普賢岳東麓の山中に有毒の火山ガスが大量に噴出し、鳥地獄の状況を示した。

第 3 段階：眉山－島原地区を中心として、4 月 21 日の新月の時期に三月朔地震群が発生した。この地震群は 5 月 14 日頃まで続き、島原城下では震度Ⅴ～Ⅵに達した。眉山（天狗岳）で山鳴りが激しく、強い地震時には天狗岳からの崩壊や落石で山が一時的に見えなくなるほどであった。4 月 29 日に天狗岳の東麓にあった楠平《くすのきだいら》では、大規模な地すべり（南北 720m、東西

1,080m、滑落崖 90m）が起こった。この地すべりが１箇月後の山体崩壊の前兆だった可能性が強く、楠平で地下水の異常な上昇に気付いて、山体崩壊前に避難して助かった者もいた。

第４段階：5 月 21 日 20 時頃に四月朔地震（M6.4、最大震度Ⅵ〜Ⅶ）が眉山の直下付近で発生した。このため、眉山（南側の天狗岳）が山体崩壊を起こし、「島原大変肥後迷惑」となった。２度の強い地震とともに天狗岳から海中にかけて大音響が起こり、天狗岳は山体崩壊による移動岩塊は有明海に高速で突入したため、大規模な津波を引き起こした。新月の夜に山体崩壊と津波が発生したため、島原の城下町だけでなく、有明海周辺の各地に甚大な被害を与えた。

第５段階：その後も天狗岳は地震のたびに二次崩壊を引き起こした。現在よりも大きな白土《しらち》湖が形成されたほか、各地で湧水が絶えなかった。眉山には６筋の縦割れができ、数箇所の穴から泥土が噴出し、煮えるような音がした。７月８日には水無川で最初の土石流が発生し、９日には普賢岳の山頂で火山灰が主体の噴火を引き起こした。８月 19 日以降、固まりかけた新焼溶岩の先端部が地震や降雨によって、少しずつ崩れた。

3　雲仙噴火と島原大変に対する島原藩と住民の対応

史料をもとに、雲仙噴火と島原大変に対する島原藩と住民の対応を追ってみる。これについては、白石一郎の小説『島原大変』[12] が大変参考になる。

(1) 第１段階　前駆地震群（寛政三年十月〜寛政四年正月）

『深溝世紀』によれば、「十月八日地大いに震う。夜に至りことに甚し。これより連日震いあるいは強くあるいは緩し」と記されている。

『守山庄屋寛政日記』によれば、「十月十二日ころより地震いたし候ところ日々一度三度四度宛鳴動いたし」と記されている。

寛政三年十月八日（1791 年 11 月３日）、島原城下町で初めて有感地震があった。その後、連日鳴動を伴った地震が続き、山間部では震動が山鳴りとなって共鳴した。

十一月十日（12月5日）頃から再び地震が強くなり、特に島原半島西部の小浜《おばま》方面で強く、小浜村鬢串《びんくし》の老夫婦が落石で死亡する事故が起きた。半島北部の守山村でも土壁が倒潰した。一連の地震は噴火の前触れの地震「前駆地震」であった。年が明けて寛政四年正月頃は、一旦地震は収まった。

神代《こうじろ》古文書勉強会が2001年に詳細に解読した『大岳地獄物語』[13]によれば、十月に先立つ七月十四日、十五日（8月13、14日）に、「亥の七月十四五日頃より地震が致し、その地震、常の地震に替りて、地の底に当たりて鳴り、また大岳・島原岳の鳴り立てる事大雷の如くなり。」とある。この地震は通常の地震とは異なり、普賢岳や眉山の鳴動も伴ったと記されている点から、寛政三年七月（1791年8月）の時点で噴火活動の活発化の兆しが早くも現れていたと見なせる[14]。

なお、火山活動は半島を東西に横切る雲仙地溝帯の中で、西から東へ向かっていった。

(2) 普賢岳山頂の現地見分

寛政四年一月十八日（1792年2月10日）、地震は再び活発化し、鳴動も起こった。翌十九日朝、普賢岳から噴煙が上がるのが確認された。郡奉行所には、前山《まえやま》奉行（前山〈眉山〉担当の山奉行）や山奉行（奥山《おくやま》〈普賢岳〉）からの山の異変などの報告が集まり始めた。

役所に出仕した前山奉行の石川仙助が奉行の川鍋次郎左衛門方へ来て、「奥山普賢山近辺と見える山が強く焼けていて、通常の山火事には見えない」と報告した。それを受けて、郡奉行所では手代《てだい》2人を現地踏査に向かわせた。昼過ぎに手代2人とともに、山奉行2人と杉谷《すぎたに》村番人・中村利右衛門が踏査から戻ってきて、山の状況を「山頂部にある普賢神社のくぼみ、祠石壇下2反程の所、吹き破り、その内2箇所で噴煙が上がっており、その外から泥土が噴き上げられていた。鳥居が埋もれてしまったのかはわからない。普賢祠のあたりは変わりないが、山鳴りがすごく、石などが近くへ噴き出していた」と報告した。また、異変に気付き、別に登山していた深江《ふかえ》村番人加役・田浦喜代治も普賢鳥居の4、5反程の所で、泥、湯煙などが出ていたと報告した『郡奉行所日記書抜』。

さらに、浜村（小浜村）からも普賢尊像を一乗院へ移したと届出があり、温泉山一乗院の弟子たちも、十九日（2月11日）の朝山頂での噴火の様子を確認した。この時は、麓の村で降灰が３寸（9cm）堆積し、島原城下まで降灰があったと記録されている。

図2.3　普賢山頂吹出しの図
（長野市・真田宝物館蔵）

山頂から噴煙が上がるのを見た藩役人らは、正月二十日（2月12日）には、「普賢山噴火」を報告する書状を江戸に送り、幕府への一連の災害情報の伝達が始められた（図2.3）。

正月二十六日（2月18日）には、山頂から上がる噴煙を見ようとして大勢の人が山に登り、さらに見物客相手の物売りなども入ったため、火の不始末による野火が発生した。そのため、見物人や出店店主に対し、火の不始末注意のお触れが出されており、多くの人が山に入って見物していたことがわかる。

(3) 第２段階　普賢岳の噴火（寛政四年二月〜閏《うるう》二月）

二月に入っても地震や山鳴りが続いた。山頂での噴煙から17日を経過した二月六日（2月27日）、穴迫谷《あなさこたに》の谷頭にあたる「琵琶《びわ》の首《ばち》」（最初の噴火口から北東側に1.5km）で噴火が始まった。この時の噴火では、鳴動とともに、泥砂を噴き上げた。

この状況を三会《みえ》村から届出を受けた郡奉行所では、代官・山奉行・手代を見分に出し、「雪深きゆえ燃え広がらないが、夜になると石岩は一面火になる」『郡奉行所日記書抜』と報告を受けた。

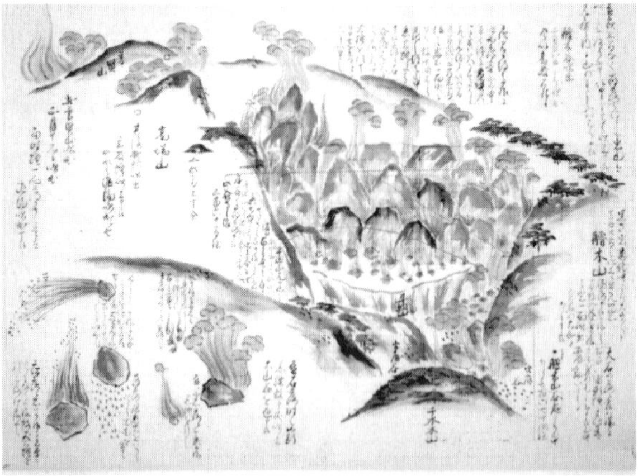

図 2.4　穴迫谷溶岩流の図（長野市・真田宝物館蔵）

一乗院の報告によれば、琵琶の首の噴火開始から2日間で、長さ200間（360m）で谷底が平らなこの谷に、3、4丁（300～400m）くらいの大山を造り、大きい石は谷底に落ちてくる状況であった。二月八日（2月29日）の『島原大変記』（松崎末吉本）には、以下のように記されている。

「しかるころ、八日の晩より猛火に相成り、炎かわるがわると吹き出すありさま、何丈とも見届け難く、深き谷底を一夜のうちに吹き上げ、山のごとくに相見え、それより次第に崩れ下ることおびただし、夕陽に岩間岩間は火焔となって、崩れ下る岩石は車のごとく、数十丈の谷底へ、芝山のうちへこけこみ（転げ込み）、燃え上がる炎は天を焦がし、谷峰とも一面の猛火となり、火の色は朱をそそぎたるごとくにして、おびただし。」

図2.4に示したように、谷を埋めて盛り上がるような形になった溶岩が、一部崩れるたびに樹木や草を焼いていた様子がうかがえる。また、夜に火気が強く見えるとも、様々な記録があり、図2.4にも、「夜は赤く光って見え、冷え固まった溶岩が時折崩れて煙を出す」と表現されている。『大岳地獄物語』にも後述する溶岩見物である櫓木山《ろぎやま》での出来事として、

「時には大暗闇になり、火風（火砕流のことか）が立ち、見物することができなくて皆逃げさる」と書かれている。

これらのことから、寛政噴火においても平成噴火と同様、熱かった溶岩の小崩落による火砕流が何度も発生したことが推察できる。

琵琶の首からの溶岩流出開始から3週間後の二月二十九日（3月21日）、今度は琵琶の首から200m高い蜂《はち》の窪《くぼ》（飯洞岩《はんどういわ》付近）でも溶岩が流出し始め

た。後に、この溶岩が冷えて固まると琵琶の首方向へ落下し、穴迫谷を流れ下る溶岩流と一緒になった。

噴出した溶岩流は、穴迫谷を埋めながらゆっくりと流下した。『郡奉行所日記抜書』によると、溶岩流は閏二月三日頃（3 月 25 日）に千本木の人家まで 1.6km、閏二月十八日頃(4 月 9 日)には同 1.1km、閏二月二十九日（4 月 20 日）には同 0.6km のところまで達した。

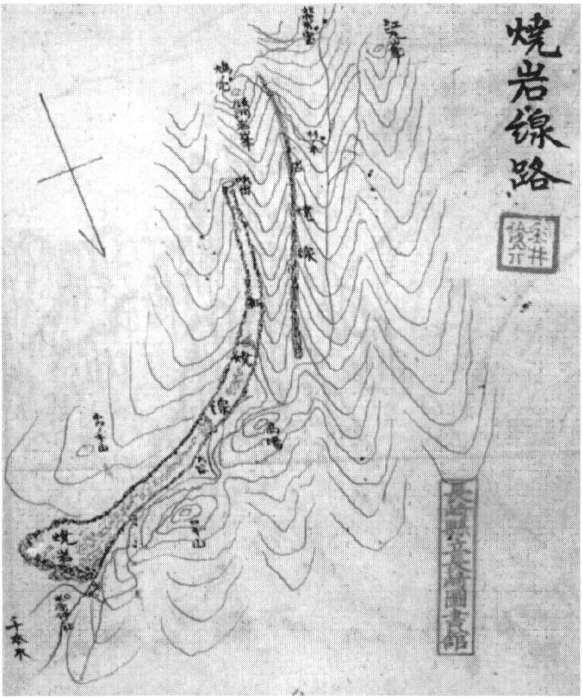

図 2.5　焼岩線路（金井俊行による溶岩流流下位置図），（長崎歴史文化博物館蔵）

なお、閏二月二～三日（3 月 24 ～ 25 日）にかけて、隣接する古焼頭《ふるやけかしら》（寛文三（1663）年噴出の溶岩流の頭）から噴煙（硫黄煙）があったが、溶岩流は出ていない。また、閏二月下旬には、峰を隔てておしが谷では、火山ガスが突出し、猪・鹿・狐・兎・小鳥がガスで死に、薪取りに行った農民が呼吸困難になったと伝えられている。

流れる溶岩の様子を人々は見晴らしの良い櫓木山（表記は色々で魯木山、呂木山、路木山・ロギ山などがある）で見物していた。粘性の高い溶岩は、岩塊となって崩落し、激突して花火を散らし、壮大な光景を見せながら、ゆっくりと流れ続けた。見物人相手の茶店や酒屋が設けられると、三味線まで繰り出し、昼夜を分かたぬ賑わいとなった。中には泥酔して怪我をする人もいた（図 2.5、表 2.3）。

藩庁では、噴火開始から現地踏査をほぼ毎日のように行い、噴火活動に応じ

表 2.3　噴火の現地調査と見物禁止命令[2)]

和暦	西暦	内容
正月十九日	1792.2.11	正月十九日朝、郡奉行所の手代および一乗院弟子達が別々に山頂での噴火の様子を確認する。
正月二十六日	1792.2.18	山頂からの噴煙の見物人や出店店主に対し野焼きをしないようにお触れ。
二月六日	1792.2.27	穴迫の噴火開始を三会村より届出を受け、代官山奉行手代を見分に出す。被害は特にない。
二月十日	1792.3.2	ろぎ山より見物にぎわう。
二月十六日	1792.3.8	商人大勢山へ入る
二月二十六日	1792.3.18	見学人怪我など発生、見物禁止の触れ。
二月二十八日	1792.3.20	奥山吹き出し、ろぎ山の内、雑木が危ない場所は、切り倒すことになった。
閏二月二日	1792.3.24	奥山見分
閏二月三日	1792.3.25	前日の見分結果で、奥山吹き出しの近辺が危ないので、見物無用の命令をだす。
閏二月十一日	1792.4.2	奥山の熔岩が段々下っていることで、見分。
閏二月中旬？	1792.4 初旬	老若男女服を飾り酒をもって宴を開き、歌ったり、踊ったりするものがいたので、藩庁は遊観を禁止した。
閏二月二十六日	1792.4.17	奥山吹き出し場所見分をするときは、家頭一人で行くことにせよとのお触れ。
三月十日～十四日	1792.4.30 ～ 5.5	毎日焼け岩見分に遭わず。
三月十一日	1792.5.1	見物人を差し止める手代を道筋に置く。

て、人々の溶岩見物に危険が伴うと判断するたびに、警戒のお触れを出した。また、藩庁では、温泉《うんぜん》山一乗院に祈祷を命じた。しかし、毎日の祈願も天に通じず、異変は収まらなかった。

雲仙は、昭和 9（1934）年に日本初の国立公園に指定される前は、「温泉」と書かれていた。現在でも、温泉《うんぜん》神社などで、表記が残っている。

口絵 8 は、寛政四年大震図（本光寺常盤歴史資料館蔵）で、新焼溶岩が流下し、島原の城下町へ向かっている状況を描いた絵図である。後述する三月朔地震による城下の地割れなどが描かれていないので、二月中旬頃の状況と思われる。

(4) 第 3 段階　三月朔地震群（寛政四年三月）

三月朔《さく》日から五日（4 月 21 ～ 25 日）にかけて、大きな地震が頻発した。特に朔日の夜から二日の朝 6 時頃までの震動が激しく（三月朔地震）、地震と同時に山鳴りが頻繁に発生した。島原城下はもちろん、半島北部の守山《もりやま》村や古部《こべ》村でも強い地震があった。また、朔日は昼から激しい雷雨となり、鳴動を伴った激しい地震のたびに、険しい眉山の頂上からは、樹木や石砂が大量に崩れ落ち、土煙を上げ、城下ではあちこち石垣が崩れ、家の鴨居がはずれたりした。大きな地割れも生じた[15)]。こうした地割れは東西方向に走る千々石《ちぢわ》断層ならびに赤松谷《あかまつだに》断層の２つの活断層の連動によって生じた（表 2.4）。

三月朔日から二日にかけて強弱を含めて 300 回余りの地震があり、立って歩けないほどであった。鐘撞き堂の石垣は崩れ、やぐらが倒れ、城下は地震でめちゃくちゃになった。三月五日（4 月 25 日）には地震のため、眉山が激しく崩れた。

この時、新焼《しんやけ》溶岩の動きはなく、琵琶の首や蜂の窪の様子も静かであった。

城下を襲った激しい地震のため、藩主の子供たちや武士の家族らは、前日の日暮れに島原を出発し、夜通し歩いて、守山村まで避難した。それを伝え聞いた町人たちは驚き、急いで避難準備を始めた。この時、市中では「殿様が逃げた」とも噂され、混乱をきわめた。また、島原藩では領内の船をすべて集め、武士たちはそれぞれ旗印をたてて、避難用の船を準備した。だんだん強くなる地震に対し、役人らは役所にて 24 時間詰めで、危機に対処しようとしていた。

武士や町人などの城下町の多数の避難者は「北目道《きためみち》」（島原半島の北側）の村々に、島原村の避難者は「南目道《みなみめみち》」（半島の南側）の村々へ逃げた（図 2.6）。『大岳地獄物語』によれば、この時、佐賀藩領の神代《こうじろ》領へ避難した者へは、米だけでなく、みそ・薪などに至るまで、支給を受けた。「島原領より神代に参宿している者三百人には、檀那様（神代鍋島藩領主）より御助抱を下され、一人前に米五合味噌薪迄日に渡し下さる」とあり、藩の枠を超えた救助が行われた。

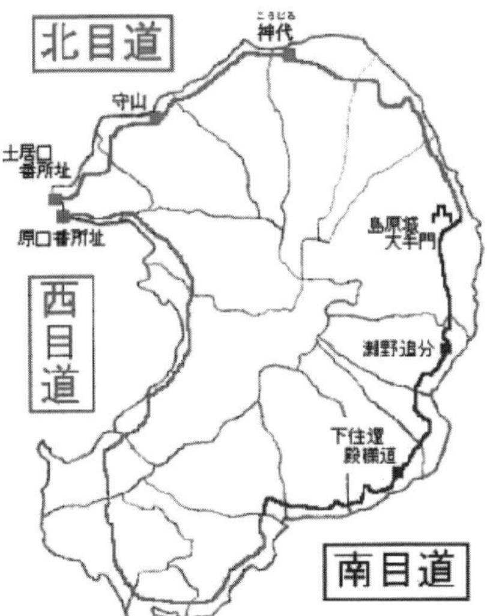

図 2.6　島原街道３つの道
長崎県教育センター HP に加筆

三月二日～四日（4 月 22 ～ 24 日）にかけては、取るものも取りあえず、避難していた住民が再び城下町に戻ってくる者の列と、北目方面に避難する者たちの列で、島原街道は混雑した。夜通しで避難する者たちに対し、街道

表 2.4　三月朔日から始まる三月の群発地震による地震被害[2)]

	和暦	西暦	三月中の地震と鳴動
城下と半東北部で激しい地震	三月朔～二日	1792.4.21 ～ 22	三月朔の地震。申刻（19 時頃）から次第に強くなり、翌日も終日地震続く。山鳴り大砲のよう。眉山では岩石などの崩落激しく、煙で山が隠れるほど。最も強い地震の震度は島原でⅤ～Ⅵ、守山でⅣ～Ⅴと推定。
強弱 300 あまりの地震	三月二日	1792.4.22	前日 16 時頃から、二日 6 時頃まで地震が続く。強弱 300 余りの地震。二日、4 回の強震。（島原城下では）地中にて太鼓を打つような音が折々ある。この音は一つあるいは二つ四つも続けて聞こえることもある。
半島北部でも地震	三月三日	1792.4.23	申刻（16 時頃）、古部村での地震
依然強い地震。半島東部でも被害	三月三～五日	1792.4.23 ～ 25	三日にも震度Ⅳ～Ⅴの地震 2 回、うち三日 17 時過ぎのものは小浜、加津佐まで大きな被害あり。三～五日は地震の発生回数は数えがたいほどで、以後次第に間遠になる。
地震で眉山揺れる	三月五日	1792.4.25	朝五つ頃、大地震（守山）ほか、眉山は地震のため激しく揺れる。天草、肥後（午刻）でも大地震。朝 4 時頃、と夕方 7 半時頃に島原・深江で大地震。
天草でも地震	三月十二日	1792.5.2	天草の地震
夜中強い雨。地震小揺れ	三月十六日	1792.5.6	今日昼より雨降りだし、夜中強く降り、雷の電光も一度あり。昼夜とも地震小ゆりいたし、明け方より晴れる。
城下地震	三月十八日	1792.5.8	島原城下にて今日昼のうち両三度、夜に入りたびたびよほどの地震あり。
地震少なくなる	三月二十二日	1792.5.12	今日も昼夜折々小地震あり。三度の大きな地震あり。焼岩の様子は静か。
	三月二十四日	1792.5.14	有感地震 1 日に 20 回ほど。
城下地震	三月晦日	1792.5.20	城下で地震あり。

沿いの神代《こうじろ》（佐賀藩領）、西郷《さいごう》では人馬と提灯を用意し、避難民を受け入れる準備がなされた。

武士の家族や町人たちの避難先である北目通りの村々では、燃料である薪や食料が不足した。このため、島原藩では三月六日（4 月 26 日）、藩囲い米を放出、米と薪の配布をする（薪は天草から救援物資として運んだ）ことを決めた。

『島原一件書状の写』によれば、三月朔地震の後、城下を訪れた熊本からの見聞者は、避難が済んだ城下町の様子を「商店は休業し、漁師は舟で逃げる準備で魚も売っていない」と記録している。

(5) 島原藩が出した警戒避難指令書

三月二日（4 月 22 日）、緊急の対応や避難時の心得などを詳細に書き付けた『奥山吹出（普賢岳噴火）に付御手当内調の事』（警戒避難指令書：俗に三月令と呼ばれる）が出された。早速、各役所から役人が出向いて写し取り、そ

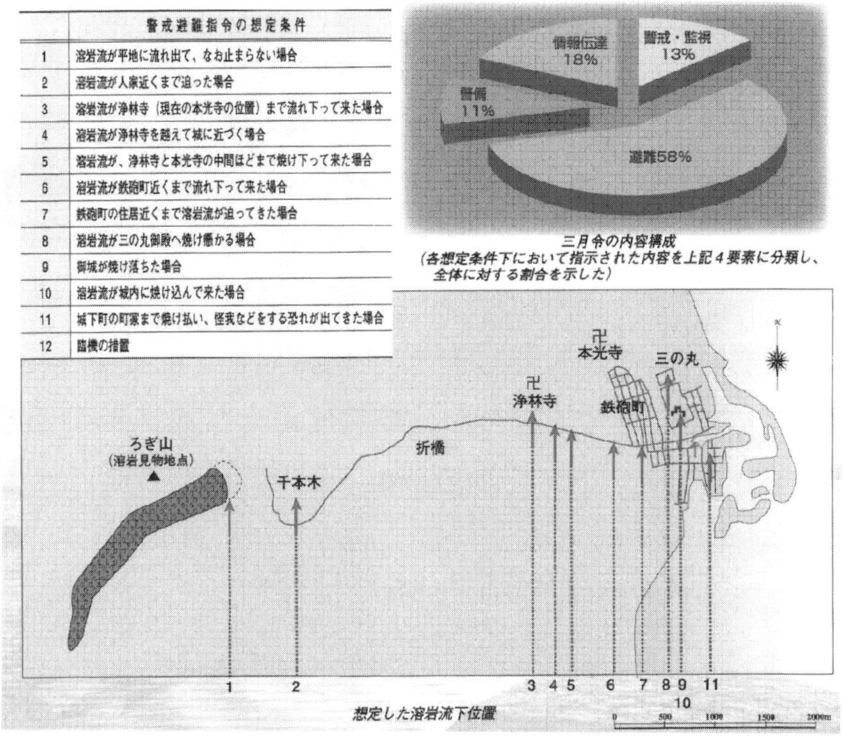

	警戒避難指令の想定条件
1	溶岩流が平地に流れ出て，なお止まらない場合
2	溶岩流が人家近くまで迫った場合
3	溶岩流が浄林寺（現在の本光寺の位置）まで流れ下って来た場合
4	溶岩流が浄林寺を越えて城に近づく場合
5	溶岩流が、浄林寺と本光寺の中間ほどまで焼け下って来た場合
6	溶岩流が鉄砲町近くまで流れ下って来た場合
7	鉄砲町の住居近くまで溶岩流が迫ってきた場合
8	溶岩流が三の丸御殿へ焼け懸かる場合
9	御城が焼け落ちた場合
10	溶岩流が城内に焼け込んで来た場合
11	城下町の町家まで焼け払い、怪我などをする恐れが出てきた場合
12	臨機の措置

図 2.7　想定した溶岩の流下位置と三月令（警戒避難指定の想定条件）[2)]

れぞれ役目柄必要な準備を整えた。

この警戒避難指令書は、溶岩流の流下による島原城や城下町の被害を想定して書かれている。また、溶岩流の想定条件はもっとも軽い状況から悲惨な状況まで順を追って書かれている（図 2.7）。各想定条件下において指示された内容を分析すると、およそ半数が避難行動についての具体的な指令であった。また、溶岩流の挙動および山水（鉄砲水）の発生を知らせる警報の出し方や、江戸・長崎などとの連絡体制といった、緊急時の情報伝達方法も詳細に決められていた。さらに、武士や町人が避難した後の城下の警備体制も事前に決められていた。この指令書は殿様御一家の安全確保を主目的として作成され、広く一般町人を避難させる趣旨ではなかった。結果として、城下まで及ぶ溶岩流の被害はなく、千本木の民家までの被害で済んだため、ここで示された想定条件が現実とはならなかった。

(6) 楠平の大規模地すべりの発生

三月朔日の大地震後の三月九日子の刻（4 月 29 日夜中 0 時頃）、強い地震を引き金にして、天狗山（四月朔日の山体崩壊部）前面の楠平《くすのきだいら》が大規模な地すべりを起こした。夜が明けてから島原村の住人から口頭で、郡奉行所に地すべりの状況と規模（南北 720m、東西 1,080m、滑落崖 90m）が報告された。それを受け、山奉行が地すべり地を見分した。この時の報告によれば、斜面上下に 2 段のずれが見られたとされている。このことから、4 月 29 日 0 時の地震をきっかけに山裾が崩れ、下部の支えを失った上部土塊が重力によって大規模な地すべりが発生したと考えられる。

ところで、その後、藩庁・山奉行は楠平地すべりに関して警戒避難のための具体的な指示を出さなかった。その理由は次のように考えられる。

1）藩庁の関心はもっぱら新焼溶岩の挙動と城下を襲う地震や山水（鉄砲水）であった。

2）楠平の位置が城下町の南側で、島原城からだいぶ距離があった。

3）学道（覚道とも）という僧が市中に触れ回っているという眉山崩壊の噂話の鎮圧をしなければならなかった。

4）三月九日（4 月 29 日）当日朝に郡奉行所の最高指揮者である羽太十郎左衛門と代官・山奉行一行が普賢岳噴火現地見分へ出向いていた。今まで報告を受けるだけだった十郎左衛門が、多くの同伴者とともに、この日に限って普賢岳方向に向かっていた。このため、的確な判断と指揮ができなかった可能性がある。

5）地すべり現象の発生や地下水の異変が、その後の巨大な山体崩壊の前兆であるという認識が、藩の上層部になかった。

『島原一件書状の写』によれば、一乗院の覚道（学道）が楠平の地変に気付き、山潮（土石流）が発生するので、城下町から逃げるように大声でふれて回った。「三月上旬、城下大きに騒動のことあり。その由来は温泉に一乗院という真言の寺あり。覚道という旅僧、数年滞留す。この僧、城下を走りまわり、明日八つ時（14 時頃）山潮出て、城下を溺す。諸人早く立ち退くべし。我は一乗院の使いなりと。これによりて町中大いに驚き騒ぐこと、城内に及ぶ」。

『郡奉行所日記書抜』によれば、異説をふれまわった学道は召し取れらたという。「一乗院弟子学道と申す者、温泉よりの使いと申し、お城下を徘徊し、異説を申し触れし、諸人迷わせ候よし。右様の異説申す者これあり候ども、村方の者迷い申さず様、かつ、右学道を見当て候わば、召し捕らえ申し出で候様、村方へ相触れ申すべく旨、代官へ申し聞かせ候」。

『大岳地獄物語』によれば、三月十七日（5 月 7 日）の記述に、「その後地震も少しは軽くなり、それにより若殿様女中方々迄残らず三百人ばかり島原に御帰りならる」とあるように、藩主一向が島原城へ帰宅したことにより、世間もひと安心した。このため、避難した町民の多くも、島原に帰宅した。このため、城下においても段々と商売などに取り掛かった。

(7) 第 4 段階　眉山の山体崩壊と有明海の巨大津波（寛政四年四月）

四月朔日（5 月 21 日）の新月の夜（20 時頃）、暗闇の中で、眉山が山体崩壊を起こして有明海に大量の土砂が飛び込み、巨大な津波が発生し、激甚な被害が発生した（口絵 10）。

『大岳地獄物語』によれば、「城下安徳《あんとく》迄は何百岳とも知れず、海は三里（12km）沖迄何百嶋とも知れず、方角も知れぬ程に成り」、「大手の門迄死人夥敷《おびただしき》事、雖然共《しかりといえども》死人改める者もなし、死人取る者もなし、取りても送る坊主もなし」、「風雨も致さず天気好く青天にて、その一日の晩暮れ六ツ半時（20 時頃）に諸人夢にも知らずしている処に島原岳片平（片側）大木共に崩れ来り」、とあり、三月中旬頃までに避難先から帰宅し、少し安心していた四月朔日の夜の地震で大きく山体崩壊した。

崩れた眉山の土砂は有明海に飛び込み、大規模な津波を引き起こした。新月の日没後、しかも大潮の満潮時刻近くに発生した津波は、島原半島と対岸にあたる肥後・天草の沿岸各地を襲った（口絵 6）。津波の遡上高は、場所によっては 20 ～ 50m にも達したと伝えられ、多くの人家や田畑が波に洗われた。

これらの現象により、島原半島側で 10,000 人、熊本県側で 5,000 人、合わせて 15,000 人もが流出土砂に生き埋めされたり、津波に流されたりした。

(8) 眉山の山体崩壊前後の海岸線の地形変化

明治の中期に島原の南高来郡郡長だった金井俊行は、島原大変に関する絵図などの史料を収集・整理しており、多くは長崎歴史文化博物館に保管されている。図 2.8 は大変前島原市街之図（金井俊行の写図）であるが、位置は測量上の位置は少しずれていることがある。絵図に示された神社や道路などのランドマークをもとに、島原市発行の縮尺 1/2,500 地形図の上に復元して図 2.9 の復元図[2)]を作成した。

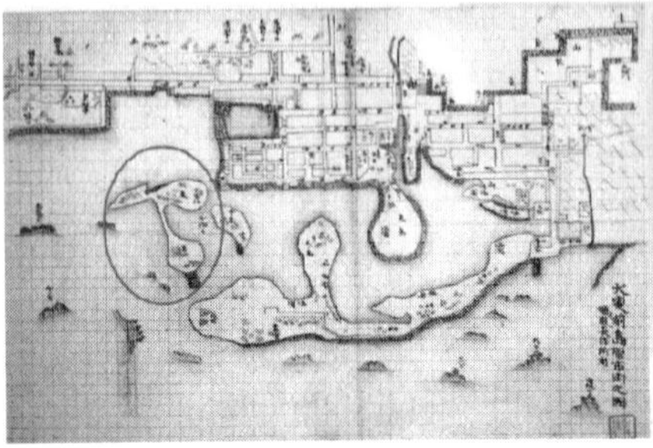

図 2.8　大変前島原市街之図（金井俊行写図）
（長崎歴史文化博物館蔵）

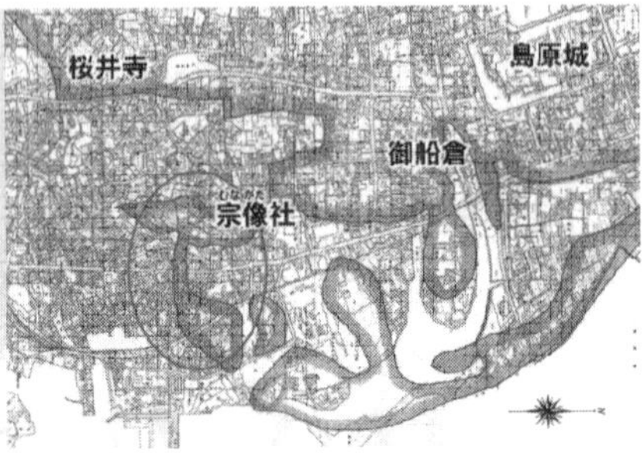

図 2.9　左図より復元された
島原城下町の海岸線[2)]

(9) 第 5 段階　続く噴火と土石流被害（寛政四年四月～十年十一月）

四月二十五日（6 月 14 日）、しばらく静かであった穴迫谷頭《あなさこたにかしら》の噴火が再び勢いを増した。神代からは「晩四つ刻（22 時頃）、火の柱が二本」たったのが見えた。四月二十八日（6 月 17 日）からは、眉山の崩れ跡に 6 本の縦割れを認め、その割れ筋から時々土煙を上げて岩石が崩落し、谷底ではぐつぐつと沸くような音がする様子であった。崩壊面から泥土を噴出し、崩壊末端の谷間は沼田のようになった。五月に入ってからは湧水の変化があった。

六月朔日（7 月 19 日）、普賢岳で再び噴火した。昼過ぎ頃、最初の山頂噴火の 10 倍くらいの煙が噴き出し、黒煙が立ち込めた。城下と村々には泥が四五寸または六七寸（10 ～ 20cm）降り積もった。翌二日（7 月 20 日）、焼岩見分をするために新焼《しんやけ》溶岩を見に行った者が、「千本木《せんぶぎ》あたりまで火山灰が降っていた」と報告している。この時の噴火は激しく、火山岩塊・火山礫・火山砂・火山灰が広い範囲に降り注いだ。島原半島北部の神代にも降灰があった

図 2.10　溶岩前面之景（金井俊行による明治 20 年代のスケッチ），（長崎歴史文化博物館蔵）

という。六月七日(7 月 25 日)には煙・鳴動が収まり、この時の山頂の様子を確認した手代は、「深さ三尺（90cm）ほどの泥が堆積していた」と報告している。

六月十三日（7 月 31 日）には中木場《なかこば》で大地割れがあったほか、島原半島北部で湧水の異常が見られるなど、依然火山活動や地形変化は続いていた。六月下旬頃（8 月中旬頃）から台風と思われる豪雨により、土石流が発生するようになった。

七月中（8 月から 9 月）は頻繁に地震が発生し、新焼溶岩の末端や眉山の崩壊面が地震のたびに崩壊した。八月中（9 月から 10 月）に入ってからは、地震は収まり、鳴動のみとなった。

十一月末から十二月初め（1793 年 1 月中旬頃）にかけて鳴動や地震があったほかは、寛政四年（1793）には大きな噴火活動はなく、水無川を主とする土石流被害が長雨や豪雨の時期に発生した。寛政十年九月下旬（1798 年 11 月上旬）頃より、普賢岳が鳴動して地震が発生し、十月三日（11 月 10 日）普賢岳山頂より噴石が上がるなど、激しい噴火が再び始まった。十一月五日(12 月 11 日）には三会村から現地調査に向かった 2 人が「大煙」に巻かれて死亡した。この噴火は翌年まで続いた。

なお、寛政四年十一月（1793 年 1 月）以降の一連の出来事は、コラム 1 で説明する『大岳地獄物語』の記述によった。

4　眉山の山体崩壊の形態と規模の推定

眉山の山体崩壊のメカニズムについては表 2.5 に示したように色々な説がある[17)～22)]。眉山の山体崩壊の原因は謎に包まれ、古くから「火山爆発説」と「地

表 2.5　眉山山体崩壊原因の諸説[16]

学説	根拠・主張	提唱者
火山爆裂説	馬蹄型崩壊と流れ山は火山爆裂現象特有 火気・噴煙・微弱地震の古記録あり	佐藤伝蔵（1925）[17]
	局発地震の頻発とその後の爆裂地下水異変は噴火現象に付随的	駒田亥久雄（1913）[18]
	馬蹄型崩壊地形と流れ山の形成	古谷尊彦（1978）[19]
地震崩壊説	山体脆弱、爆発音にしては弱小地震→小噴火→爆発→溶岩流出のパターンに矛盾 爆裂の古記録なし	大森房吉（1903）[20]
	地震による局部的砂状圧砕岩体の液状化→土石流発生（崩壊物流入による津波誘発）	太田一也（1969）[21]
熱水増大説	熱水増大による地すべり誘発（円弧地すべり＝海底突き上げによる津波誘発）	片山信夫（1974）[3]
地震・熱水複合作用説	山体脆弱、熱水増大による地下水位上昇および誘発地震による岩盤疲労直下型浅発地震の発生	太田一也（1987）[22]

震崩壊説」とがあった。その後、地下にあった温泉水が大量に出たため、地すべりを起こしたとする「熱水増大説」も唱えられ、長く論争が続いていた。

眉山の山体崩壊の原因を特定することはできないが、太田（1987）[22]は「眉山のもろい性質の岩体が、雲仙火山の火山活動によって激増した熱水と、直下型の浅い地震（三月朔・四月朔地震）との複合作用により、瞬間的に安定性が低下して、山体崩壊が発生した。そして移動岩体が有明海に突入し、巨大な津波が発生した」という複合作用説を発表している。3（6）項で説明した眉山下部の楠平の地すべりの発生も、末端土塊の除去となり安定度が大きく低下したと考えられる。

井上（1999）[1]、Inoue（2000）[23]は、図 2.11 に示したように、口絵 8 と口絵 9 を比較検証して、以下の考察を行った。寛政噴火や島原大変を描いた多くの絵図の中でも、島原藩が幕府に提出したとされる絵図は眉山の山体現象を考える上で、非常に重要である。島原藩は五月十八日（7 月 6 日）、六月三日（7 月 21 日）、九月二十五日（11 月 9 日）の 3 回、幕府の老中・松平定信などに地形変化や被害状況を報告した。関原ら[24]は、口絵 8 と口絵 9 は 2 回目の六月三日に提出したと考察した。口絵 8 は新焼溶岩が流下しているが、4 月 21 日の三月朔地震による城下町の地割れが描かれていない。口絵 9 は三月朔地震による地割れに加え、5 月 21 日の四月朔地震で発生した眉山・天狗岳の山体崩壊と流れ山地形が表現されている。

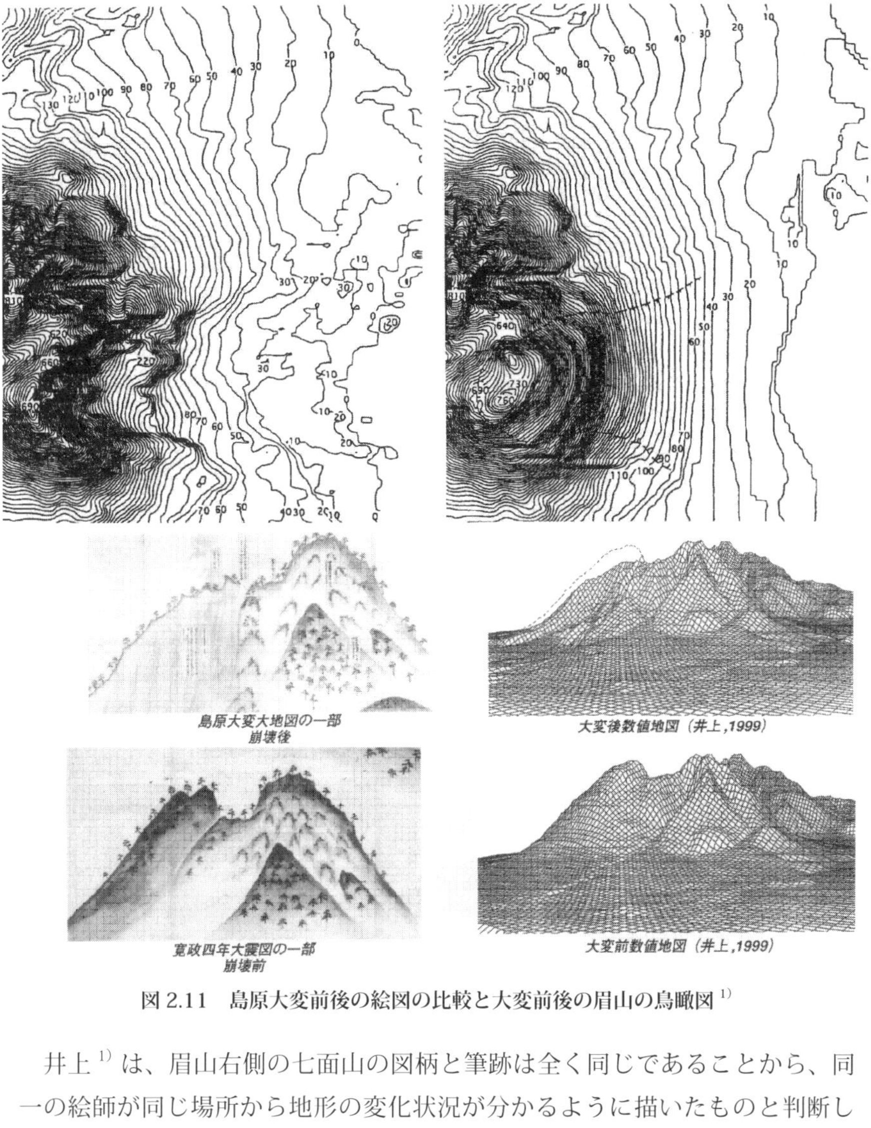

図 2.11　島原大変前後の絵図の比較と大変前後の眉山の鳥瞰図 [1]

井上 [1] は、眉山右側の七面山の図柄と筆跡は全く同じであることから、同一の絵師が同じ場所から地形の変化状況が分かるように描いたものと判断した。島原城の天守閣に登ると、口絵 9 とほぼ同じ風景が認められる。殿様などに命じられて、藩の絵師は幕府に提出用の絵図として描かれたものであろう。図 2.11 の右上図は国土数値情報（1996 年作成の沿岸海域土地条件図 1/2.5 万『島原』の 50m メッシュデータ）を用いて島原城付近を視点とした現在の

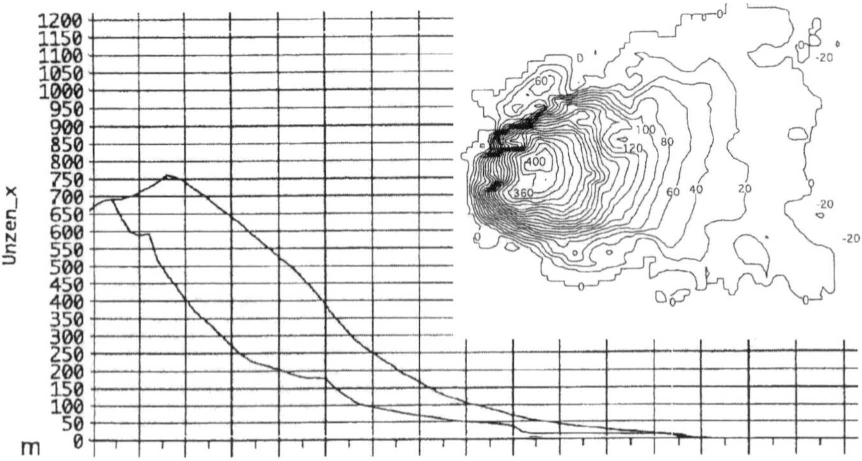

図 2.12　島原大変前後の等高線図と断面図，地形変化量図 [1)、23)]

地形（大変後）の鳥瞰図を作成したものである。図 2.11 の右下図は 2 枚の絵図を比較しながら、トライアンドエラーでメッシュデータを修正しながら描いた「島原大変前の鳥瞰図」である。この鳥瞰図のメッシュデータを戻して等高線を発生させれば、大変前の地形図（等高線図）を作成できる。

図 2.12 は、大変前後の等高線図と断面図、地形変化量図 [1)、23)] である。島原大変前後の等高線の差分を求めて、地形変化量を測定した。山地部は山体崩壊で侵食された地域（最大侵食深 360m）、堆積地域（最大堆積深 40m）は、多くの流れ山地形が有明海の 3km 先まで認められる。等高線の差から山体崩壊土砂量は 3.25 億 m^3、陸上部の堆積土砂量は 0.41 億 m^3、海中部の堆積土砂量は 2.76 億 m^3 と推定した。

5　山体崩壊による激甚な津波

(1) 津波による死者・行方不明者数

口絵 6 は、島原大変肥後迷惑による有明海の被害状況と慰霊碑の位置を示している [2)]。片山 [3)] によれば、集落毎の死者・行方不明者数は、山体崩壊と津波の直撃を受けた島原の城下町が 5,251 人と最も多かった。これは、山体崩壊と津波の発生が四月朔（5 月 21 日）の新月の 20 時頃だったため、真っ暗でどんな現象が起こったのか、島原城下の住民は理解できなかったことが大きい。また、三月朔（4 月 21 日）の地震の後、島原城下町の住民はほとんど避難していたが、地震活動が小康状態となり、ほとんどの住民が避難場所から帰って来ていたためと考えられる。

表 2.6　島原大変による被害[2)]

	島原藩	天草	肥後領
流死者	9,534	343	4,653
怪我人	707	-	811
牛馬被害	496	109	151
流失戸数	3,347	373	2,252
荒廃田畑	378	65	2,639

島原半島南部では、集落毎の死者数は不明であるが、半島全体の被害者数（9,534 人）から判断して、3,500 人が亡くなったと思われる（表 2.6）。

また、熊本県側では、有明海対岸の眉山正面に当たる飽田郡《あきたぐん》中心部に比べ、南北の玉名・宇土郡付近での死者数が多かった[26)]。人的被害に加え、干拓などで平坦な土地が多いため、田畑の流失被害が膨大となった。

口絵 6 に示したように、津波での溺死者や漂着した流死のために、藩や地元の人々によって多くの供養塔が建立された。また、津波の到達点を伝える津波留石などが今も各地に残されている[25), 26), 27)]。

(2) 大津波となった理由

島原藩の公的記録など、有力な文献のほとんどは、四月朔地震および眉山の山体崩壊の時刻を「酉の刻過ぎ」としている。一般に、津波の伝搬速度は $\sqrt{gH}$ m/sec で表される（g：重力加速度、H：水深）。1/2.5 万沿岸海域地形図「島原」[10)] によれば、有明海の水深は 40 ～ 50m であるので、伝搬速度は最大 20m/sec（70km/ h）程度である。このため、幅 20km の有明海を 20 分程度で渡ったと考えられる。「酉の刻過ぎ」は 20 時～ 20 時 30 分頃であり、熊本県側の海岸に津波の第 1 波が襲ったのは、20 分後の 20 時 30 分～ 21 時頃である（図 2.13）[26)]。

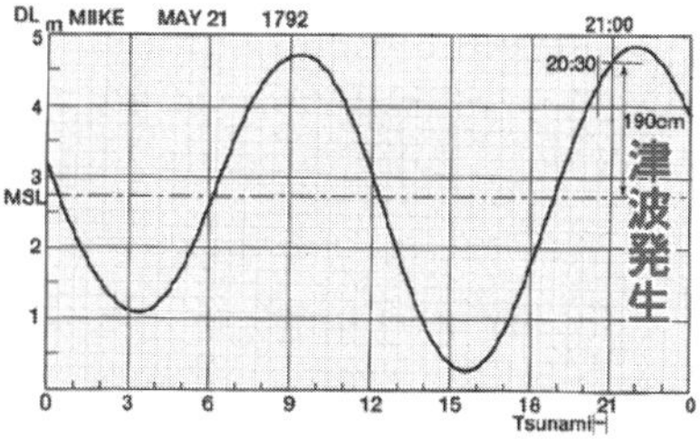

図 2.13　津波の発生時刻と有明海の潮汐条件（都司・日野（1993）[26)]）

三池港の潮汐定数を用いて、四月朔

日（5 月 21 日）当時の天文潮汐の変化を再現すると[26)]、津波が発生した時刻は、有明海の満潮時と重なっており、21 時の天文潮汐の高さは平均海面より 1.93m も高かった。このことが津波の高さを高くし、津波被害を大きくした要因のひとつと考えられる。

6 島原大変後の救援処置

(1) 島原藩の応急対応と佐賀藩の救援

四月朔《さく》日（5 月 21 日）の大変直後、島原藩は手隙の者を総動員して暗闇の中で救助作業に当たった。夜が明けて四月二日（5 月 22 日）、藩では領内の外科医師に呼びかけ、医療救援などの措置が行われた（白石一郎の小説『島原大変』[12)] 参照)。『島原大変実記』によれば、「追手門前には数ヶ所にかがり火をたかせ、こごえたる人を暖め、飢えたる人には粥を与え、お台所には大釜にてニンジンを煎じさせ、あるいは気付杯をもたせ、これに配散して、……御領内の医師外科のこらず召し寄せられ、怪我人へそれぞれお手当」などと記されている。

また、江戸へ早馬《はやうま》を走らせ、被災の第 1 報を送った。この日の早朝、島原藩主とお子様、女中が守山村へ避難を始めた。島原街道は津波で通行不能となったため、山側を通る千々石《ちぢわ》道を利用して避難した。さらに、この日佐賀藩・大村藩から救援隊および救援物資が到着した。

四月三日（5 月 23 日)、混乱した城下では持ち主もなく散乱している物を取ったり、留守宅に忍び込んで盗みを働く者が多くいた。散らばった死体の片付けは囚人や村方から集めた役夫がやらされた。集めた死体は城下の寺に大きな穴を掘って埋葬した。

城下の人々が避難する時、街道沿いで荷物運びを願うと、法外な料金を取られるので取り締まって欲しいという苦情が藩に寄せられた。家老衆をはじめ諸役人が三会村に引っ越し、武士たちとその家族が一斉に避難すると、島原城には昼夜交代の番が立ち、強盗の取り締まりが行われた。また、避難した武士たちのために、米・薪などが避難先に送られた。

四月十九日（6 月 8 日）には、守山に避難していた藩主が城下の視察に訪れたが、その日のうちに守山に戻ってしまった。

四月二十一日（6 月 10 日）、城下の混乱が続いていたため、藩は佐賀藩より物品を購入し、多くの役人たちの避難先である三会村専光《せんこう》寺で販売した。

佐賀藩の記録によれば、島原半島内の佐賀藩神代領に避難した者は、四月九日（5 月 29 日）付で、東神代村 756 人、西神代村 392 人、伊古《いこ》村 52 人、古部《こべ》村 44 人の合計 1,244 人にも達した。これらの避難者へ、佐賀藩は米・みそ・薪などを支給した。『大岳地獄物語』では、「佐賀殿様より御米蝋燭夥舗事積来り、神代《こうじろ》の宿致して居る者に檀那様御助抱、後は殿様の御助抱に成る」と記されている。また、「佐賀より御使者御目附十七頭御越成られ、船も十七艘神代《こうじろ》の河に来り大騒動成り」とあり、佐賀からの救援船が多数訪れていた。

(2) 行政機能の移転と警戒

四月朔日の大災害直後は、医療救援などの措置が行われたが、島原城下では有感地震が続く上、次に起こるであろう危機に備え、四月七日（5 月 27 日）に、藩の政務所を三会村洗切《あらいぎり》の景花園《けいかえん》に移転した（五月二十日まで）。景花園は元禄十二（1699）年以来、藩主の休息所になっていた（図 2.14）。

四月二十七日（6 月 16 日）、病弱だった 5 代藩主・忠恕《ただひろ》は避難先の守山で逝去したが、一般にはこのことは伏せられた（公式発表は五月十四日）。

四月二十九日（6 月 18 日）には、「以前『溶岩がお城に焼けかけたら避難する』と取り決めたが、異変を見たら自己判断ですばやく避難するように」という

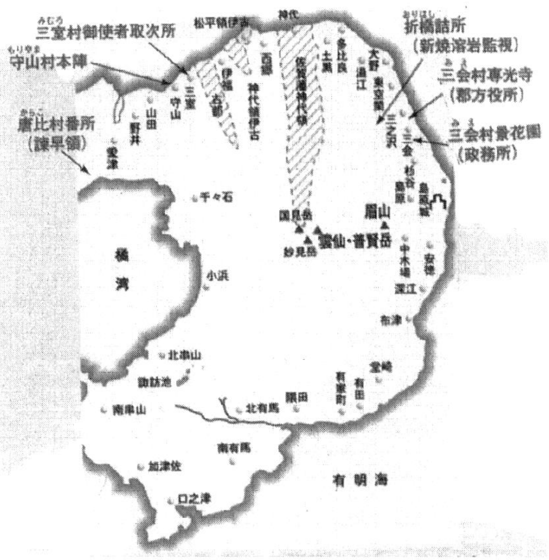

図 2.14　四月朔日以後の役所所在地と情報収集・結節地点 2)

コラム1
大岳地獄物語

『大岳地獄物語』[13)]（別名『天向書』）は、島原半島北部の神代《こうじろ》村（現雲仙市国見町神代）の農民与次兵衛（西里《にしさと》集落の橋口家）の記録であり、地元農民の視点において、寛政四（1792）年の島原大変の災害状況及び警戒避難・復興過程などの様子を災害前後の8年間にわたり記した貴重な史料である。本史料は、著者の子孫の橋口家が代々大切に保存していたが、200年前の手書き本であるため、破損がひどく解読も進まず、今までその存在が知られていただけだった。最近になって、同本は国見町教育委員会に寄贈され、島原城キリシタン史料館専門員の松尾卓次さんと神代古文書勉強会の方々の手によって、全7巻が読み下し文で刊行された。

本史料の記述は、実に詳細で、寛政三年～十一年（1791 ～ 1799 年）に及ぶ。噴火現象のことは勿論、前駆地震や噴火後の土石流など、他の史料には記載されていない新情報も多く見られる。庶民の記録が他にほとんど残っていないことや、記録内容や分量からも第一級の史料と言える[14)]。なお、原典の記載は基本的に日付順となっているが、「覚書」の形式をとっているため、厳密な時系列順ではない。

島原半島北部の一部は佐賀藩の領地であり（図2.14）、佐賀藩神代領神代村は四月朔日の津波被害を受けなかったことから、島原からの避難民を積極的に受け入れた。神代村は島原街道と良港を併せ持ち、雲仙岳を直接望むことも出来たため、各種情報の結節点となった。与次兵衛は文化三（1806）年に亡くなったが（享年72歳）、執筆当時から病床で仰向けに寝てこの書を記したため、『天向書』という表題がついている。当時各藩では武よりも文に力を入れており、島原においても寺子屋が多く開かれていた。一農民であった与次兵衛もそういった時代背景に生きた一人であった。彼は、「この災害を後世に伝えるために記す」ということを、所々に書き残している。文字が書け、後世のために記録を残すという強い意志を持った与次兵衛が、様々な情報を集めやすかった神代に住んでいたこと、これが8年間に及ぶ貴重な記録が生まれた理由である。

表 2.7 『大岳地獄物語』の巻ごとの時期と内容

第1巻	寛政三年七月～四年四月	噴火開始から火砕流発生、眉山崩壊まで
第2巻	寛政四年四月	神代への避難状況、殿様の死と藩の混乱
第3巻	寛政四年五月	眉山崩壊後の二次災害の状況など
第4巻	寛政四年六月～八月	白土湖の出現、被災後の人々の生活
第5巻	寛政四年八月～十二月	屋敷間数改め、白土湖の掘割等の復興事業
第6巻	寛政五年	津波流氏者供養塔の建立などの復興事業
第7巻	寛政五年～寛政十一年	土石流災害、娯楽の復活等庶民生活の復興

大横目のお触れが出された。

五月十四日（7 月 2 日）、城下の西に位置する萩原名《はぎわらみょう》の井戸が四間（7.2m）ほど陥没する異変があり、近所に住んでいてそれを見ていた人々は恐ろしがって避難した。五月二十日（7 月 8 日）から月末にかけて、移転していた政務所は城下に戻され、北目の村（三会村、三之沢《みつのさわ》村が中心）に避難していた役人・武士らは城下に戻り始めた。6 月朔日（7 月 19 日）からは藩庁機能は正常化した。ところが、この日に普賢岳山頂で再び激しい噴火が始まったため、六月三、四、七日（7 月 21、22、25 日）には、山頂での再噴火の様子を見分する手代《てだい》を派遣し、噴火の様子を報告させた。

7　島原大変からの復興

(1) 第 6 代藩主松平忠馮の功績

亡き藩主の後を継いだ第 6 代島原藩主の松平忠馮《ただより》は、領内から人を集め、破損した城などの復旧工事を行った。藩の財政は厳しい状況であったが、幕府から借りた 12,000 両と領内からの寸志銀、大阪商人からの借財を復興資金にあて、各種復興事業を行った。

復興工事（御普請）には、道路の復旧、家屋の再建、田園の復興、港湾の浚渫、船舶の再造、被災民の救済、神社仏閣の再建などがあったが、多くの領民を労働者として集め、米と金を対価として払い、領内の経済的な復興を促した。この他に緊縮財政を行い、米や金の出納を改めるとともに、領内全体で穀類の消費を節約し、成長の速い作物を多く栽培して、普段はそれらを混食して、穀類を蓄えた。

また、天変地異が突発した場合や、経済の逼迫が急激に起こった場合、治安が乱れるのが普通だが、公事方役所（裁判所）を創設し、横目方（警察）と協力して治安の維持を行った。さらに、藩では死者の霊を慰めるために、各地で施餓鬼を行って人心の沈静をはかり、寛政五年二月（1793 年 3 月）には領内 7 ヶ所に流死者供養塔を建立した（口絵 6、裏表紙右上参照）。このように、死者の慰霊を行うと同時に、島原の領民 49,616 人に対し、酒・魚を配布し、災害復興の労をねぎらい、城下の神社仏閣を復興して、祭儀を盛んに執行するなど、努めて人心を引き立て復興気分の高揚を図った。

また、寛政五年九月（1793 年 10 月）に稽古館という学校を創設し、人材育成に努めた。さらに節約、治安などの基本的な政策を励行すると同時に、積極政策として産業の振興、教育の興隆、道義の高揚などを図り、藩庫の増収を計画した。櫨《はぜ》方役所を新規に創設し、もともと自然に生えている櫨を利用しながら、領内から櫨の実を集め、現金収入を得た。その他には、人心の善導のための褒章、家臣細帳の編纂、沿岸の防備、拓地の善政を賞す、幕府の工役を助ける、官制の整備などが挙げられる。

（2）藩を越えた救援物資融通

寛政四年七月十日頃（1792 年 8 月 27 日）の神代の様子は、「畑が病立ち池田は大不作に出来、或時夜の間四五日の内に腐、火の焼きて行く如くに腐れたち、その腐は初手椆しく水損のところより腐立ち、椎之谷の頭猪之蔵鉢の頭、鉢之底の頭中尾の両谷の近辺より腐立ち、七月二十二三日頃まで残りている所は沖田小寺田伊尻の前、籠り新籠り少し残り。」ということであった。このあともウンカの大発生などで、農作物の不作に見舞われた。

五月十日（6 月 28 日）、神代の西村に 2,000 本の苗を集めて島原領へ送った。また、追加の籾種子が佐賀から唐比《からこ》村へ送られ、そこで苗にして島原へ送られた（『大岳地獄物語』）。五月十九日（7 月 7 日）諫早より稲苗を島原村庄屋森崎保助と愛津村庄屋深浦九郎左衛門が受け取り、苗不足の村々へ渡したという。

（3）白土湖の拡大と掘割工事

『大岳地獄物語』[13] によれば、眉山の崩壊に伴って、地下水脈が一変して上の原の井戸から大量の水が湧き出て、瞬く間に善法寺前から白地町一帯が長さ十町（800m）、幅三、四町（300 ～ 400 m）の大池となった。この大池で島原街道が分断されたため、藩では各村から人夫を集め、川を掘り海へ流す工事を始めた。寛政四年十月初旬（1792 年 11 月中旬）に島原大手に高札が立ち、「白土の大池を掘切りたる者に御上より小判千両差出し」と記された。しかし、工事は難航したことが推察され、「大池掘切り有るに三十三ヶ村の人間六十より十五までの者六千人寄せて掘る時、何程掘りても往還の出来、橋の掛る程にはならず」となった。そして、寛政五年三月二十九日（5 月 9 日）に「三十三ヶ村の者二万人寄せてようやく道の出来る程になる」とあり、工事着手半年後にやっとその掘割に成功したことが伺える。

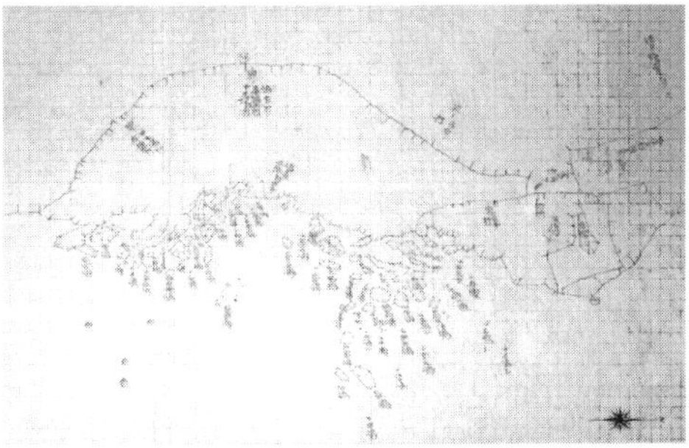

図 2.15　島原大変 20 年後の測量下図
（伊能忠敬記念館蔵）

口絵 11 と口絵 18 に示したように、音無《おとなし》川は大変後に出来た大池（白土《しらち》湖）から海へ排水するために作られた人工の川である。眉山の崩壊土砂で元々海だったところが陸地になり地形が大幅に変わったが、元の海岸線沿いが丁度低地になっていたため、そこを通るように掘割工事を行った。

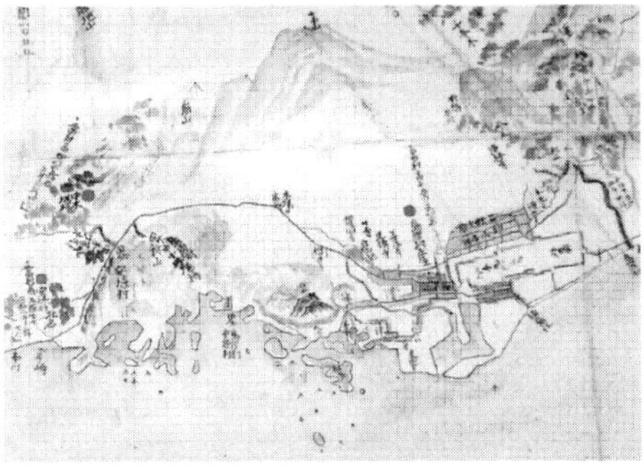

図 2.16　島原半島半図
（島原図書館肥前島原松平文庫蔵）

(4) 20 年後の伊能忠敬の測量

伊能忠敬（1745 ～ 1818 年）は、第 8 次測量（九州 2 次）で島原大変 20 年後の文化九（1812）年に島原地方の測量を行った。図 2.15 は伊能忠敬による島原大変 20 年後の測量下図で、島原城下の復興状況が判る。『測量日記』によれば、渡海して調査した島が 45、瀬が 4 であったと記されている。明治 20 年代には金井俊行が海上に出ている島が 31 と記録している。

現在では島数は 22 となり、他は陸化したり、海中に没して消滅している。また、『測量日記』には、眉山の崩壊土砂に覆われた土地は松しか生えておらず、焼石原で荒廃地となっていたとも書かれている。

謝辞
本章をまとめるにあたっては、国土交通省九州地方整備局雲仙復興事務所、地震調査研究推進本部、砂防学会、東京大学地震研究所図書室、公益財団法人永青文庫、熊本大学付属図書館、長崎歴史文化博物館、長崎県教育センター、島原図書館肥前島原松平文庫、長野市教育委員会松代文化施設等管理事務所真田宝物館、伊能忠敬記念館、本光寺常盤歴史資料館か

ら様々な絵図・資料の転載を許可して頂きました。島原城キリシタン史料館松尾卓次専門員には、初校を読んで頂き、貴重なアドバイスを受けましたことを厚く感謝致します。

参考文献

1）井上公夫：1792 年の島原四月朔地震と島原大変後の地形変化，砂防学会誌，52 巻 4 号，pp. 45-54，1999

2）国土交通省九州地方整備局雲仙復興事務所：島原大変，—日本の歴史上最大の火山災害，寛政四年（1792 年）の普賢岳噴火と眉山山体崩壊—，制作／砂防フロンティア整備推進機構，42p.，2003

3）片山信夫：島原大変に関する自然現象の古記録，九大理学部島原観測所研報，9 号，pp.1-45，1974

4）小林茂・小野菊雄・関原祐一：島原大変関係図の検討，野口喜久雄・小野菊雄編「九州地方における近世自然災害の歴史地理学的研究」，九州大学教養部，pp.4-28，1986

5）宮地六実・小林茂・関原祐一・小野菊雄・赤木祥彦：島原大変に関する徳川時代の古絵地図の地質学的解釈，九州大学教養部研究報告，25 号，pp.39-52，1987

6）島原仏教会：たいへん，—島原大変 2 百回忌記念誌—，662p.，1992

7）渡辺一徳・星住英夫：雲仙火山地質図，1:25,000，地質調査所，1995

8）太田一也：雲仙火山，—地形・地質と火山現象—，長崎県，96p.，1984

9）丹羽俊二：長崎県島原沖の海底流れ山地形，—ナローマルチビーム音響測定システムによる海底地形調査—，地図の友，40 巻 5 号，表紙，及び pp.2-5.，1995

10）建設省国土地理院：沿岸海域地形図，沿岸海域土地条件図，1981 年版と 1998 年版

11）建設省国土地理院：1/25,000 火山土地条件図「雲仙岳」，1981，98

12）白石一郎：島原大変，文春文庫，pp.9-105，1989

13）神代古文書勉強会：大岳地獄物語，国見町教育委員会，171p.，1989

14）松尾卓次：大岳地獄物語，国見町史談会，9p.，2001

15）井村隆介・江越美香：島原大変に関する記述中の地割れの成因について，地球惑星科学関連学会 2000 年合同大会，S1-018，2000

16）丸井英明：雲仙火山「眉山」周辺地域における土砂災害危険度調査，地すべり学会関西支部シンポジウム「地すべり・斜面崩壊の予知予測」論文集，pp.129-143，1991

17）佐藤伝蔵：温泉岳前山の山崩説を駁す，地球，4 巻，pp.437-446，1925

18）駒田亥久雄：寛政四年肥前島原眉山爆裂前後の状況に就て，地質学雑誌，20 巻 235 号，pp.150-162，1913

19）古谷尊彦：1792 年（寛政 4 年）の眉山大崩壊の地形学的一考察，京大防災研年報，17 号 B，pp.259-264.，1974

20）大森房吉：寛政四年温泉岳の破裂，地学雑誌，15 巻 181 号，pp.447-450.，1903

21）太田一也：眉山崩壊の記録，九大理学部島原火山観測所研報，5 巻，pp.6-35.，1969

22）太田一也：眉山大崩壊のメカニズムと津波，月刊地球，9 巻 4 号，pp.214-220.，1987

23）INOUE, K.：Shimabara-Shugatsusaku Earthquake and Topo-graphic Changes by the Shimabara Catastrophe in 1792, Geographic Reports of Tokyo Metropolitan University, No.35，pp.59-69, 2000

24）関原祐一・小野菊雄・小林茂：島原大変時における島原藩の幕府報告図について，野口喜久雄・小野菊雄編「九州地方における近世自然災害の歴史地理学的研究」，九大教養部，pp.29-35, 1986

25）菊池万雄：日本の歴史災害，—江戸時代の寺院過去帳による実証—，古今書院，301p.，1980

26）都司嘉宣・日野貴之：寛政四年（1792）島原半島眉山の崩壊に伴う有明海の熊本県側における被害，および沿岸遡上高，東京大学地震研究所彙報，68 巻 2 号，pp.91-176，1993

27） 歴史地理学会：2000 年度歴史地理学会島原大会発表資料集，83p. および島原大変絵図資料集，42p.，2000

第3章
平成の雲仙普賢岳噴火の災害伝承

杉本　伸一

1　はじめに

雲仙普賢岳噴火災害の被災地島原半島では、復興が順調に進んだ。この噴火災害を教訓として、火山観測、土砂災害対策、被災者対策、復興対策などの火山対策が大きく見直された。噴火終息後も、雲仙火山の火道掘削による噴火機構の解明、雲仙岳災害記念館などの噴火災害に関する学習体験施設の整備などが取り組まれた。これらの成果が2007年11月の第5回火山都市国際会議の開催、2009年8月の島原半島ジオパークの世界ジオパーク認定、2012年5月の第5回ジオパーク国際ユネスコ会議の開催につながっている。

さて、昨年2013年には、災害で亡くなられた方々の23回忌を終え、あらためてご冥福をお祈りするとともに、この大切な節目に、再度考えることがある。それは、亡くなられた方々の犠牲を無駄にしないためにも、また迫りくる次の災害に備えるためにも、雲仙普賢岳の噴火災害で得られた教訓をしっかり受け止め、災害に強い社会あるいは災害に強い家庭を作らなければならないということである。

雲仙普賢岳噴火災害の被災地では、災害の復興の歩みとともに、雲仙岳災害記念館や土石流被災家屋保存公園などの災害遺構を活用した災害伝承の活動が進められてきた。さらに、ジオパークの取組みなどにより新たな段階を迎えようとしている。災害伝承の取組みについて述べる。

2　噴火災害の概要

1990-1995年の噴火は、約1年間の前駆的な地震活動の後に1990年11月17日の水蒸気爆発として始まった。噴火地点は九十九島火口と地獄跡火口の2箇所であった。噴火確認直後に、小浜町（現・雲仙市）は「普賢岳火山活動警戒連絡会議」を発足、島原半島1市16町（当時）は、災害対策本部または災害警戒本部を設置した。特に島原市は眉山の崩壊を最も警戒して避難計画に着手した。噴火の形態として当初は溶岩流が想定され、降灰による土石流と地震による眉山の崩壊の危険性が懸念されていた。

1991年春には降灰と降雨により土石流が発生するようになり、島原市は5月15日に水無川上流の住民に対し初めて避難勧告を発令した。すでに防災行政無線が配置されていた隣町の深江町（現・南島原市）とは異なり、島原市では避難を呼びかける手段は広報車と消防車のみであった。

1991年5月20日に地獄跡火口から溶岩を噴出開始、溶岩ドームが成長を始めた。5月24日には溶岩ドームの溶岩塊の崩落により普賢岳東斜面に火砕流が発生し、5月26日には火砕流による負傷者が出たことで、九州大学島原地震火山観測所の助言を受けた島原市は、上木場地区住民に対して火砕流警戒の目的で初めて避難勧告を出した。しかし、この地域には、昼間は家財道具を運び出したり農作業にあたったりする地域住民のほか、消防団員や報道関係者および研究者が連日のように立ち入っていた。その後土石流の発生も続き、5月26日に土石流検知用のワイヤーセンサーが切断されて以降は火砕流のため作業員が現地に近付けず、上流で消防団員が監視にあたることになった。

島原市は、5月29日と31日に報道関係などに対し避難勧告区域からの退去を要請した。消防団は退去の要請に応じたが、報道関係は応じず、さらに無人になった地域の留守宅で一部の報道関係により電気や電話が無断で使用された。このため、消防団は6月2日昼前、再び詰め所を避難勧告区域内である上木場の農業研修所に移した。翌3日午後4時8分頃、火砕流が火口東方の水無川沿いに約4.3km流下し、島原市北上木場町で死者43人を出す大惨事となり、建物約170棟の被害を出した。

このような状況を受け、島原市長は6月7日から、深江町長は6月8日からそれぞれ災害対策基本法第63条に基づく警戒区域を設定し、危険が予想される地域への立ち入りは厳しく制限された。その後、6月8日には6月3日を上回る大火砕流が発生し、水無川沿いに約5.5km流下したが、警戒区域の設定により火砕流の範囲は無人状態であったため人的被害は免れた。以後も、

6 月 11 日の噴石や 6 月 30 日の土石流、9 月 15 日の火砕流などにより、家屋などに大きな被害が出た。特に 9 月 15 日の火砕流では、深江町立大野木場小学校校舎が焼失した。

避難勧告地域や警戒区域は、火砕流の発生状況に応じ拡大・縮小が行われたが、災害による警戒区域設定の長期化は、住民生活に深刻な影響を与えた。災害対策基本法に基づく設定権者は島原市長と深江町長であるが、火砕流に対して専門的知識に基づく判断ができないことや地域の圧力から警戒区域を早期に縮小しかねない恐れがあった。このようなことから、知事の主導で九州大学観測所や気象台および自衛隊、警察、消防、海上保安庁などの警備機関を交えた会合で同意を得た上で、それぞれの市町災害対策本部が追認、決定する形をとった。

1992 年には火砕流は南東方向に多く流下し、次第に赤松谷を埋めていった。1993 年に入ると、火砕流は北東斜面の中尾川方面への流下が多くなった。そして、1993 年 6 月 23 日の火砕流では、島原市千本木地区の多数の家屋が焼失し、自宅を確認に行った住民 1 人が全身やけどで死亡した。また、4 月から 7 月にかけて水無川および中尾川流域で土石流がたびたび発生し、多くの家屋に被害が出たことに加え、国道や島原鉄道が寸断され島原市街地が一時的に孤立状態になった。

溶岩噴出量は、最盛期には 1 日に 30 ～ 40 万 m^3 に達した。1992 年末には溶岩の噴出は一時的に停止したが、1993 年 2 月には復活し、以後増減を繰り返しながら最終的には巨大な溶岩ドームを形成した（口絵 12）。

1995 年 2 月には溶岩噴出が停止し、1996 年 5 月 1 日を最後に火砕流の発生は止んだ。このため、長崎県、島原市および深江町の災害対策本部は 1996 年 6 月 3 日に、国の非常災害対策本部は 6 月 4 日に解散した。しかし、溶岩総噴出量 2 億 m^3 の約半分が溶岩ドームとして不安定な状態で残っており、今後も地震や大雨などによる崩落

写真 3.1　民家に迫る火砕流

の危険があることから、警戒区域については、範囲を縮小しつつも現在でも設定が続けられている。

火砕流、土石流が人家の密集地域に押し寄せてきたのが、今回の雲仙火山の噴火災害の大きな特徴である（写真 3.1）。

3　がまだす計画

災害の残した爪痕はあまりにも大きく、度重なる火砕流や土石流により大きな被害を受けた島原市や深江町などの直接被害地だけでなく、島原半島全体に大きな影響を及ぼした。特に人口の減少、あるいは宿泊観光客数減などの経済的低迷が顕著であった。

このため、官民一体となって島原半島全体の再生と活性化をめざす「島原地域再生行動計画（愛称：がまだす計画）」が策定された。「がまだす」とは、島原地方の方言で「がんばる」という意味である[1)]。「がまだす計画」は、災害が継続中の 1993 年に策定した雲仙岳災害・島原半島復興振興計画や島原市・深江町復興計画などを基本としながら、防災工事や農地の災害復旧、交通体系の整備などの基礎的な事業から、農林水産業や商工・観光業の振興、各種公共施設の整備にいたるまでの幅広い事業を対象に、事業主体、実施年度、財源負担などをでき得る限り明らかにし、国、県、市町村はもちろん民間をも含めた総合的かつ具体的な行動計画であった。

「がまだす計画」に計上された事業を着実に実行していくことにより、島原地域を「水清く　緑あふれ　人つどい賑わう島原半島」に「前よりもっとすてきなまちに　前よりもっとゆたかなまちに」することを目指した。特に、計上された事業の中でも 27 の重点プロジェクトを関連事業と連携させながら、重点的に推進することにより、島原地域の本格復興を着実に進めようとするものであった。また、地元の復興意識を高め、民間を含めた各方面の復興投資意欲の増進を図ろうとした。

この計画の 27 の重点プロジェクト（表 3.1）の中で、4. 砂防指定地利活用推進事業（深江町立大野木場小学校被災校舎保存など）、13. 島原火山科学博物館（仮称）建設事業（正式名称：雲仙岳災害記念館）、14. 土石流災害遺構

表 3.1　島原地域再生行動計画の 27 プロジェクト一覧

番号	プ　ロ　ジ　ェ　ク　ト　名
1	道の駅の整備事業
2	地域高規格道路（島原道路）の整備事業
3	街なみ環境整備事業
4	砂防指定地利活用推進事業
5	水無川・中尾川・湯江川流域の防災対策事業
6	島原半島農林業立国宣言事業
7	担い手育成畑地帯総合整備事業
8	島原・深江地区農地区画整備事業
9	あすを築く漁協合併総合対策事業
10	雲仙岳災害復興種苗放流事業
11	広域型増殖場造成事業
12	漁村加工推進圏形成事業
13	島原火山科学博物館（仮称）建設事業
14	土石流災害遺構保存公園（仮称）整備事業
15	島原半島広域観光ルート形成事業
16	小浜温泉リフレッシュセンター建設事業
17	国立公園緑のダイヤモンド計画「雲仙ルネサンス計画（仮称）」事業
18	島原半島商工業振興支援事業
19	復興記念病院（仮称）建設事業（島原温泉病院の建て替え）
20	地域・生活情報通信基盤の整備事業
21	ボランティア団体のネットワーク化推進事業
22	高等看護学校の設置事業
23	観光系学科（高等学校）設置調査事業
24	原城史料館整備事業
25	島原復興アリーナ（仮称）建設事業
26	島原半島市町村合併調査検討事業
27	がまだす計画推進のための基金設置事業

保存公園（仮称）整備事業（正式名称：土石流被災家屋保存公園）、17. 国立公園緑のダイヤモンド計画「雲仙ルネサンス計画（仮称）」事業（平成新山ネイチャーセンター、お山の情報館）などの実施により、火山観光化への施設整備などが推進された。

4　雲仙岳災害記念館

2002 年 7 月 1 日、火山学習の新たな拠点施設として「雲仙岳災害記念館（愛称：がまだすドーム）」がオープンした。この施設は、「がまだす計画」の重点事業の一つとして計画され、噴火災害の状況や災害に立ち向かった人々の姿、全国から寄せられた温かい支援などを後世に伝え、また島原半島における火山観光・火山学習の中核施設として長崎県により整備された（口絵 14）。

整備に当たっては、多くの関係者の協力により、噴火災害の貴重な資料を収集するとともに、最新の装置や模型により噴火活動の状況を体感し、火山のしくみや復興への取組みをわかりやすく学習できる「火山体験型」ミュージアムとなっている。

記念館が建設された場所は土石流被災地の下流海浜であり、雲仙普賢岳の噴火に伴う火山噴出物を埋め立てて造成された土地で、噴火によって形成された平成新山の景観や波静かな有明海の潮騒を間近に楽しむことができる。まさに火山活動やそのしくみを学び、噴火災害からの復興を語る場所としてこれ以上の場所はないといえる。

記念館の見どころであるが、まず車を降りると、エントランス広場がある。ここは全国から支援をいただいた方々への感謝の思いを込めて、溶岩と水によるモニュメントが配置されている。

記念館に向かうと、溶岩と土砂を盛土した大地のうねりに象嵌《ぞうがん》された建物は、それと呼応する 3 次曲線の屋根を持ち、クレバスにより展示棟と管理棟に二分され、水の庭と溶岩の庭が楕円形に穿たれている。クレバスには雲仙普賢岳と有明海をつなぐ透明なエントランスホールとカフェが配され、屋根のうねりをそのまま内部空間に反映する大空間が広がっている（写真 3.2）。

写真 3.2　エントランス広場

記念館に入るとアテンダントの笑顔に迎えられる。アテンダントの誘導で「マグマゲート」と呼ばれるトンネル状のスクリーンにマグマの動きを再現した空間を通ると、その先には火山や防災に関する 11 の展示ゾーンが広がっている。

入ってすぐ目につくのは、実際に火砕流によってなぎ倒された木々をガラス張りの床（長さ約 40m）に再現した「火砕流の道」である。数分に 1 度、床のガラス面に火砕流と同じ速度の赤い光が流れ、身をもって火砕流の速度を体験できる（写真 3.3）。

写真 3.3　火砕流の道

その先にあるのが、雲仙普賢岳噴火時の映像や火砕流の映像を直径 14m のドーム状大型スクリーンで再現した「平成大噴火シアター」である。スクリーンに映し出される火砕流や土石流の映像と合わせて震動する床、吹き上がる熱風により、噴火災害を体全体で感じることが出来る（定員 80 人、立席）（写真 3.4）。

写真 3.4　平成噴火シアター

シアターを出ると、焼き尽くされた風景がある。ここは、火砕流被災直後の北上木場「農業研修所」付近（島原市）の情景をジオラマとして再構成し、炎ゆらめくたばこ畑、灰をかぶった石垣、倒れた電柱などを再現している。ここでは、実際に火砕流で被災した公衆電話やバス停標識、ガラス瓶などの実物資料を併せて展示している（写真 3.5）。

写真 3.5　焼き尽くされた風景

もう１つシアターがあり、それが「島原大変劇場」である。1792（寛政 4）年、後に「島原大変肥後迷惑」と呼ばれる噴火災害が発生した。この災害では普賢岳の前面にある眉山の大崩壊により有明海に大津波が発生し、対岸の熊本・天草地方を合わせて約 15,000 人の犠牲者が出た。この劇場では、当時の島原城下の人々の人間模様を中心に、数々のエピソードを立体紙芝居風に紹介している（写真 3.6）。

写真 3.6　島原大変劇場

その他の主な展示内容としては、陸上自衛隊が被災地で実際に使ったジープと当時撮影された映像を使った被災地の疑似走行体験、被災と復興に携わった地元の人々が全国からのご支援に感謝の気持ちを込めて語るビデオレターのコーナーがある。そのほかにも、「火山としての雲仙普賢岳」、「世界の火山」、「火砕流」、「土石流」、「溶岩ドームの成長」、「科学掘削」、「噴火と予知」、「防災監視」、「防災シミュレーション」、「復興の姿」など、約 250 の展示アイテムがある。

防災や災害復興に関するコーナーなども、展示だけではなく実際に体感できる施設が多いことから、全国初の火山体験ミュージアムともいわれている。学術的にも貴重な平成噴火噴出物による堆積層のはぎとり標本展示のほか、火砕流で犠牲になったカメラマンの被災カメラの展示と残された映像など、被災した多くの実物を展示しているのもこの記念館の特徴である。

総事業費は約 43,070 千円で、財源の内訳は起債約 25,390 千円、寄付金 10,500 千円、一般財源 7,180 千円である。工事費の内訳は、建築工事費約 16,940 千円、造園工事費約 3,360 千円、電気工事費約 2,360 千円、展示工事費約 10,340 千円、空調工事費約 3,150 千円、その他工事費約 6,920 千円となっている。

当館には 2002 年の開館以来これまでに 200 万人を超える来館者があることからも火山や災害への関心の高さを感じることができ

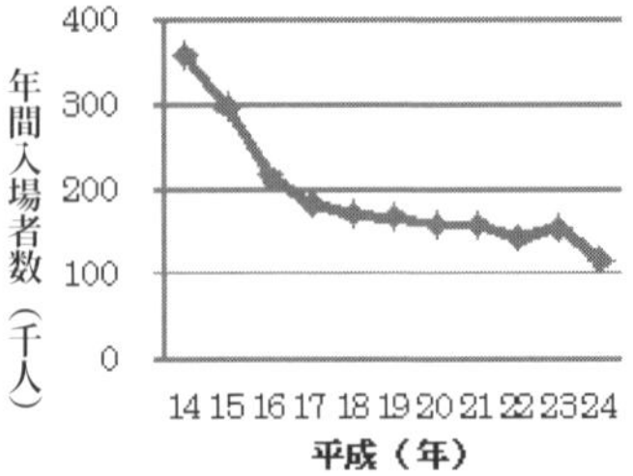

図 3.1　雲仙岳災害記念館の入場者数

るが、開館から10年を過ぎ、入館者は減少の一途をたどっている（図3.1）。

5　災害遺構の保存

(1) 旧大野木場小学校被災校舎

旧大野木場小学校被災校舎は、1991年9月15日の火砕流によって焼失した深江町立大野木場小学校の被災校舎を災害遺構として保存したものである（口絵13）。

1882（明治15）年に開校した伝統を持つこの小学校（当時の児童129人、職員12人、校舎面積2,069m^2）は、今回の噴火災害で唯一の被災校となった。校舎が焼失したときは、警戒区域が設定されており、人的被害はなかったが、地域のシンボルであった小学校の校舎の焼失は、地域住民に大きな衝撃を与えた。

1992年2月に公表された砂防計画では、大野木場小学校は砂防事業のダム建設用地として国が買い上げることとなり、さらに、小学校の敷地は水無川2号砂防ダムの右岸側の袖部に当たっていたため、通常であれば被災校舎は取り壊され撤去されるはずであった。また、後述の北上木場農業研修所跡も水無川3号砂防ダムの左岸側袖部に当たっており、消え去る運命であった。それを救ったのは、地域住民のふるさとの痕跡を残したいという思いであった。そして重要だったことは、被災直後のまだ着工の前に声を出したから残ったのである。

深江町大野木場地区の再生に当たって、被災校舎の現状保存を望む声が出てきた。「大野木場小学校は地区住民の親と子が時間空間を超えて共有した学びの場、地域のコミュニティの役割を果たしてきた被災校舎を今回の災害の教訓と全国から寄せられた善意を胸に刻むメモリアル施設としたい。」このような考え方が1991年12月15日に発足した大野木場地区自治会で組織された大野木場復興実行委員会の活動を通じて集約された。同委員会によって実施された復興に関する意識調査（1993年1月実施）によれば、保存すべきものに大野木場小学校被災校舎が挙げられており、回答した住民の36%が被災校舎の保存を望んでいた。また、観光化を積極的に行ってほしいとの回答も目立ち、その具体的な内容として被災校舎の観光化が考えられていた。

1993年2月22日には、大野木場地区の全住民を対象に集めた署名1,078

人分を添えて、「大野木場小学校の現状保存に関する要望書」が深江町長に提出された。この結果、1993年5月に公表された深江町復興計画には、被災地域が取りまとめた大野木場復興実行委員会の案が全面的に取り入れられ、大野木場災害メモリアル拠点構想として位置付けられた。そして、深江町長より「後世に伝えるメモリアル施設として現状保存を」との要望が長崎県および建設省などに繰り返された。

防災用の事業用地として公共買収された砂防指定地内においては、砂防法に基づき土砂の流出を助長する一定の行為が禁止もしくは制限されている。しかし、雲仙普賢岳における470haにも及ぶ広大な砂防指定地は、一部に雲仙天草国立公園に指定される自然環境を有する地域を含んでいる。また、地域住民の生活の場にも近接することから、土石流の発生が減少した平穏時においては、地域住民や自治体から地域の振興に役立つ砂防指定地の利活用のあり方が求められた。砂防指定地の利活用は一般的には砂防施設の整備終了後に施設が整備されていない場所を活用して行われるが、雲仙では防災施設がまだ十分に整備されていない時期から利活用の検討が始められた。

建設省雲仙復興工事事務所により、砂防指定地の利活用の課題を整理するために、雲仙普賢岳砂防指定地利活用方策検討委員会が1995年11月に設置された。ここで検討された結果、砂防指定地の本来の機能や効果を損なわないようにし、かつ万一の場合の安全が確保されるもの、自然環境の復元・創造と調和するもの、周辺の地域計画と整合性のとれるものなど利活用の形態を示した基本方針と整備・管理に関する大筋が決められた。さらに、砂防指定地の利活用方策として防災機能の発揮を第一義に、学習・体験の場としての機能やオープンスペースとしての複合機能を持たせることで、砂防指定地の広域的位置付けと役割が明らかにされた。

以上のように砂防指定地の利活用ガイドラインができたが、大野木場小学校被災校舎は砂防ダムの袖部にあたるため、他の利用計画とは性格が異なっていた。また、深江町から要望された「現地での保存以外は考えられない、用地は建設省に譲ることになることを考えると建設省で保存・管理をお願いしたい」に対して、「移転して保存する選択肢も検討したい（長崎県雲仙岳災害復興室）」、「観光資源の観点だけでなく、砂防事業の必要性という両面から考えるべき（長崎県島原振興局)」、「防災優先で安全性の確保が第一、保存が砂防事業としてどこまで位置付けられるかが問題（建設省雲仙復興工事事務所)」と各機関のスタンスも同じではなかった[2)]。

1996 年 1 月の警戒区域の解除に伴い、水無川 2 号砂防ダムの建設予定地の詳細な測量と地質調査が実施され、その結果により当初計画を変更し、校舎を現在位置で保存することが可能となった。しかし、保存の実現に向けては校舎本体の保存方策と利活用形態、周辺部の整備、事業主体、維持管理主体など詳細を詰める必要があった。そこで、砂防指定地利活用方策検討委員会内に「大野木場小学校保存問題専門部会」を設けて、保存に向けたより詳細な検討がなされた。この部会は後に深江町教育委員会が主体になった「深江町立大野木場小学校『被災校舎』現地保存構想検討委員会」へ引き継がれた。

保存事業は保存校舎の整備・維持管理を深江町が担当し、国土交通省が砂防えん堤周辺の整備を行った。周辺整備については、砂防事業の枠内で土砂のストックヤードを整備した場所を通常の場合は駐車場として活用したり、被災校舎の近くに設置した砂防施設の監視施設に展示場を設け、結果的に災害学習の拠点に活用することで保存の目的である学習・体験の場の機能を果たそうとするものである。

こうして保存工事が終了した 1999 年 4 月から、旧大野木場小学校被災校舎の一般公開が始まった。また、隣接して「大野木場砂防みらい館」が 2002 年 9 月に防災や復興情報を全国に発信する場として開設された（写真 3.7)。

写真 3.7　旧大野木場小学校被災校舎と砂防みらい館

事業費は、地方特定河川等環境整備事業（起債事業）として実施し、1997 年度は調査費として 7,757 千円、1998 年度は保存対策工事費（外壁部分）として 43,575 千円であつた。その後の維持管理費として、2010 年度に保存対策工事費（外壁部分）15,945 千円を一般財源で支出、その他に保存対策工事効果の追跡調査を隔年ペースで実施しており、一回当たり約 200 千円が一般財源から支出されている。

入館料は無料であり、2002 年 9 月 15 日から 2012 年 3 月末までの入館者は 682,100 人となっている（図 3.2）。

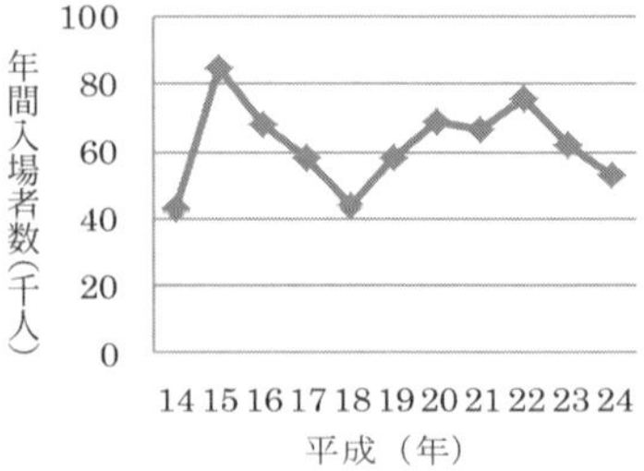

図 3.2　砂防みらい館入場者数

(2) 土石流被災家屋保存公園

土石流被災家屋保存公園は、雲仙普賢岳の噴火による土石流で被災した家屋を公園施設として活用することにより、災害のすさまじさとその教訓を後世に伝承し、防災の重要性を内外に伝えるために保存したものである（口絵 15）。

公園施設となった深江町川原端地区は約 50 世帯ほどの集落であったが、1992 年 8 月、土石流により甚大な被害を被った。幸い集落の住民は避難していたために、死傷者はなかった。1994 年 7 月、地域住民は町議会および県議

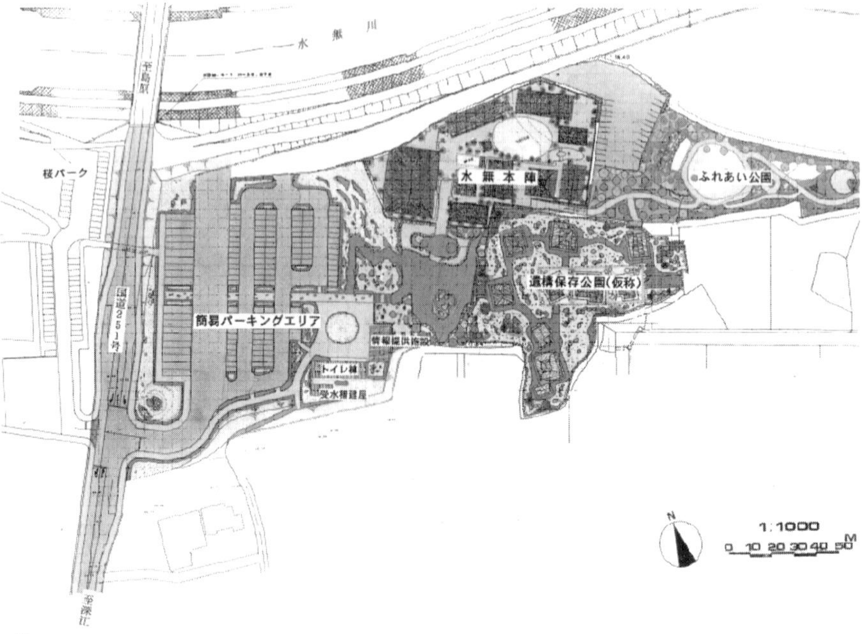

図 3.3　道の駅整備計画図

会へ堤防築造の請願書を提出した。しかし、その後も土石流が頻発して被害が拡大した。

「がまだす計画」の重点事業の一つとして、雇用創出と被災地区の復興・振興に寄与することを目的に、深江町川原端地区に道の駅の整備が計画された（図 3.3）。

写真 3.8　土石流被災家屋保存のドーム

被災した集落の将来を住民で話し合う際、県が土地を買い取るか、嵩上げして現地で再建するかの選択を迫られた。賛否両論はあったものの、自治会組織は、現地再建でなく買い上げを望むという結論を出した。このような状況で、1995 年 6 月、地権者全員の署名・捺印による土地買い上げの願書を提出するに至った。当初、地域住民は被災家屋をそのまま保存することに対しては反対があったものの、県や町の説得により、最終的には県が買い取って被災家屋を保存した公園と道の駅を整備することが決定された。道の駅整備事業と並行して土石流被災家屋保存公園整備事業が実施され、1999 年 4 月、道の駅「みずなし本陣ふかえ」内にオープンした。

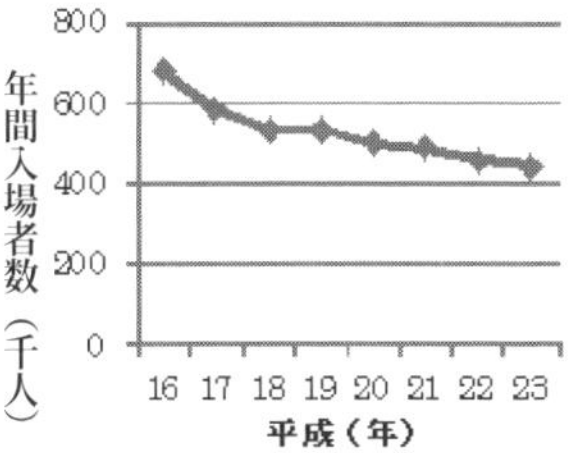

図 3.4　道の駅みずなし本陣ふかえ入場者数

事業の概要は、総事業費 479,000 千円、面積 6,187m^2、土石流被災家屋 11 棟を保存（うち 1 棟は移築）している。特に保存が必要な 3 棟については、ドーム型テントに半永久的に保存してある（写真 3.8）。入場料は無料であり、土石流災害のすさまじさとその教訓を後世に伝承し、防災の重要性を伝え、防災意識を促す施設として年間約 45 万人が入場している（図 3.4）。

(3) 上木場災害遺構

1991 年 6 月 3 日の火砕流で焼失した島原市北上木場の農業研修所では、消防団員12人が被災するとともに、建物や消防車などが焼失した（写真3.9）。

災害の伝承のために、農業研修所跡地などの災害遺構保存については安中地区町内会長や地域住民などにより「上木場災害遺構保存会」が結成され、保存に向けての取組みがなされた。

写真 3.9　焼失した上木場農業研修所

① 祈りの日精霊船行事

農業研修所跡地などの保存および公園化に向けては、遺族や地域から理解を得るための大きな行事が実施された。それは、大火砕流による惨事から9年目の2000年6月3日に行われた「祈りの日精霊船行事」である。

島原地方では、初盆の年の8月15日、死者の霊を送る精霊船の行事がある。しかし、1991年8月は災害の真っただ中にあり、対岸の熊本県などでも祭りなどの行事は自粛されている状況であった。このような状況の中で「今年は静かなお盆にさせてください」と、島原市の精霊船実行委員会に対して行事中止を申し入れ、この年の精霊流しが中止された経緯があった。1991年度の安中地区町内会連絡協議会役員や関係者は、毎年6月3日には安中公民館に集まり、4時8分に黙祷を行うことが慣例となっていた。このとき決まって出る話が、あの惨事を目の前にして私たちの力ではどうすることもできなかった情けない気持ちと、いつの日か、亡くなった消防団員の精霊船を出そうという話であった。

この話は、噴火10周年を機に一気に実現へ走り出した。3月下旬、町内会連絡協議会、消防団OB、消防団、NPO島原普賢会などを中心に「祈りの日精霊船実行委員会」が発足した。遺族への説明と了解、灯籠の寄贈願いや道路使用許可申請、担ぎ手の手配など、着々と準備が進んでいった。

6月3日、朝から激しい雨に見舞われたが、雨の中で最後の準備をし、遺族代表と実行委員会の代表は、北上木場農業研修所跡で黙祷のサイレンを待った。

写真 3.10　祈りの日精霊船

雨脚が強まる中、遺族は次々に傘を閉じ、雨で煙る普賢岳を正面にして黙祷した。黙祷が終わると、地区住民から寄贈された灯籠 150 個を下げた精霊船は勢いよく出発した。一番の課題であった担ぎ手は、大勢の消防団 OB と現役消防団員により解決された。消防車を先頭に、爆竹を鳴らしながら練り歩く精霊船を、多くの住民の皆さんが手を合わせて見送って下さった（写真 3.10）。最終地点の安徳の消防団慰霊碑の前には、なんと 500 人を超える人々が広場を埋めていた。

亡くなった消防団員への慰霊と、災害への支援へ感謝の気持ちを表そうという思いは、予想以上の成果であった。改めて地区住民が一体となった時の力強さを感じるとともに、上木場農業研修所跡地の公園化への第一歩となった。

② 保存の整備計画策定

地元住民から島原市に対し恒久的な遺構保存の要望がなされた。こうした要望を受け、国土交通省雲仙復興工事事務所で地元住民参加による３回のワークショップにより意見・要望を取りまとめ、2001 年５月 28 日の雲仙普賢岳砂防指定地利活用整備計画検討委員会での検討結果を受けて「農業研修所跡地遺構保存」の整備基本方針が策定された。

整備基本方針における農業研修所の保存にあたっては、「伝承」・「郷愁」・「学習」の３つのテーマを設け、被災によって失われたふるさとを後世に伝えることができる場であり、災害の脅威と間近に見える砂防ダムなどの防災について学習できる場を目指すとされた。さらに、火砕流や土石流により被災した上木場地区に残る唯一の面影である「農業研修所跡地」の遺構保存などを通じて、噴火災害の脅威とふるさとの情景を後世に伝承するものである。ふるさとの情景としては、「農業研修所跡地」周辺や定点に通じていた道沿いの石垣、清水川跡や上木場の特色ある樹木などをふるさとの情景として保全するものである。火山・防災学習としては、火砕流や土石流で被災した上木場地区一帯と間近に見える砂防ダムを通じて、災害の脅威や防災の場所とするものである[3]。整備費用は島原市義援金基金からの助成により、整備時期は上流の砂防ダム群の進捗などに伴う安全性の向上および警戒避難体制の確立を踏まえて進めることとなった。

③ 保存整備事業

保存整備事業を推進するため、2002 年 9 月 22 日、上木場災害遺構保存会が結成された。メンバーは、安中地区町内会連絡協議会、消防団、元上木場住民、遺族などで構成され、10 月 11 日には島原市に半鐘の保存など 5 項目の要望を提出した。

11 月 8 日、地元寺院の徳法寺、真光寺両住職による読経の後、作業が開始された。11 月 10 日には、警察官による被災パトカーの掘り出し作業や住民による被災柿の木周辺の草取り作業などが本格的に行われた。年が明けると、半鐘保存の火の見櫓調査（深江町、北有馬町（現・南島原市）、加津佐町（現・南島原市））や文化財保存研究所による現地調査も行われ、2003 年 11 月 17 日に完成した（写真 3.11、3.12）。

なお、総事業費は約 14,000 千円で、島原市義援金基金より 13,000 千円を助成し、残りは寄付金などである。個々の保存整備事業の費用は、消防自動車保存家屋工事費約 3,830 千円、消防自動車防錆処理工事費約 2,310 千円、北上木場農業研修所敷地整備費約 3,400 千円、北上木場農業研修所説明板整備

写真 3.11　北上木場農業研修所跡

費約 510 千円（口絵 16）、柿の木保護工事費約 420 千円、釣鐘堂工事費約 2,660 千円となっている。

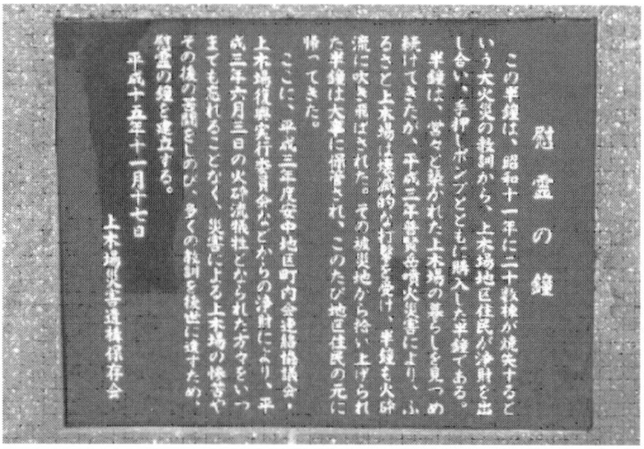

写真 3.12　慰霊の鐘碑文

⑷ われん川再生事業

われん川は、水無川導流堤下流の湧水箇所から有明海に注ぐ河川である。噴火災害前は、湧水の流れる清流で、水辺は、地域住民の洗い場や憩いの場として利用され、生活に溶け込んでいた（写真 3.13　口絵 17）。

大規模な土石流が安中地区を襲ってから約 1 年後となる 1993 年 4 月、鎌田町内会から導流堤の建設用地内となったわれん川の保存を求める要望書が県知事および市長へ提出された。9 月には復興工事事務所長へも要望書が提出された。この時点では、「導流堤が完成しても、上流の砂防ダム群が完成するまでは、われん川の湧水源は土砂で埋まったりするが、将来的に環境整備を兼ねて保存する方向で考える」というだけで、具体的な整備の動きまでは至らなかった。

写真 3.13　被災前のわれん川

その後、掘り出されたわれん川の湧水は、工事用散水車の取水場所として活用される日々を経て、再び安中地区の住民の間で、われん川の保存についての話が持ち上がった。安中地区の住民から、われん川の整備・保存についての相談を受けた建設省では、住民の手による保存計画作成を促した。安中

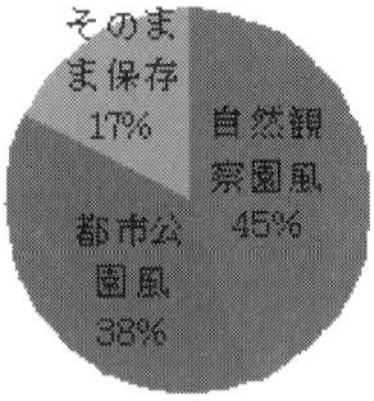

図3.5　われん川周辺の整備計画アンケート（回答者196人）

地区まちづくり推進協議会は、われん川整備のイメージ案をつくり、「雲仙普賢岳フェステイバル '98」の来場者にアンケートを実施した。「①ホタルなどを育てて“自然観察園”風に整備する。②あずま屋やベンチを置いて“都市公園”風に整備する。③できるだけ手を加えず“そのままの状態”で保存する。」の3つの案を示し、「われん川周辺の整備計画としては、どれが一番好きか」、「理由」などを意見聴取した（図3.5）[4]。

1998年度「第1回砂防指定地利活用整備計画検討委員会（1998年12月18日）」にて、安中地区住民代表として出席した委員により上記アンケートの結果が報告された。また、第2回砂防指定地利活用整備計画検討委員会（1999年3月17日）では、安中地区まちづくり推進協議会により、次の基本的な考え方に基づき作成した整備イメージ図が示された。

・現存の石垣と石畳、三角地帯に残る樹木などを積極的に活かす。
・自然を基調とする。樹木を植え、小川をつくり、生物を育てる。
・人々が集い、憩える場所とする。ベンチなどを所々に配置する。

あわせて、整備案に関わる検討課題として、次のような問題点が提起された。

・利用上、トイレ、ゴミ箱、清掃用具などの設置の是非の検討が必要である。
・住民が維持管理を行う場合、行政との連携を視野に入れた組織づくり、維持管理経費の行政による予算化、用具の調達等の課題がある。

1999年6月、安中地区まちづくり推進協議会より市長へ要望書が提出された。内容は「われん川整備後の管理は、地元住民が中心になっておこなうべく検討を進めているところである。具体的な施設・設備の工事については、住民参加のもと市に事業の実施をお願いしたい。」というものであった。7月には県知事へ同様の要望書が提出された。

写真3.14　われん川の整備作業

写真 3.15　住民による管理作業

われん川整備の気運が盛り上がりつつあった 1999 年 5 月 23 日、整備のあり方検討の参考とするため、雲仙復興工事事務所、島原市、安中まちづくり推進協議会、げんごろうクラブにより、他地域の事例視察（われん川整備研究会）が行われた。さらに、整備の実現に向けて具体的な検討を進めていくために、「われん川整備に関する意見交換会」が計 5 回開催された。意見交換会では、整備に関する基本コンセプトに始まり、整備・管理の役割分担、住民参加型の川づくり、体験学習の場としての活用などが話し合われた。最終的にとりまとめられた整備計画は、1999 年第 2 回利活用整備計画検討委員会に報告された。

2000 年 9 月 2 日、安中地区まちづくり協議会、島原市、建設省、地元第三中学校と私立島原中央高校の生徒など 200 人の参加により川づくりが開始された。地域の住民や学生は、水路や池に土や石を敷き詰め、飛び石や中洲を造るなど自らの手によって、われん川の整備を行った（写真 3.14）。

その後も、最も被害を受けた安中地区の住民や被災地区の小中学校の児童・生徒などが一体となって、われん川の清掃・整備活動を行うことにより、復興・再生から得た教訓を語り継いでいる（写真 3.15）。

保存事業については、水路等の基盤整備は建設省、公園としての施設盤備は市がそれぞれ担当し、地域住民は水路・池の修景やビオトープづくり、その後の管理などを行っている。

6　平成新山フィールドミュージアム構想

がまだす計画の事業推進などにより、雲仙普賢岳噴火災害を通じて自然の驚異と地球の営みを学習する雲仙岳災害記念館、土石流災害のすさまじさとその教訓を後世に継承し防災の重要性を伝える土石流被災家屋保存公園、噴火災害で傷ついた自然環境の復元を観察する平成新山ネイチャーセンター、砂防工事の監視所である大野木場砂防みらい館などが整備された（口絵 18）。

このようなハードの整備に対応して、平成新山フィールドミュージアム構想が持ち上がった（図 3.6）。雲仙岳災害記念館を中心に、平成新山の景色や噴火災害の遺構、火山関係の施設や各種の防災施設などを、まるごと一つの野外博物館（フィールドミュージアム）としてとらえている。

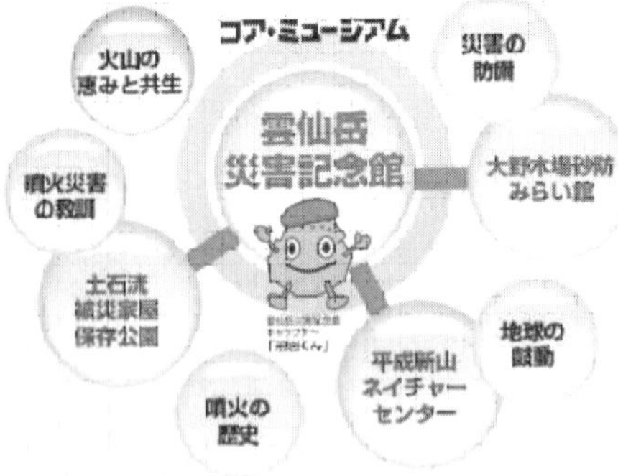

図 3.6　平成新山フィールドミュージアム構想

この構想では、水無川・中尾川流域一帯や各地に残る貴重な火山学習資源を次の５つフィールドに分けてネットワーク化し、体験・学習しながら火山とかかわりあうことのできる空間を提供するものである[5]。

①「噴火災害の教訓」（火砕流・土石流のすさまじさや恐ろしさ）
②「噴火の歴史」（自然景観や植物の移り変わりや火山性地層、島原大変など）
③「災害の防備」（災害を未然に防ぐための機能を持つ砂防、治山施設群など）
④「地球の鼓動」（噴火のメカニズムや火山の成り立ちなど）
⑤「火山の恵みと共生」（火山のもたらす景観や湧水温泉の仕組みとその利用など）

平成新山フィールドミュージアム構想を推進する中で、ガイドブックの作製配布、ボランティアガイドの養成、総合案内板の設置、火山学習クラブを開催し子供たちと一緒に噴火災害の遺構などを見学し自然災害や防災について学習するなど、地道な活動が続けられた。

7　火山都市国際会議島原大会

島原市で「火山都市国際会議島原大会（Cities on Volcanoes 5）」が開かれたのは、2007 年 11 月であった。この会議は国際学術団体である IAVCEI（国際火山学地球内部化学協会）がほぼ２年おきに開催している国際会議で、それまでにイタリア・ローマおよびナポリ市（1998 年）、ニュージーランド・オークランド市（2001 年）、ハワイ・ヒロ市（2003 年）、エクアドル・キト市（2006 年）で開催されており、第５回の島原大会は、日本はもとよりアジアで初めての開催であった。

なぜこのような国際会議を島原で開催したのであろうか。雲仙普賢岳の噴火では、甚大な被害を被ったが、住民と行政が一体となった復興事業や復興運動の推進、無人化工法による防災土木工事など、その復興の過程は 2000 年有珠火山噴火や三宅島噴火災害をはじめ、被災者対策全般にも大いに生かされた。また、約 220 年前の眉山崩壊や津波被害を伴ったいわゆる「島原大変肥後迷惑」は世界有数の噴火災害として知られ、2004 年に世界で初めて成功した火道掘削による地下マグマの直接採集など、世界最先端の火山研究などでも雲仙普賢岳は注目を集めていた。このような雲仙普賢岳での災害とそれに立ち向かい復興に取り組んだ様子や教訓を世界に情報発信するためにこの国際会議が島原市で開催されたのである。

島原大会は島原市と日本火山学会が主催し、国土交通省九州地方整備局、長崎県、国際火山学地球内部化学協会などの共催を得た。このような大規模な国際会議は県庁所在地のような大きな都市で開催されるのが通例であったが、災害の中で培った経験や教訓を我々の中だけに留めず、世界にそして後世に発信・還元する好機ととらえ、人口５万人の地方都市島原で開催したのである。

海外からはアジア各国をはじめとして、南北アメリカ、ヨーロッパなど主に火山のある 30 の国と地域の火山研究者など、および国内からは火山、砂防、防災関係者や災害ボランティアなど約 600 人の参加者があった。また、市民やフォーラム参加者などを加えると約 2,700 人が参加する大イベントとなった。

島原大会の大きな特徴は、市民参加型の国際会議を目指したところにあった。そこで、会議の構成を大きく二つのパートに分けた。科学的側面が強い学術部門と、市民や行政が参加する住民・行政部門である。また、会場では海外の研究者と日本人の住民が交流をはかることができるよう英日・日英の同時通訳を導入した。

会議以外でも、幼稚園児による大会参加者の出迎え、商店街や公園などでの

写真 3.16　雲仙災害を経験した地域住民とのディスカッション

市民や団体による様々な交流イベントあるいは大会行事、式典における地元アトラクションの出演など国内外の参加者と温かい交流が繰り広げられ、国際会議を盛り上げた（写真 3.16）。特に、外国語ボランティアをはじめとして、多くのボランティアの大会運営参加などにより、市民参加の国際会議として参加者から高い評価を受けた[6]。

国際会議など経験もなく、大丈夫だろうかという不安は大会の成功とともに自信に変わった。また、外からの目を通じて地域をあらためて見直す機会にもなった。

何よりも、私たちは雲仙普賢岳での災害の教訓とそれに立ち向かい復興に取り組んだ様子を全世界に情報発信することができたのである。

この盛り上がりを一過性のものに終わらせたくないと思った関係者は、日本初のジオパーク認定を次の目標に掲げた。

8　島原半島ジオパーク

島原半島ジオパークは、洞爺湖有珠山ジオパーク、糸魚川ジオパークとともに、2009 年 8 月、日本国内で初めて「世界ジオパーク」として認められた。

世界ジオパークはユネスコが支援する世界ジオパークネットワーク（GGN）が推進しており、2004 年に誕生した。GGN の審査を経てネットワークへ加盟が認められると、世界ジオパークを名乗ることができる。2014 年 2 月現在、ヨーロッパや中国を中心とした 29 ヶ国 100 箇所が世界ジオパークとして認定されている。

世界遺産は遺産の保護が大きな目的であるが、世界ジオパークは、地質遺産を保護しつつ、科学や防災の教育、観光などに活用することが目的である。審査ではこれらの活動や組織のあり方などが評価の対象となった。認定を受けたら終わりというものではなく、認定から 4 年ごとに再審査があり、長期間、持続的に活動を続けることが必要である。

ジオパークには、世界ジオパークネットワークの基準をクリアした世界ジオパークと日本ジオパーク委員会（JGC）が認定する日本ジオパークの 2 種類があり、2014 年 2 月「世界ジオパーク」は島原半島、洞爺湖有珠山、糸魚川、山陰海岸、室戸、隠岐の 6 地域となっている。このほか、阿蘇、天草御所浦、霧島、桜島、箱根、秩父、南アルプス、磐梯山、三陸など 33 地域が日本ジオパークに認められている。

島原半島ジオパーク推進の取組みは、2007 年 7 月に開催された長崎県主催の勉強会からスタートしているが、ジオパークを目指す追い風となったのが島原市で 2007 年 11 月に開催された「火山都市国際会議島原大会」の成功であった。

具体的な取組みとしては、島原半島ジオパーク推進連絡協議会が 2008 年 2 月に設立された。会員は、ジオパークの範囲にあるすべての地方自治体（島原市、雲仙市、南島原市および長崎県）ならびに目的に賛同し活動および事業に協力できる団体として商工・観光団体、公的団体、博物館的施設、ガイド団体、地元マスコミなどによって構成された。協議会発足当時は、事業を進める上で困難なことも多かった。特に、島原市、雲仙市、南島原市と複数の自治体で事業を進めることは困難を極めたが、島原半島は一つとの認識により関係者が一丸となって世界ジオパークネットワーク加入の認定を目指した。そして、関係者や多くの皆様の支援により世界ジオパークに加盟することができた。しかし、ジオパークは加盟することが目的ではなく、ジオパークをいかに地域の活性化につなげるかが重要であり、地域の人々のアイデアと行動が勝負である。

火山とともに生きる島原半島には多くの自然や文化があり、地球のもっともダイナミックな営みのひとつである火山の景観を楽しみ、それについて学び、地球と人間の関係について考えることができる、すばらしいジオパークである。

9　防災とジオパーク

島原半島ジオパークは、1990 年から 1995 年に噴火した雲仙普賢岳とその災害遺構や 15,000 人が亡くなった 1792（寛政 4）年の「島原大変肥後迷惑」の遺構など、火山の驚異を伝える場所である。また、南北方向に広がるように裂ける大地「雲仙地溝」の断層地形も見所のひとつだが、火山の恐ろしさだけではなく、温泉や豊富な湧き水、豊かな土壌など火山の恵みを実感し、復興の様子を学ぶこともできる。

ジオパークの活動では、防災への取組みも重視されるようになっている。2008 年 6 月にドイツのオスナブリュックで開催された第 3 回ジオパーク国際ユネスコ会議で採択された宣言には、「地質災害に関して社会と知識を共有するためにジオパークが役に立つ」という趣旨の一文が盛り込まれた。

写真 3.17　ジオツアー
（九州大学清水教授と登る親子普賢岳登山）

わが島原半島ジオパークは、まさに災害の予防をテーマにしている。これまでも「平成新山フィールドミュージアム構想」により、噴火災害遺構や各種火山防災施設などの火山防災学習資源をまるごと一つの野外博物館ととらえ、「火山と人々のかかわりあい」をキーワードに活動を行ってきた。

各種施設では、火山現象や自然現象を身近な材料で再現する「キッチン火山実験」や九州大学清水教授の案内で普賢岳に登る「親子登山教室」（写真 3.17）、砂防施設をめぐるツーデイマーチのジオコースなどそれぞれ特色あるイベントなどに取り組んできた。

2009 年 8 月に行われた GGN の現地審査においては、「噴火の教訓や、自然の脅威となる火山のそばで暮すための知恵について世界的に重要な地域である。地球科学や工学の先端が 1990 年以来この地域で開拓されている。」と、高い評価を得た。

噴火災害の遺構や砂防施設などを活用し、防災意識の高揚、火山と共生していくための知恵を育んでいくことを目的にした、防災教育・伝承活動が実施されてきた。さらに、火山災害というマイナス面だけでなく、火山の恵みであるプラスの面も合わせて火山観光と防災に取り組んできたが、世界ジオパークの認定はこれらの取組みが世界的に認められたことになる。

10　ジオパーク国際ユネスコ会議

2012 年 5 月 12 日から 15 日まで「第 5 回ジオパーク国際ユネスコ会議（5th International UNESCO Conference on Geoparks）」が島原半島で開催され、過去最多の 31 の国と地域から約 600 人の参加登録者を迎え、市民フォーラムなどを含め当初の目標を上回る約 5,300 人の参加があった。

世界ジオパークネットワークが 2 年ごとに開催しているこの国際会議は、いわゆる地質や火山の“学会”ではない。地球科学、環境保全、防災、観光、地域経済などの研究者、行政担当者、ジオパークの運営組織関係者、市民など様々な分野からの参加者が、ジオパークについて広く議論する場である。この会議では、ジオパークの目的である「地球科学的に貴重な遺産を保護しつつ、それらを教育や科学振興、地域の観光事業に役立て、地域経済の活性化のために活用することによって地域の持続可能な発展を図ること」を共有し達成を目指すとともに、世界各地のジオパークの活動報告などを通して情報発信、情報交換することでジオパーク相互の質を高めていくことを目的としている。

大会期間中は、保育園児から小学生、中学生、高校生と明日を担う多くの児童生徒が素晴らしい活躍を見せ、感動的な国際会議となった。閉会式で採択された島原宣言は「世界各地のジオパークで東日本大震災の被災体験を自然の脅威がある地域に住む人々への教育の一つの手段として、有効に活用する」とし、「大地

写真 3.18　旧大野木場小学校被災校舎を見学する国際会議参加者

の遺産であるジオパークを生かした教育は、地域社会が自然と如何に共存するかを理解するのに最も効果的である」と強調した。さらに、「会議での熱い論議が、世界ジオパークの発展と災害に強い国づくりに生かされる」と総括し、会議は幕を閉じた[7)]。

雲仙火山という地質遺産を中心に、火山とのかかわり、文化、災害、そして恵みについて学ぶことのできる新しいタイプのジオパークとして、世界や日本からの多くの参加者に島原の魅力をアピールすることができた（写真 3.18）。

火山は災害をもたらすが、平穏な時には多くの恵みも与えてくれる。災害と恵み、そしてこの地に暮らしてきた人々の歴史や文化をセットにして、地域の活性化に結びつける取組みを進めている。しかし、ジオパークは観光振興だけのためにあるのではない。変動帯に位置する日本としてのジオはダイナミックなものであり、そこに住む限り災害は免れないのであり、ジオパークは災害軽減のためのツールにもなり得ると確信している。

11　復興まちづくりと災害体験の継承

土石流によりほぼ消滅した被災地を、安心して暮らせる場所にしようと立ち上がった地域住民がいた。このリーダーを中心に、1993 年 6 月「安中三角地帯嵩上推進協議会」が発足した。

水無川と新たに設置される導流堤に囲まれた地域が三角形になることからこの名前が生まれた。324 世帯が生活していた 93ha の土地を平均 6m 嵩上しようというものだった。当初はなかなか理解されなかったが、住民による地権者の同意取付けや行政と一体となった取組みにより、画期的な復興事業が成し遂げられた。

また、この嵩上事業や土地区画整理事業の完成を待つ中で、「このふるさとのまちをどういうまちに作るか」を見据えようということで、嵩上からまちづくりへと進化し、「安中地区まちづくり推進協議会」が 1999 年 1 月発足し、ふるさと再生の事業に取り組んできた。

さらに、2000 年 4 月、「NPO 法人島原普賢会」の発足へと進化し、雲仙普賢岳の噴火災害によって被災した地域に整備された砂防施設などを積極的に利活用しながら、新しいまちづくりを行っている。

2000年の有珠山・三宅島の噴火をきっかけに、市民レベルのネットワークである「火山地域の市民団体相互支援ネットワーク（略称：火山市民ネット）」が2002年、NPO法人島原普賢会や有珠山・三宅島の市民団体によって結成された。この火山市民ネットは、参加団体が協力、連携して噴火災害により被災した地域の市民団体と他の被災地の市民団体をつなぎ、避難生活や生活再建に必要な情報の提供を始めとして種々の支援などを目的としている。

新燃岳の噴火に際しても、2011年3月に宮崎県都城市と同県高原町で「新燃岳被災地車座トーク」を行い、地元の住民・行政職員と噴火災害の被災地から参加したメンバーが交流を行った。被災経験のある各地からの参加者は、それぞれの体験の中で守るべきことや注意すべきことを丁寧に説明した。

火山市民ネットでは、新潟県中越地震の被災地である中越の団体とも交流を続けており、火山被災地だけにとらわれず同じ自然災害の被災地として東日本大震災の被災地との交流も進めている。

被災地において、その体験や教訓を後世に伝えていくことはもちろん重要なことであるが、災害で被災した地域や災害の危険性がある地域に対して、雲仙普賢岳で学んだ体験と教訓を伝えることも大切なことである。雲仙普賢岳で災害が始まると、多くの住民や団体が三宅島や有珠山を訪れ多くのことを学んだ。そして、2000年に有珠山、三宅島で噴火が起きると、今度は島原に多くの住民などが視察に訪れた。有珠山や三宅島のように発生頻度が高い火山でも、前回の災害対応のノウハウや教訓を伝えることは難しいことが分かる。このようなことからも被災地相互の支援ネットワークが重要な役割を果たすと言える。

12　安中防災塾

雲仙普賢岳の噴火災害から22年を過ぎ、はや当時の記憶が風化しつつあると言われている。災害当時に最前線で地域を引っ張ってきた若手や中堅が、定年を迎える世代となった。体と頭が十分動くうちに、災害体験を安中地区の未来を担う子どもたちに地域の生立ちに関心を持ってもらうため「安中防災塾」（運営委員会事務局：安中まちづくり推進協議会、塾長：同協議会会長）を

写真 3.19　安中防災塾

2011 年から開催している（写真 3.19）。

防災塾は、「地域のことは地域で教える仕組み」と「持続可能な教育」を柱としている。「地域のことは地域で教える仕組み」とは、地域のことを熟知している住民が中心となって、その知識を子どもたちに伝授していく教育システムである。島原半島には、雲仙普賢岳の噴火災害時の避難や復興のノウハウを待った人材が健在である。実際に災害を体験した地域住民から直接話を聞くことは、災害伝承の有効な方法である。

「持続可能な教育」とは、将来的には、受講生自らが地域リーダー・運営主体に育っていくことで、取組みを持続的に展開していく住民主体の教育システムである。地域防災塾は、地域で住民同士の交流の場や大人と子供たちの交流の場として機能することで地域のコミュニティが創造・育成され、持続的な防災教育の展開に大きく寄与するものと考えられる [8)]

以上のような地域防災塾の取組みは、防災意識の低下を防ぎ、地域防災力の向上に結びつくものと期待できる。地域防災力においては自助力だけでなく、共助力、連携力の向上にも資すると考えられる。地域防災塾の実施にあたっては、まず特定の地区をモデル地区として選定をして、試験的に開催し、次年度以降に他地域に取組みを拡大していくことが想定されている。

地域防災塾のモデル地区として、本取組みについて機運が熟している安中地区を選定し 2011 年、2012 年と実施されたが、地域防災塾は続けることに意義がある。地域が中心になり、行政機関、大学が連携し、継続できる仕組みを作っていきたい。

13　災害遺構を活用した災害学習

島原市の小学生は、3 年生で必ず雲仙岳災害記念館の見学がある。雲仙普賢岳の災害を学ぶためである。さらに、小学校 6 年生と中学校 1 年生はジオツアーで火山の恵みと大地の成り立ちを学び､災害を学習することになっている。また、長崎県立大学では 2002 年の開学時より、カリキュラムの中に雲仙普賢岳噴火災害を経験した長崎県として 4 年次に総合看護「災害看護学実習」が位置付けられ、災害遺構等を活用した災害学習が行われており、他の大学においても同様に雲仙普賢岳においての取組みが始まっている。

2013 年に実施された市内小学校の例であるが、目的としては、「①雲仙普賢岳の災害を伝える災害記念館などを見学することで、自然への畏れや復興への市民の努力を感じ取らせることにより、「生命（いのち）・きずな・感謝の心」を大切にしようとする心情を育てる。②公共施設の利用の仕方を学習するとともに、マナーを守って行動する。」となっている。

見学場所は､雲仙岳災害記念館、北上木場農業研修所跡、旧大野木場小学校被災校舎および大野木場砂防みらい館で、専門家などの説明を聞いた（写真 3.20）。

写真 3.20　災害遺構を活用した小学校の災害学習

また、長崎県立大学における「災害看護学実習」であるが、目的として「①医療施設と行政などにおける防災･災害に対する活動を理解できる。②災害サイクルに応じた看護活動を展開する基礎的知識と技術を習得する。」となっている。災害時の救護活動に必要な基礎知識などは、島原温泉病院や長崎医療センターなどで実習を行っている。被災地現地見学実習は「雲仙普賢岳の噴火災害と復興」などの講話を聴き、雲仙岳災害記念館を見学、さらに土石流被災家屋保存公園、旧大野木場小学校被災校舎、上木場農業研修所跡、集団避難所などを専門家の解説で視察学習を行っている。

14　おわりに

雲仙岳災害記念館や土石流被災家屋保存公園などの災害遺構を活用した、災害伝承の活動が進められてきた。雲仙岳災害記念館も開館から10年を過ぎ、入館者は減少の一途をたどっている。普賢岳噴火災害から23年目を迎える今、これまでのコンセプト（災害伝承）だけではなく、新たなコンセプトが求められている。ジオパークと融合した新たなコンセプトの設定、それがジオミュージアムである。

記念館は、新たなコンセプトであるジオミュージアムに基づく有料展示等の大規模リニューアル、防災教育・伝承活動の施設としての機能充実など取組みが必要となっている。また、雲仙普賢岳噴火災害の資料や防災に関する資料のデータベース化や公開など、雲仙岳災害記念館の課された役割は重要である。

また一方では、地域住民の要望により整備された災害遺構が、災害そのものを語る生の教材として、その力を発揮している。災害遺構を見学した人々は、自然の力の偉大さに触れ、畏敬の念を感じる。そして、苦悩しながらも災害から復興する人々の姿に感動する。作り物ではない、真実の物に触れる時の人間の感情である。

しかし、被災地域においても、雲仙普賢岳で体験した噴火災害の記憶が薄れ、風化が危惧される現在である。復興まちづくりをリードしてきた市民団体もメンバーの高齢化などにより活動に陰りが見え始めている。災害の伝承は、今新たな段階を迎えている。

参考文献

1）島原地域再生行動計画策定委員会：島原地域再生行動計画，133p.,1997
2）高橋和雄：雲仙火山災害における復興対策と防災対策－火山工学の確立を目指して－，九州大学出版会，580p.,2000
3）国土交通省九州地方整備局雲仙復興工事事務所：農業研修所跡地遺構保存整備基本方針，7p.,2001
4）建設省九州地方建設局雲仙復興工事事務所：ふるさとの再生，8p.,2000
5）（財）雲仙岳災害記念財団：平成新山フィールドミュージアムガイドブック，2004
6）火山都市国際会議島原大会実行委員会：火山都市国際会議島原大会報告書，153p.,2008
7）第5回ジオパーク国際ユネスコ会議組織委員会：第5回ジオパーク国際ユネスコ会議報告書，172p., 2012
8）高橋和雄編：東日本大震災の復興に向けて，古今書院，247p., 2012

第 4 章

災害伝承「念仏講まんじゅう」

—150 年毎月続く長崎市山川河内地区の営み—

高橋和雄・緒續英章

1　はじめに

長崎県南部地方を襲い 299 人もの死者・行方不明者を出した 1982（昭和 57）年 7 月 23 日の 1982 長崎豪雨災害（以下、長崎豪雨災害と略記、長崎県命名では長崎大水害）では、犠牲者の約 90％が土砂災害によるものだった [1)]。長崎市の東に太田尾町山川河内《さんぜんご゜うち》地区がある。隣接する芒塚《すすきづか》地区では土石流などにより 17 人もの犠牲者が生じたが、本地区においても同様に土石流が発生し家屋などに被害を生じたものの 1 人の死傷者も出なかった [2)]。この地区では、江戸時代末期の 1860（万延元）年 4 月 9 日（新暦では 5 月 29 日）に土砂災害が発生し、33 人もの犠牲者を出した過去がある [3)]。以来、この地区では、この災害で亡くなられた方々などの供養と災害を忘れないために毎月 14 日にまんじゅうなどを持ち回りで全戸に配るこの地域独特の行事「念仏講」が行われるようになったという [4)、5)]。この念仏講は明治、大正、昭和の戦前、戦後の激動の時代も含め、150 年以上の間続けられている。

2012 年 7 月 23 日が長崎豪雨災害から 30 年目に当たることから、長崎県や長崎市のこれまでの取組みだけでなく、地域独自の取組みを追跡するために、山川河内地区の災害伝承の現在を調査することになった。2012 年 4 月 14 日の山川河内公民館における現・歴代自治会長や消防団経験者へのヒアリング調査から、①これまで言われていた長崎豪雨時の避難が災害発生前の自治会長の主導による地区全体の避難ではなく、災害発生時に個別の自主避難であったこと、②口伝で継承されてきた 1860 年の土砂災害の状況、復旧・復興の状況、念仏講の経緯などがはっきりしないこと、③地区の急速な少子・高齢化の進行、農業世帯の減少などで、まんじゅう配りによる災害伝承が今後も可能かどうかわからないこと、および④地区には昔のことを良く知っている長老がいなくなってきていることが判明した。そこで、念仏講の全体像を把握し、記録を後世に残すために山川河内地区を中心に詳しい再調査を行った。これによって、本章では山川河内地区の災害伝承、災害教訓、地域の取組みを整理し、今後の地域の課題の抽出と対応策をまとめる。

2　調査方法

本調査は、山川河内地区の現地調査、自治会・住民・関係者へのヒアリング調査および文献調査により実施した。地区の歴史、万延元年の土砂災害、念仏講の経緯、長崎豪雨災害時の対応、現在の課題などについて、ヒアリング調査、郷土史や長崎豪雨災害時の写真、復旧事業の図面などの文書資料の収集、文献調査などを行った。調査の最終段階で地区出身で『長崎市日吉方言集』[5]の著者である坂本進氏と当地域を檀家とする茂木町の玉台寺住職、近世の長崎に詳しい原田博二氏に確認のヒアリング調査を実施した。さらに、次世代を担う中学生とその保護者へのアンケート調査を実施した。

3　山川河内地区の概要

(1) 山川河内地区の状況

本章で対象とする山川河内地区の位置を図 4.1 に示す。地区は三方を山に囲まれ、南は橘湾天草灘を望み、中央に山川河内川が流れる緑豊かで、古くから 37 世帯前後を維持してきた農村集落である（写真 4.1）。山間部の急斜面の土地柄から農業の生産力に限界があり、37 世帯前後が人を養える上限ではないかと言われている。V字型の深い渓谷の斜面地に住宅と畑が続く狭い地域であることから、農業の生産性は低かったようであるが、長崎市街地に近いことから野菜、イモ類、穀物などの農作物の行商で古くから生計を維持してきた。長崎市街地への 2 里程（約 8km）の坂道が多い山道を 3 時間かけて出かける出荷時の労力軽減を図るために地域のリーダーが電照菊などの花卉の栽培を始めた。昭和 40 年代になると専業の花農家が増え、花卉の栽培は地区に活況をもたらし、花の里と呼ばれるようになった。1982 年長崎豪雨災害の頃は集落が最も繁栄したときで、農家の面影を一新した住宅の建替え、農作業の機械化はほぼ終了していた。しかし、近年になると燃料の高騰などによる花卉栽培の不振、勤め人世帯の増加、少子・高齢化の進行が顕著になっている。1982 年には 35 世帯、人口 173 人で全世帯農家であったが、2012 年現在では 32 世帯、126 人（65 歳以上 31 人、中学生 8 人、小学生 4 人）と減少している。専業農家 13 世帯、サラリーマン 15 世帯、自営業 2 世帯、無職（年金生活）2 世帯と職業構成も多様化している。現在のところ、高齢者の独居世帯はない。なお、当地区は市街化調整区域に指定されており、宅地の開発などは行われていない。

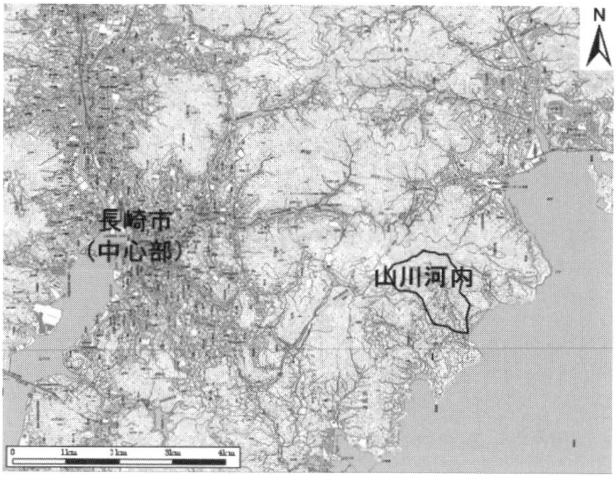

図 4.1　山川河内地区の位置図

写真 4.1　山川河内地区の全景

この地区では多くの祭礼・祭祠が、自治会行事として表 4.1 に示すように現在でも続いている。地域住民の参加形態は自治会全員参加、祭当番担当および自治会役員担当の３つに分けられ、運営されている。自治会全員参加の行事については、欠席の世帯には罰金（1 日 3,000 円、半日 1,500 円。自治会費に使用）が科せられるものもある。これらの祭礼・祭祠は地区固有の行事ではなく、長崎市太田尾町と飯香浦《いかのうら》町にも共通に見られる。地区内には、観音像、地蔵像、水神、土神、山神、馬頭観音などが祭られ、大切にされている（口絵 19）。この地区は湧き水を飲み水の水源（水神様ん水）としており、湧き水の地点には水神が祭られている。なお、当地区は、長崎市茂木町にある玉台寺（浄土宗）の檀家である。

表 4.1 山川河内地区の主な地域行事

日　程	行事内容	参加対象者
1 月 18 日	御願立て	自治会三役・班長
4 月 13 日	御不動様祭	自治会全員
4 月 20 日・21 日	御大師様祭	祭当番 [1)]
7 月 18 日	御願成就	自治会全員
7 月 23 日・24 日	御地蔵様祭	祭当番
8 月 10 日	千日十日	祭当番
8 月 14 日・15 日	御盆精霊船造り・精霊流	自治会全員
9 月 15 日	敬老の日	自治会全員
9 月 18 日・19 日	伺之神様祭	自治会三役・班長
10 月 17 日・18 日	御観音様祭	祭当番
12 月 9 日	山之神様祭	自治会三役・班長

1) 地区を 4 班に分けて 8，9 世帯で担当

(2) 山川河内地区の歴史

山川河内地区の歴史は、地区内に記録として残っていない。地区内での口伝と地区外の長崎奉行の御用留から抜粋された『長崎代官記録集』[3)] に記載された万延元年の土石災害の被害記録と玉台寺の過去帳 [4)] のみと言っても過言でない。記録は地元の長老によれば、平家の落人伝説があり、小学校で「君らは平家の落人だ」と言われたことがあるという。地区内でも人里から離れた北側の山中に寺屋敷と呼ばれる屋敷跡があり、この付近で花作りのためのビニールハウス用地の開墾をしたとき、器物の出土があったという。「平家の一族が人里離れた地域に移り住んできた」という地区内での話には説得力があるが、確証は何もなく、太田尾町内や隣の飯香浦町でも同じような言い伝えがある。

この地区が他の地区と異なる歩みになったきっかけは、1580（天正 8）年に地区が含まれる茂木村（現・長崎市茂木町、太田尾町、飯香浦町など）が長崎 6 町とともにキリシタン大名大村純忠によりイエズス会に寄進されてその知行地になったことである [5)]。この時に、茂木村においても神社、地蔵像など

が異教神として焼滅・廃棄されたこともあって、古い記録が失われた。1588（天正 16）年に豊臣秀吉がキリシタン領地を没収して公領になった。1637（寛永 14）年頃 から 1668（寛文 8）年までは島原領となった。1668 年より幕府天領となり、島原侯預かりとなった。1768（明和 5）年から明治初期まで肥前国高来郡茂木村飯香の浦名として長崎奉行・外町代官高木氏の管轄下に置かれた。1869（明治 2）年に長崎県西彼杵郡茂木村太田尾名となり、1962（昭和 37）年に長崎市に編入され、長崎市茂木町太田尾名に、1971（昭和 46）年に太田尾町になり現在に至っている。山川河内地区を含む茂木村や茂木町の歴史をまとめた文献は前述のようにきわめて少なく、まとまった記録は茂木村と茂木町の郷土誌に見られる程度で、歴史の部分の記述は少ない[7) 8)]。原田博二氏は「茂木村が長崎 6 町とともにイエズス会に寄進されたことから、当時から当地域は長崎の支配下にあったが何時からかは不明である。祭礼・祭祠などは長崎よりも橘湾や対岸の島原方面の影響を受けている」と指摘している。山川河内地区は東長崎～網場《あば》～潮見町～山川河内～日吉青年の家～田手原町～蛍茶屋～桜馬場に至る旧長崎街道に含まれ、地区内に木戸や町道《まちみち》という地名が残されている。旧街道は 1500 年代にはすでに使用されていたといわれ、日見街道ができるまでは交通の要所であった。また、海岸部の太田尾には、茂木や矢上と結ぶ海上交通もあり、玉台寺住職の法事の際などの往復や離れた土地での耕作の際に使用された。

4　万延元年の豪雨災害

(1) 山川河内地区の土砂災害

a) 長崎代官所の 1 回目の被害報告

万延元年 4 月 8 日（新暦では 5 月 28 日）から降り出した大雨は一晩中降り続き、地区の山や谷から出水が激しかったが、翌日の 9 日朝 7 時頃に集落の入口であり集落の中心部をなしていた「逃底《ぬげそこ》川」（長崎豪雨災害後の砂防ダムの整備後についた名前、地元では「脱げ底の川」と呼ばれていた）の上流で土石流（山潮、脱《ぬ》げ流れと地元では表現）が発生した（写真 4.2、口絵 20）[3) 5)]。上流でにわかに揺れが起こり、土石や立ち木が崩落して下流の集落を襲った。

写真　4.2　逃底川流域の全景

家屋、小屋（牛馬厩舎、農具置き場など）、田畑が一瞬にして破壊され、住民は逃げる暇もなく被災した。地元の言い伝えによれば、対岸から上流の崩壊地で倒れる松の大木がぐるぐる回っているのが見え、中・下流の家々に危険を知らせようとしたが間に合わなかったという。「山潮の前には川の水に異臭・悪臭がする」という口伝も残されている。

村役人（郷乙名など）が長崎代官所に災害の発生を届けようとしたが、道が途絶しており当日は引き返し、10 日の夜にやっと届け出たとする出所不明の話もある。長崎代官所への届け日は 11 日になっている。14 日に提出した『長崎代官記録集』の記録によれば、長崎代官高木作右衛門は手代たち（家臣の役人）を派遣し、聞取りなどの現地調査から表 4.2 に示す被害記録（田畑の被害を除く）をまとめた。地区の住民の他に代官所の役人や近隣の人夫による救助活動が 9 日から 13 日まで続けられたが、13 日で捜索が打ち切られ、9 人が行方不明となった。記録には、世帯ごとに家族の安否がまとめられ、犠牲者の 33 人は即死と記載されている。内訳は男性 18 人、女性 15 人で、15 歳以下が 12 人含まれている。半壊の家では一家 6 人の内の 3 人が無傷であったが、不在者を除くと全壊の家では家に居た 30 人が死亡し、1 人が大怪我をした。なお、無傷であった 11 人は全員女性である。このうち、6 人が長崎市内に奉家と記されている。記録には、当時の世帯数は 30、人口は 166 人で、職業は農業従事者と記載されている。原田博二氏に確認したところ、「茂木村の庄屋がもつ宗旨改帳を元に、安否の確認作業がなされた」と推察している。坂本進氏によれば、「現在山川河内地区に含まれている下流の墓地近くの 6, 7 世帯は含まれていないのではないか」

表 4.2 万延元年の土砂災害の被害

被害の種類	被害の内容	数量
人的被害	死者	24 人
	行方不明者	9 人
	怪我人	1 人
住家	全壊	6 戸
	半壊	1 戸
小屋	全壊	7 棟
農林	牛	6 疋
	馬	7 疋
	田畑	0.14ha

という。

長崎代官所の手代は、現地調査の後、遺体を親類・身寄りの者に引き渡し、怪我人を治療し、無事な被災者には、仮設小屋の設置、食事などの差し支えがないようにすることを親類・組合（五人組）・村役人に申し付けている。14日以降も行方不明者の捜索を指示し、見つかった場合は長崎代官所に届けるように申し渡している。さらに、田畑の被害箇所もあるので、調査後に後日奉行所に追加報告するとしている。『長崎代官記録集』では、抜底という地名が使用されているが、地元では使用されていないという。地元では、脱げ底あるいは逃げ底と呼ばれており、崩壊してえぐられた跡地をさす言葉であるとされる。手代の聞き違いの可能性もあるという。

b）追加の被害調査報告

『長崎代官記録集』には、追加の被害調査報告は採録されていない。しかし、この記録集の原典になった長崎奉行所の『御用留　安政７年』（長崎歴史文化博物館所蔵、長崎県指定文化財）には、長崎代官所の追加の調査結果が残されている。4月14日に報告された行方不明者９人については、14日から18日にかけての地元による捜索の結果、７人の遺体が掘り起こされた。７人の名前が報告され、残る行方不明者２人についても捜索を続け、見つかり次第に長崎代官所に届けるように申し付けたが、その後の報告は見当たらない。

土砂流出の規模については、長さ150間（273m、1間＝1.82m）、幅25間（46m）と記載されている。立ち木や土砂が川筋に押し寄せたため、川が氾濫し、田１反３畝24歩（0.14ha）が荒地となった。長崎代官所は川筋の浚渫を行い、被災箇所を修復するように命じたと江戸の勘定所に報告した。

c）被災地区の状況

長崎市茂木町の玉台寺（住職によれば1626（寛永3）年に建立）の過去帳にも山川河内地区の災害の状況の説明と犠牲者の名前が残されている[4]。過去帳には山川河内ではなく三千河内という文字が当てられており、山川河内地区にある墓地の入り口の納経塚も同じである。坂本進氏によれば「江戸時代を含めて中世の文章は当て字が多いので、発音だけで文字を当てたために、お寺は三千河内を使っているのではないか、どちらが先かは不明」とのことである。地元の言い伝えによれば、「崩壊した土砂は対岸の山神様の崖に当たって跳ね

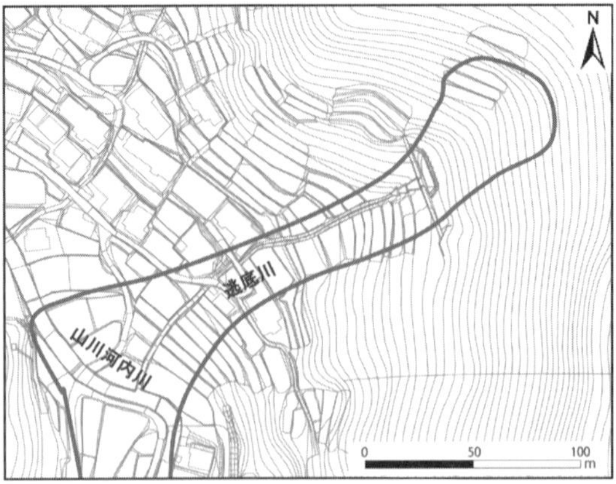

図 4.2　逃底川流域の崩壊推定図

返った」という。これを地図に記載すると図 4.2 のような範囲と推定される。地区では、玉台寺の住職から法要の折や遺族からの問い合わせの折に万延元年の土石流災害の話を聞いているが、『長崎代官記録集』のことは全く知られていない。

被災跡地の石垣の石積みの仕方、畑の広さ、逃底川流域の言い伝えなどによって万延元年当時の被災家屋の位置はほぼ復元できたが、犠牲者がどの家に住んでいたかまでは確定できていない。ただし、半壊の家は、左岸側の最上流にあったと推定して良さそうである。山川河内川は逃底川と合流する付近で大きく蛇行しているが、万延元年の土石流との関係は不明である（後出の図 4.3 参照）。「川が変わったということだ」との伝聞もあり、確認する必要がある。

なお、土石流が流れた場所は、その当時から土砂崩壊が起こった跡という地元の言葉「脱げ底」という名前で呼ばれていたことから、この渓流では万延元年以前にも土石流が発生していたことが推定できる[5)]。

写真 4.3　太田尾川下流部に安置された流れ観音

山川河内川の下流部は太田尾川と呼ばれているが、河口から 50 m 位上流の畑の中にある祠《ほこら》に観音様が 2 体安置されている（写真 4.3）。地元では「流れ観音」と呼ばれ、太田尾地区が祭祀を行っている。いずれも流されたために、傷や欠けたところがある。一体には、1698（元禄 11）年の礎石がある。

坂本進氏によれば、「地区では水害によって観音様がたびたび流され、地区の人が捜し歩いた」という。探せなかった観音様を下流の人たちが田畑などで見つけて安置して祭ったという。畑の中の祠で、集落から離れており、観音様を祭る場所でもないことから、流れ観音と考えてよさそうである。このことからも山川河内川もしくは逃底川で洪水が起こっていたことが推定できる。

(2) 他の地域の被害

このときの大雨で、長崎市内でも中島川下流部に架かる長久橋が流され、家2棟が流失したとする記録が長崎略史に残されている[9]。さらに、浦上川流域でも御用材木や橋が流失したとする記録がある（浦上淵村庄屋志賀九郎助の『御用留　安政7年』に記載、長崎歴史文化博物館所蔵）。

山川河内地区の茂木村と隣接する日見村（現・長崎市芒塚町、宿町、網場町など）の洪水による被害調査結果も長崎奉行所の『御用留　安政7年』に記載されている。長崎代官所は被害の訴出を受けて、手代を派遣して検分を行い、勘定所に報告している。これによれば、日見村の被害は、潰家1軒、水損田4反4畝（0.44ha)、土手切1箇所、石垣崩9箇所、岸崩1箇所および井堰崩1箇所である。茂木村の被害は山川河内地区の被害を除くと水損田4反6畝（0.46ha)、土手切4箇所である。

(3) 山川河内地区の復旧・復興

山川河内地区では、長崎代官所の手代や近郊からの人夫多数の差出による救助活動と並行して、家財道具や農具などの掘り起こしもなされたが、これらは損傷が激しく使い物にならなかった。家屋に加えて牛馬や田畑も被害を受けた壊滅的な状況に対して被災者と牛馬の埋葬や被災者支援を親戚身寄りはもちろん地区一同で相談して急場をしのいだ。貧しい農村で零細な農家が多く、また物価高騰の折で住宅の再建や農地の復旧などの被災者の生活再建は村民の財力が乏しい地区だけでは出来ないことから、山川河内地区（山川河内郷）は長崎代官所に年貢の軽減の他に復興のための資金として銀6貫576匁の拝借を願い出た[10]。長崎代官所は、地区が困窮のために自力復旧が困難で年貢の確保や農業の継続から支援の必要性を認め、現地での検分後に願い出額が過大と評価して減額査定して長崎会所[11]の自然災害の復旧や被災者救済用の非常備銀から銀 4 貫（銀 1 貫は約 16.7 両、計 66.7 両）を貸し付けるように願い出た[10][注1]。長崎会所および幕府の勘定所は申請を審議し、原案通りに 1861 年から 1870 年までの 10 年年賦で土地を担保に貸付を認めた。貸出は被災から約 3 ヵ月後の万延元年 7 月 14 日（新暦では 8 月 30 日）となっている。『長崎代官記録集』には、火災による類焼、台風による風害に対して、被災地からの願い出で、代官所支配地に対して非常備銀が頻繁に貸し付けられている前例がある。この例のように、幕末の混乱期にもかかわらず、災害調査や被災者対策がきわめて迅速かつ被災者の状況をよく把握した対応が行われていたことがわかる。

地区は天領に含まれていたため、身分の上下関係が緩やかで、圧政も経験してないと言われているが、田畑が狭く、現金収入がない農村にとっては返済が大変だったと推定される。しかし、御用留には返済の記録がなく、地元に借金や返済の伝承も全く残っていない。当時は幕末の激動の時代で、長崎奉行所は借金返済中の 1868（慶応 4）年に廃止されたが、借金などは明治以降も残った郷の共同負債として引き継がれたと推定されている。田畑が、放置されることなく復旧したことは、石垣などを見れば確認できる。被災した土地は現在も地区で活用されていることから、借金は返済されたことが推定できる。

7 世帯が被災したが、被災地の近くで自宅を再建したのは、1 世帯のみであったとその子孫が述べている。長崎で奉家をしていた女性が家の再建のために戻ってきた。自分の家のルーツを調べているが、万延元年当時には百姓には苗字がなく、戒名、名前、年齢だけなので、被災世帯との関係はわかっていない。玉台寺によれば、過去帳に苗字が記され出したのは、1882（明治 15）年頃からという。

万延元年当時は、地区の入口に当たる逃底川周辺が中心地であり、山川河内公民館横の逃底川流域の入口には木戸という地名が残っている。旧長崎街道と茂木道の分岐点で木戸（警備のための門 ）があったと推察されている。逃底川流域の被災した家は、木戸番の役目をもっていた可能性があることも前述の地区で自宅を再建した世帯の遺族が指摘している。万延元年の土石流で小屋が流され、母屋が無事であった家には上流から流れてきたという法螺貝が残されている。法螺貝も木戸番としての役目上必要とされたのではと解釈される。

5　念仏講の由来

山川河内地区では、万延元年の災害の供養をするために毎月 14 日(新暦)にまんじゅうが全世帯に配られている(口絵 20)。万延元年の土石流災害の捜索活動が 13 日に打ち切られ、14 日に供養の法要が営まれたのに合わせて、14 日を月命日として犠牲者のための供養講として念仏講が始まったと言われている[5)]。150 年以上 にわたって、行政が全く介在しない地区独自の取組みとして、黒船が来航した激動の江戸末期から、明治、大正、昭和そして平成の現在まで地区全員で伝え合って受け継がれていることになる。関係者へのヒアリング調査の結果によれば、念仏講が一時中止されたことがあると言われているが、病気などの好ましくないことが多発したので、再開されたという。中断された時期は不明であるが、戦後の生活改善運動の時期でないことは判明している。関係者の話では、「かなり早い段階ではないか」という。

この念仏講は、自治会行事でも、地区の人が集まる集会でもない点にも特徴がある。念仏講の行事として、現在はまんじゅうを地区の全世帯が回り持ちで配っている。本章では、念仏講行事で配るまんじゅうを「念仏講まんじゅう」と称する。配る当番がほぼ 3 年に 1 度回ってくることになる。当番は地区外の業者にまんじゅうを配達してもらい、14 日の午前中に約 1 時間から 1 時間半かけて、全世帯に 2 個ずつ配っている(1 回 3,500 円程度、配る当番の費用負担)。

まんじゅうになったのはここ 50 年位で、以前は農家で栽培した作物で作った煮豆、餅、串団子、まんじゅうなどであったという。地区で作っていたときには、「当番の家に地区の世帯がタオルに包まれた串団子などを貰いに行っていた」という。物が少ない時代には、「子供たちにとっては貰いに行くのが楽しかった」と地区の最長老が話している。念仏講まんじゅうを受け取った家庭では、一般に仏壇に供えた後に家族で分け合うが、このとき念仏講まんじゅうの由来が子供たちや地区外から来た新しい家族に伝えられる。このように、口伝によって災害伝承が営々となされたことにより、地域の絆と災害リスクが共有されてきた。

なお、玉台寺や坂本進氏へのヒアリング結果によれば「念仏講に類似した行事は近隣地域にない」とされ、山川河内地区のみの取組みと考えられる。玉台寺の住職によれば、「檀家のある地域には、月命日の習慣はない」という。玉台寺から遠いため、「物理的に行くのが無理ではないか」との見解であった。念仏講が当初からこの形なのか、定着した経緯に関する資料や口伝は見当たらない。長崎代官所から借用した借金の返済に関係するかどうかもわからない。坂本進氏は、「念仏講が話題になるとき、山川河内の人は優しいとよく言われるが、念仏講は情緒的な供養でなく、身や集落を守る厳しいメッセージが込められたものであったと思う」と述べている。祖先が決めた地区全体の存亡に係わる重要な行事との認識である。

写真 4.4　馬頭観音の前での鉦はり

表 4.3 山川河内地区における供養の開催年

年忌供養	年　月　日
100	1959(昭和 34) 年 4 月 14 日
120	1979(昭和 54) 年 4 月 9 日
125	1984(昭和 59) 年 6 月 14 日
130	1989(平成元) 年 5 月 18 日
150	2009(平成 21) 年 7 月 14 日

逃底川の最下流部の畑には、万延元年の災害の時に流された牛馬を祭る馬頭観音が祭られている（写真 4.4)。馬頭観音は三面彫りの石造で丁寧に彫られている。お堂は石積みにコンクリート製の屋根が作られており、独特の雰囲気を持っている。馬頭観音の前では、お盆の精霊流しのときに、鉦《かね》はり（鉦を打ち鳴らしながら、念仏を唱える仏教の行事）をすることから被災した人馬とも祭られているとも考えられる。「当時は、牛馬は農作業を担うとともに長崎まで売り荷運搬をした大切な家畜で、家族同然であったのではないか」というコメントも寄せられている。

33 人の被災者に対する慰霊碑や慰霊塔は建立されていない。地区全体の墓地のはずれに、山川河内山潮災害犠牲者を供養する角塔婆が立てられている。霊のよりしろである角塔婆は木製であるため、法要があるごとに数十年単位で作り替えて来ている。土砂災害による被災を忘れないようにする伝承も兼ねているとも推察される。なお、玉台寺に問い合わせたところ、地区では、定期的に玉台寺を呼んで供養していたようで、100 回忌以後の開催状況は、表 4.3 のようになる。長崎豪雨災害の 3 年前に 120 回忌が営まれ、その後 125 回忌、130 回忌と短い間隔で開催された。長崎豪雨災害後の直後から地区の人たちが自分達のルーツや口伝の検証を始めた。墓地を整備するとき、墓石の下を一斉に調べたが何も出てこなかったという。

6 長崎豪雨災害時の対応

(1) 豪雨時の地区住民の対応

a) 消防団員の出動と活動

1982 年 7 月 23 日 18 時 30 分頃から豪雨となった直後に山川河内川の上流部右岸の新築の家（図 4.3、Y1）から、「玄関前の道路から家に水が入りそうだから、土嚢を積んでくれ。消防団に出てくれ」という電話が自治会長宅（Y6）にあり、当時の自治会長と消防団員の息子が対応した。直ちに消防団員が出動

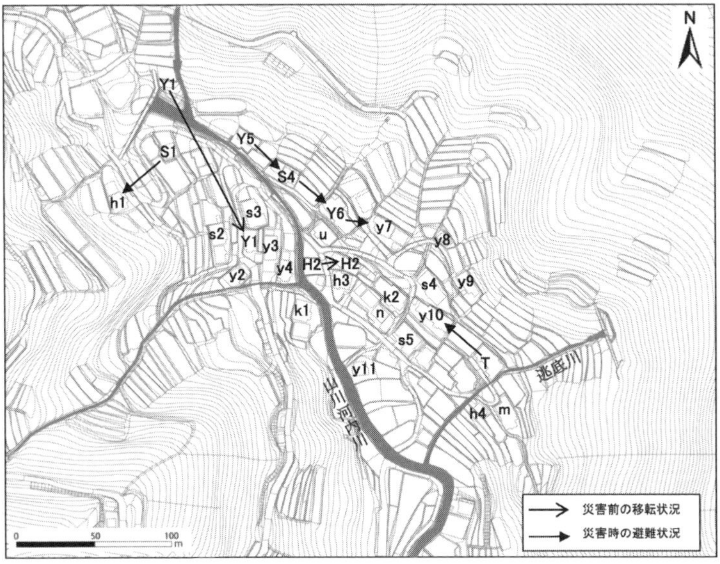

図 4.3　長崎豪雨災害時の避難状況

写真 4.5　護岸が流された左岸側の家屋（下流から）（上野一則氏提供）

して、左岸側の自治会長の家から土嚢を 2 回運んだが、橋が冠水したため、3 回目は運べなかった。道路も冠水して高台で地区全体が見渡せる消防団詰め所に行けなかったので、孤立した消防団員 5，6 人は右岸の民家（s3）の庭から車のライトを照らして、左岸側の民家（Y5、S4）の前の護岸が削られる様子を見ていたが、20 時前には車や家の材木が流されるのを見た（写真 4.5）。20 時頃に 2 回普段感じたことがない楠や樟脳のような異臭を感じ、上流で土砂崩壊が発生したと直感したが、路面冠水と 19 時過ぎに発生した停電と電話の不通で消防団員は集落にこの情報を伝えることは出来なかった。消防団員は、動けないままに現地で一晩を明かすことになった。

b）避難の状況

河川氾濫、土石流の発生および裏山からの雨水によって家屋の損壊、床下・床上浸水が生じたため、危険を感じた家では各自で安全を確保した。山川河内川の上流部の 4 世帯は、浸水に加えて家の庭先の護岸の洗掘・流失に気がついたようで、左岸側では、最上流の家（Y5）が隣の家（S4）へ先ず避難し、その家が危険になるともう一つ下流の家（Y6）に 2 世帯ともに避難した（図 4.3）。この家も裏山などから水が入ってきだすと、3 世帯の約 15 人がその地区で一番高い尾根筋の家（y7）に避難した。受け入れた家（y7）の主婦の記憶によれば 3 世帯が揃ってではなく、小さな子供がいた家（Y6）の家族が先に来たように記憶しているという。右岸側の家（S1）も上流側の小屋に土砂流入して被害を受け、高台の家（h1）に避難した。家（Y6）は、当時の自治会長の自宅で、地元に残る諺や伝承に詳しかったという。また、家（S4）は地区のリーダーの自宅で花卉栽培の先駆者、長崎市日吉方言集の監修者、後述の長崎豪雨災害の碑文の作成者であった。当時の自治会長やリーダーは他界しているが、左岸側の 3 世帯の避難には万延元年の土砂災害の教訓が活かされたことが推定できる。文献 2）は当時 の自治会長の話に基づいており、また地

写真 4.6　母娘が取り残された右岸側の家屋
(上野一則氏提供)

域のリーダーの娘さんも「親から聞いていた」と証言している。

山川河内川の中流の観音堂の横の家（k1）では、母娘の２人が逃げ遅れた。家屋内への浸水で避難しようとしたが、橋が冠水しているため渡れなかった。消防団員の出動を知り合いに依頼して電話連絡してもらったが「近づけない、荷物をもって２階に上がっておけ、流されはしないだろう」と指示を受けて家に留まっていた。川が家の直ぐ上側で曲がっていたため、そのうち、土石が流れ出すと直進して家の方向に川の流れが変わってきたようで、「どーん」という音がして土砂流入と床上浸水が始まった（写真 4.6)。新築１年の家であったが、浮いて流されることを心配した２人は家から脱出しようとしたが水圧のために玄関の戸が開けられず、川と反対側のトイレの窓から脱出して、家の隣の小屋（納屋）に避難して、柱に捕まりながら懐中電灯の灯りを回して救助を求めた。対岸の高台の家々では懐中電灯で救助を求めていることを知ったが、河川氾濫のために誰も近づけなかった。雨が止んだ深夜に母の実家（n）から迎えが来て、やっと避難した。家の中の浸水は 1m 以上で、土石が堆積したが流失は免れた。

写真 4.7　逃底川からの土砂が進入した家屋
(田川徳美氏提供)

逃底川流域でも、万延元年の土石流で小屋が被害を受けた家（T）では、また小屋が同じ被害を受け、右岸側の高台の家（Y10）に避難した（写真 4.7)。小屋に土石が流入した被害に続いて、母屋も危険と判断したＴさんの奥さんは「ここには居られん」とおばあちゃんを庭先の柿の木につかまらせて様子を見ていたが、雨が止まず、おばあちゃんが寒がるので、ビニールハウスの中を通っておばあちゃんを避難させた。避難した時間は 21 時頃ではないかという。

持っていた懐中電灯２個は慌てていたために使用不能になったが、稲光りで庭先から集落の様子が分かった。避難することが精一杯で、万延元年の土砂災害のことは頭になかったという。

当日、自主避難した３軒はいずれもその地区の尾根筋にあり、浸水被害は軽微であった。

写真 4.8　水害記念碑と碑文（左側）

(2) 死傷者が無かった背景

翌朝になって地区内の家屋、田畑などの被害の大きさに地区住民は愕然としたが、35 世帯 173 人がかすり傷一つ無いことを確認した。地区内で建立された水害記念碑（写真 4.8）の碑文（図 4.4）によれば、長崎豪雨による地区の被害は、表 4.4 のようにまとめられる。表のよ

碑　文

その夜、覆盆の如き豪雨は我が花の里山川河内地区を襲い水没させてしまった。夕方六時頃から翌朝までの雨量は五〇〇ミリ以上、時間当たりの最高雨量は一五〇ミリと報道された。

夜明けと共に我々の眼前に展開した地区内の惨状は驚愕を呈する程で、流失家屋二戸、土石流で壊された家四棟、床上浸水五棟、床下浸水全戸、鉄砲水の箇所大小二〇ヶ所、河川は全く形を変え、数トンの巨石は田畑にうず高く積り耕地の中央を幅数十メートルの川が流れる有様であった。田畑二十町の内流失約七町、花栽培ハウス五〇〇〇坪の内一五〇〇坪が破壊され、その上、道路は寸断。交通連絡網全て失われ孤立の状態であった。

そういう中にあって、地区三十五戸住民一七三名は軽傷すらなかった。この事は何物にもかえ難い幸でありこれ全く観音様・地蔵様の御加護と、併せて百二十四年前、万延元年の水害の大試練を活かした賜という外はない。

翌二十四日は自治会長の誘導の下に二次災害を避けて太田尾公民館に避難の一夜を過ごし地区の方々の暖かい接待、お見舞は忘れることはできない。

二十五日からは地区民総出で主婦達の共同炊事によるそれこそ一つ釜の飯を食っての復旧作業に取り組み被害の大きい家庭から順に土石の搬出、家屋の修理 道路の復旧、観音堂の修復等を進めて現在何とか生活できる状態に至ったのである。また、河川砂防ダム農地復旧の行政計画がなされ現在進行中である。

今ここに長崎市の御理解と御指導の下にこの地に児童公園を完成し三十五戸の総力を結集して水害のない平和な花の里、山川河内の再建を誓うものである。

昭和五十八年七月二十三日
山川河内自治会

(裏)

追　悼

万延元年の水害によって亡くなった三十二名の故人のごめいふくをここにつつしんで祈る。

図 4.4　水害記念碑の碑文（碑文の文章の復元）

うに 2 軒が全壊している。このうちの 1 軒は現在の砂防ダムの位置（Y1）にあったが、川に近く浸水の繰り返しと道路に面していないために、下流の高台（消防団に土嚢積みを依頼した家）(Y1）に半年前に新築移転していた。水害当日は旧宅（Y1）で花卉の手入れをしていたが、停電になり、新しい 家に引き上げた直後に古い家が流された。観音堂の上流部にあった家（H2）も流され、石ころが堆積したが（写真 4.9)、この家も大雨のときはいつものように浸水をして、家財道具や穀類を 2 階に上げたり、車に積んだりして避難の準備をしていたことから、「何とか安全なところに家を建てなければ」と思っていた。移転先の H2 に土地を確保して新築移転後 2 箇月経ったときに長崎豪雨が発生したために、無事であった。

表 4.4 1982 長崎豪雨による被害

被害の種類	被害の数量
死者・行方不明者	0 人
怪我人	0 人
流失家屋	2 戸
土石流で破壊された家	4 棟
床上浸水	5 戸
床下浸水	35 戸
田畑流失	6.94ha
花栽培ハウスの破壊	0.50ha

写真 4.9　流失を免れた観音堂（中央）
（上野一則氏提供）

万延元年の土石流で被害を受けた逃底川でも土石流が発生し、右岸側の 2 人が避難した家（T）の川に面した小屋が写真 4.7 に示すように土砂流入によって半壊したが、隣の住家は床下浸水の被害で済んだ。写真 4.2 に示すように谷筋の左岸側は、狭い地域にもかかわらず畑として利用されており、住宅が建設されていない。畑の中には長崎豪雨災害のときに逃底川から溢れた多量の土砂が押し寄せ、お盆に備える花が一輪もなかったという。もし、家が建てられていたら、土石流の被害を受けた可能性が高い。これは、万延元年の土石流の教訓が活かされたことを物語っており、長崎豪雨災害時の被害軽減の要因となった。

表 4.4 に示した 4 棟が土石流被害を受けたが、これらの内訳は、Y5 と y11 の住宅と、S1 と T の小屋である。これら 4 棟では、高台に避難するか（Y3,S1,T)、川から離れた小屋で救助を待った（y11)。また、地区の全ての家で床上浸水

や床下浸水の被害を受けた。

写真 4.10　地蔵様祭りの様子
（2012 年 7 月 23 日）

また、7 月 23 日の夜はこの地域では地蔵様祭り（写真 4.10）があり、祭り当番である施主 9 人程が観音堂の飾り付けを終え、20 時頃からの鉦はりに備えて、18 時頃に 一旦下流の祭の施主元（施主の代表者）の家に飲食のために引き上げていた。このときに河川氾濫が発生し、観音堂の付近の被害が大きかったが、不在のため祭り当番は無事であった。観音堂内には土砂が流入したが、流失は免れた（写真 4.9）。しかし、堂内の観音像は流された。地区の人たちが川に落ちそうになっていた頭が取れた観音像の本体と流された頭を近くの畑の中から探し出した。この事態に接して、祭り当番や地区の人たちは「観音様が身代わりとなって人を助けてくれた」と思った。被害が甚大であった山川河内川の上流部にあった水神・山神・土神の石像と樹木も土砂直撃や流失を免れた。逃底川が山川河内川に合流する地点の川縁にある馬頭観音（写真 4.4）も無事であった。

消防団員が、地区の避難状況を把握して無理な応急活動や救助活動を控えた冷静な行動をしたことも評価して良い。さらに、地区の人たちも「夜間にかけて発生した災害のために、田畑の見回りや安否確認に動けなかったことが、被害拡大を防いだのではないか」と話している。

的確な避難と偶然も重なって、かすり傷一つなく、全員無事だったことを知った地区の人たちは、「これは何かある」、「観音様・地蔵様が守ってくれた」、「念仏講まんじゅうを供養で配っていたからだ」との考えに至った。簡潔に当時の状況をまとめた名文と評価できる碑文には、「この事は何物にもかえ難い幸でありこれ全く観音様・地蔵様の御加護と、併せて 124 年前、万延元年の水害の大試練を活かした賜という外はない。」と記されている。

(3) 災害復旧の取組み

雨は 24 日午前中にも降り、二次災害の恐れがあるため、地区全員が自治会長の誘導の下に地区外の太田尾公民館に避難した。このことが、後日になって災害の発生前に全員で山の稜線に避難したとする誤解を生んだようである[2)]。水害記念碑の碑文によれば、雨が止んだ 25 日から集落に戻り、主婦達の共同炊事でそれこそ一つ釜の飯を分け合って復旧作業に取り掛かり、被害が大きい家から順番に土石の搬出、家屋の修理、道路の復旧、観音堂の修復などを行い、何とか生活できる状況を地区の共助のみで実現した。自治会長は被害の報告を長崎市役所に届けようとしたが、24 日は道路の寸断で引き返したという。長崎市役所が地区に被害の様子を見に来たのは、1 週間後であった。被害の大きさにもかかわらず、死傷者が 1 人もいなかったことを聞いて、担当者は驚いたという。当時の消防団員によれば、外部からの視察者に「山川河内地区の被害が一番ひどい」と言われたと聞く。死傷者がなかったことから、1983 年 7 月頃の NHK 長崎放送局の取材と全国放送を除けば地区の被害や地区の対応についてはマスコミの報道や大学の調査などはなされなかった。長崎県土木部の関係者に「なぜ、死傷者が 1 人もなかったのか」とする疑問が残り、中央防災会議「災害教訓の継承に関する専門調査会」で長崎豪雨災害報告書を取りまとめる際に、砂防ダムの工事に携わった長崎県土木部職員川原孝氏（現 JICA シニアスタッフ、ジャマイカ派遣中）が災害発生から行っていた現地調査を報告書のコラム災害伝承に記載した[2)]。

なお、土砂災害の前兆現象については、ヒアリング調査で「聞いたことがある」と回答した人は数名であった。表 4.5 に聞いた結果にまとめる。現在では地区全体で共有されているとは言えないが、『長崎市日吉方言集』の地区の言い伝えには逃底川の土石流災害に関する記述が 2 点見受けられる。 すなわち、「川ん水んくそなったら（異臭がしたら）山崩れの前触れ」と「山潮ん前にゃ川んくそなっ（異臭）」と川の水の異臭が挙げられている。

表 4.5　土砂災害の前兆現象・避難の目安

区　分	内　容
長崎豪雨災害以前から	・家の前の山川河内川の水位 ・家の裏の石垣の間から泥水が流れ出す ・土砂や枯れ草の臭いがする泥水が流れ出す
長崎豪雨災害後	・砂防ダムの一番上の水抜き穴から水が流れ出す

7　長崎豪雨災害後の状況

長崎豪雨災害時の土石流災害と河川災害を受けて、長崎県は 1982 年から 1986 年にかけて、山川河内川流域に砂防ダム 3 基と逃底川流域に砂防ダム 1 基を整備した。長崎県土木部の工事の図面によれば、流域面積は 0.58km^2、地質は火山岩屑・火砕流堆積地帯、岩質は凝灰角礫岩となっている。山川河内川流域では基幹となる 1 号砂防ダムを含めて砂防ダム 3 基と 1 号砂防ダムの直下に流導工が整備された（写真 4.11）。前述した流失を免れた樹木は地元の要望で現地保存され、樹木の下に有った水神、土神および山神の石像が一体の石像として彫りなおされ、1 号砂防ダムの直下に祀られている。また、山川河内川と逃底川の河川改修や農地の復旧もなされた。地区は土地が狭いので、河川改修に当たっては、拡幅が無理で、深く掘りこまれた 3 面張りの水路が整備された。現地を担当した川原孝氏によれば、「地元が工事に協力的でスムーズに施工できた」という。長崎市の支援で、地区内に児童公園が設けられ、水害記念碑と碑文が建立された（写真 4.8、図 4.4）。

写真 4.11　山川河内 1 号砂防ダム

ヒアリング調査によれば、河川脇の家では砂防ダムの整備や河川改修によって、「前よりも安全になった」と受け止めているが、「安心ではない」と話している。河川脇の家では「最下流の 1 号砂防ダムの最上部の水抜き穴から水が溢れ出したら、避難しよう」とする目安をつけている。地区は薄い表土に覆われていると言われており、雨が降ると川の水や湧き水が急激に増えるようである。長崎豪雨災害で家が被害を受けたか、避難をした世帯では、川を流れる水音が怖くて、大雨が予想されるときは、地区内外の親戚の家や川から離れている家の別棟に宿泊していると聞く。また、湧き水の濁りにも注意を払っている。

なお、地区は、土砂災害防止法に基づく土砂災害（特別）警戒区域の指定が既になされており、地区のほとんどが土砂災害警戒区域などに含まれる。長崎豪雨時に避難した尾根筋の家も地区の中心部にある山川河内公民館も土砂災害警戒区域に含まれるために、地区の避難所は、地区外の日吉小・中学校に指定されている。「地区には風水害に対して安全な場所はない」と住民は冷静に受け止めている。

8　中学生および保護者アンケート調査

2012年8月19日に山川河内地区の中学生およびその保護者に集まってもらって防災知識、防災意識、念仏講まんじゅう配りなどに関するアンケート調査を実施した。これまでヒアリング調査をした自治会長およびその経験者は「念仏講まんじゅう配りを続けたい」とする強い意思を持っていたが、次の世代や子供たちがどう考えているかを知ることも重要と考えてこのアンケート調査を実施した。調査は午前中に山川河内公民館で実施した。中学生アンケート調査には中学生７人全員（１年生３人、２年生１人、３年生３人、男性５人、女性２人、校区外の生徒１人を除く）が参加した（写真 4.12）。保護者アンケート調査には、中学生の保護者（男性６人、女性５人、30歳代４人、40歳代７人）が参加した。アンケート調査は調査表を読み上げながら、回答肢を選択してもらう方法によった。

写真 4.12　中学生アンケートの様子

(1) 中学生アンケート結果

a) 土砂災害に関する知識、地区の様子と日頃の備え

「地区の家の周りの川や山の様子」は多くの生徒が知っている。「自分の家が土砂災害に対して危険な場所にある」ことを全員が知っている。また、「土石流、がけ崩れおよび地すべりがどのような場所で起こりやすいか」も半数以上が知っている。さらに、「土砂災害がなぜ起こるのか」なども良く知っており、

これらの結果は雲仙普賢岳の火山噴火の被災地島原市における小中学生の回答よりも高い割合となっている。

土砂災害に関する普段からの関心は一般に高く、特に、土砂災害の危険性、家の周りの災害や土砂災害に関する安全性、防災工事による対策の有効性、テレビなどの土砂災害に関する呼びかけなどに対して関心が高い。しかし、土砂災害の前兆現象については、誰も知らなかった。

日頃の備えを聞いたところ、地震時の避難や日頃の備え、台風や大雨の時の避難場所、非常持ち出しの準備、家の周りの危険場所の把握、防災マップの確認などについては「家庭内で話したことがほとんどない」と回答している。しかし、災害時の近所の助け合いの重要性、消防団・水防団の見回り、行政による防災対策については、家庭内で話し合われている。

b) 万延元年の土砂災害と長崎豪雨災害

「万延元年の逃底川の土砂災害による人的被害」は全員が知っている。「念仏講まんじゅう配りが､約150年間続けられている」ことも良く知っているが、「念仏講まんじゅうを配る目的」についてはあまり知られていない。「長崎豪雨災害やそのときに山川河内地区で死傷者がなかった」ことも良く知っている。知った理由は聞いていないが､2012年4月から地区にマスコミの取材が入り、テレビなどで紹介されたことも大きいと考える。

c) 念仏講まんじゅうの今後

念仏講まんじゅうについて、配っている大人たちを全員が「立派だ」で「今後も続けることが大事だ」と思い、「大人になっても続けたい」と回答している（表4.6)。大人になっても続けたいとする理由は、「これまで150年間地区の人たちが続けてきたから」と「配ることによって土砂災害から命を守ってこられたから」の2つである。なお、念仏講まんじゅうについて「学校で話したことがない」と全員が回答している。

全員が、「山川河内地区は、自然が豊かで、

表4.6 念仏講まんじゅうに関する知識と今後どう思うか

中学生7人

項　目	はい	いいえ
150年間配り続けられていることを知っている	5	2
万延元年の土砂災害の犠牲者を供養するために配られていることを知っている	2	5
配り続けことは大切なことである	7	0
配り続けている大人は立派である	7	0
大人になっても続けたい	7	0
学校で話したことがある	0	7

みんな仲がいいから好きだ」と答えている。1 人を除いて「大人になってからも住みたい」と思っている。「住みたくない」とした 1 人は、「もっと安全な場所に住みたい」としている。この生徒は、家の周りや危険場所について家族とよく話し合っている。

(2) 保護者アンケート結果

a) 現在の住宅の土砂災害の危険性の認識

「現在住んでいる地区の土砂災害の危険性は高い」と認識しており、「土砂災害防止法に基づく土砂災害警戒区域などに含まれている」ことを知っている。

b) 自然災害への備え

「自然災害に対する準備の必要性は認識しているが、具体的な行動はとっていない」と全員が回答している。防災行政無線・テレビ・ラジオなどのマスメディア他を通じて、避難勧告が発表された場合は、半数以上が「避難する」としている。地区には、自主防災組織が結成されていないが、結成の有無を聞いたところ、正解の「なし」とする回答はわずか 2 人で、「あり」とする回答が 4 人、「わからない」とする回答が 5 人で自主防災組織に関する認識が希薄であるといえる。「自然災害の被害を軽減するために必要と思うこと」を聞いたところ、「防災施設（砂防ダムなど）の整備、安全な避難場所・避難路の整備などのハード対策が必要」と考えている。しかし、一般に防災・減災に不可欠とされている避難訓練などの防災活動、防災教育、災害教訓の伝承、自主防災組織の結成、災害時要援護者対策、防災マップの整備などの新たなソフト面の取組みの必要性は感じていない。このことから「防災は日常生活の中に既に組み込まれている」と理解してよさそうである。

表 4.7 自然災害に対する伝承と意識　保護者 11 人

項　　目	はい	いいえ
両親から地区で起きた過去の災害について聞いたことがある	10	1
子供に地区で起きた過去の災害について話したことがある	7	4
土砂災害は非常に怖い災害である	11	0
豪雨時に危険を感じて避難しようと思ったことがある	6	4
これまでに豪雨時などに避難したことがある	4	5
家やその周辺は土砂災害の危険な場所である	9	2
豪雨などによって家屋被害などを受けたことがある	5	6
家の周辺の危険箇所の状況を知っている	5	6
避難路や避難場所を知っている	7	3

土砂災害全体につい

て再度聞いたところ、「土砂災害は非常に危険だ」と全員が思っている（表4.7、無回答を除く）。「両親から地区で起きた過去の災害について聞いたことがある」、「住まいやその周辺は土砂災害に対し危険な場所である」、「住まいの地区で土砂災害が発生した場合、自分の住居は危険である」については、ほとんどが「はい」と答えている。また、「子供に地区で起きた過去の災害について話したことがある」と「豪雨時に危険を感じて避難しようと思ったことがある」が60%を占める。「これまでに、豪雨のときに避難したことがある」と「自然災害によって、家屋損壊などの被害を受けた」とする回答も半数近くに達する。このように、山川河内地区の住民は大雨や土砂災害に注意を払いながら生活をしていることが確認できる。

c) 万延元年の逃底川の土砂災害

「万延元年の大雨で、逃底川で土石流が起きて、33人の死者が出た」ことをほとんどが知っている。「毎月14日に配られている念仏講まんじゅうは、江戸時代末期から150年間も続けられている」ことと「この念仏講まんじゅうは逃底川の崩壊による死者を供養するために始められた」ことについても、全員が知っている。

d) 長崎豪雨災害の災害体験

長崎豪雨災害については内容も含めて、全員が「知っている」。長崎豪雨災害で一番印象に残っている被害は「土砂災害」で、別のアンケートで長崎市民が「河川氾濫」と答えたこととの差が見受けられる。また、「長崎豪雨災害の際に何らかの被害があった」と半数以上が回答している。このとき、1人の死傷者も出さなかったことが地区では「観音様のご加護」と言われているが、このことをほとんどが「知っている」。「長崎豪雨災害のことが家庭や職場、学校の中で話題になる」と40%が回答している。

⑥ 念仏講まんじゅう配りによる災害伝承の今後

「念仏講まんじゅうを続けることが大切で、子供たちに続けていくべき」と多くが回答しているが、全員ではない（表4.8、無回答を除く）。「念仏講まんじゅうを継承していくために何らかの改善が必要」とほとんどが考えている。必要な改善内容は、配る日が14日の場合に勤め人は休暇をとる必要があることから、「配る日の休日などへの振替」を希望している。「毎月でなく年数回にしたら」、

「子供たちを集めて過去のいきさつなどを詳しく話した方が良い」などの「念仏講まんじゅう配りだけにこだわる必要はない」ことも指摘されている。

表 4.8 念仏講まんじゅうの今後

保護者 11 人

項　　目	はい	いいえ
配り続けることは大切である	9	2
子供たちに伝承するべきである	8	3
配り続けるには改善が必要である	8	2

9　念仏講まんじゅう配りの現状と災害伝承

長崎豪雨災害の当時には、全世帯農家であったが、現在は勤め人世帯が半数近くになり、休日以外に地区での生活にあまり関係ない世帯が増えるとともに、昔のことを良く知っている長老が激減してきている。これまで、家庭や地域内で口伝によって行われてきた災害伝承の継続が出来るかどうか懸念が残る。坂本進氏によれば、「口伝のチャンスは、子供のときは牛の飼料の草刈や燃料に使う薪取りで、大人では長崎に商いに行く行商用の荷物の重さを忘れるためにしゃべり合ったときではないか」という。今ではこういう機会は全くない。さらに、かつては、長老から指示されれば、地区はまとまって協力したが、現在は理由と目的を示さないと地区の納得を得にくくなっていることが自治会役員とのヒアリング調査でも伝わってくる。15 年ほど前、自治会の総会でまんじゅうを注文していた業者が廃業し、「次はどこに注文しようか」と相談したときに、ある若者から、「念仏講まんじゅう配りは時代に合わない。何時まで続けるのか」と見直しの提案があった。長老たちが、「万延元年の災害の弔いのために、この地区で続いてきた。まんじゅうを配ることで災害を忘れないでここまできた。長崎豪雨災害のときも念仏講まんじゅうのご利益があって、死傷者が 1 人もいなかった」と説明した。若者も「わかった」と納得したという。

ヒアリング調査によれば、年配者は、念仏講まんじゅうについて「自分たちが生きている間は配らなくては」と考えている。しかし、子育て世代になると、「150 年間も続いているので続けた方が良いが、無理なら、配る日、回数、配る内容を見直しても良い。そのかわり、皆にきちんと由来を徹底することをやれば良い」と柔軟に考えている。現在では、勤め人世帯が増えて、毎月 14 日にまんじゅうを配るには、祝日や土日以外では仕事を休むことがあること、配る時間に留守の家が増えてきたこと、家庭内に地区のことを良く知った年配者が居らず、伝承できるかなどの課題もでてきている。現在でも念仏講まんじゅう配りの時間帯には外出せずに待っている世帯が多く、また、不在でも配る当番が在宅の時間を見計らって再度配るなど、大切な行事と認識されている。しかし、何度も足を運ぶ場合や郵便受けに入れざるを得ない状況も生まれつつあるようである。

一番大きな課題は、毎月14日に配る件であるが、「地区で話し合ってまとまれば、配る週の日曜日に配るようにすることは構わない」と考えている。2012年8月も「14日（火）は都合が悪い」との当番の申し出に、自治会長が長老達に相談したところ、「12日（日）で良かろう」と認めたようである。

10 おわりに

本章では、2012年4月から1年間にわたっての現地調査、現地でのヒアリング、地区外でのヒアリング、収集資料の結果をまとめた。地区での伝承は口伝のみで記録は残っていないが、長崎奉行の御用留に1860年の土砂災害時の人的被害や家屋被害などの詳しい災害調査報告、被災者対策が残されており、災害当時の状況は判明した。さらに、地域のヒアリングから1860年の土砂災害による被災家屋の位置、念仏講の戦後からの状況、長崎豪雨時の地区の被害と避難行動、念仏講に対する評価、地区の長老・子育て世代・中学生といった世代間の認識の違いなどが明確にされた。

長崎豪雨災害の被災地では土石流などが繰り返し発生した跡や記録があるが、世代を超えて発生するためにたいていの場合忘れ去られていた。現在でも長崎豪雨災害から30年が経過し、被災地では災害体験の継承や自主防災組織の維持継続が大きな課題となっている。当地区の災害伝承は、行政が介在しない地区独自の取組みで、土砂災害という集落の狭い範囲で発生し、発生頻度が数百年に1度という継承しにくい災害を毎月の念仏講まんじゅう配りという日常生活の中に組み込んだと評価できる。長崎豪雨災害後には砂防ダムなどが整備されたが、この念仏講は今なお約150年もの間続けられている。この念仏講は、住民が土砂災害を自身のリスクとして理解し、地域の“絆”を育みそれを引き継いでいる事例のひとつといえる。災害体験を風化させない地区の知恵である。これを支えたのが、地区のまとまりであり、地区行事の開催などをサラリーマン化に柔軟に対応できる地区の対応能力だといえる。当初伝えられていた災害の避難のお手本といえるような行動ではないが、逃底川の澤筋には家を建てなかった立地の工夫や災害伝承が長崎豪雨時の被害を食い止めたことは間違いない。

このようなことを地元の人は「念仏講まんじゅうを信じる」という言葉でさりげなく表していた。長崎豪雨災害から 30 年経過した現在でも、地区全体が土砂災害に対して危険であることを認識して、砂防ダムの水通しから水が流れ出すことを避難の目安にするなど、無理なく地域防災活動を行っていると評価される。防災を信心に取り込んだ一朝一夕にはできない歴史の重みを実感した。このまま他地区で参考にするのは無理かもしれないが、災害継承のヒントにして欲しい。

山川河内地区でも大きな転換期を迎えており、これまでの念仏講まんじゅう配りを長続きさせるための知恵、家庭任せの災害伝承に加えて、自治会などによる組織的な集落単位での災害伝承・防災教育が求められている。当地区には、これまで自主防災組織はなかったが、今後出てくる一人暮らし世帯、災害時要援護者の避難対策を考えると、自主防災組織の活動が必要になってくると考えている。

今回の調査で、地区の災害復興、長崎会所から借用した復興資金の返済、念仏講の始まりなどについての確証は何も得られなかった。これらについてはさらに調査を続けたい。最後になったが、万延元年の土石流災害で被災された犠牲者のご冥福をお祈りするとともに、大災害から復興をとげ、念仏講を通じて災害伝承を続けられた山川河内地区の先祖、それから今お住まいの皆様に敬意を表する。

注 1）長崎会所：江戸時代の長崎における町年寄・商人を主体とする自治組織的な要素をもった一種の貿易事務所。1698 年以降 1867 年まで、長崎奉行の監督下で、貿易に関する一切の金銭上の勘定と貿易に関する諸業務を扱った[11]。なお、非常備銀の財源は、幕末に長崎港開港後に貿易業者に課せられた一種の税金で、日本商人から輸出入商品価格の 1,000 分の 5、すなわち 5 厘（0.5%）を徴収したので五厘銭の名がある。この非常備銀の貸し出しは、長崎奉行の直轄地の他に、長崎代官所の管轄地にも適用された。

謝辞

山川河内地区の調査にあたって、ヒアリング調査に協力を頂いた川端一郎町内会長（当時）、松田末信副町内会長（当時）をはじめ地区の皆様、玉台寺住職、坂本進様、原田博二様、元長崎県土木部職員川原孝様にお世話になったことに感謝を申し上げる。また、山川河内地区の長崎豪雨災害時の写真を提供して頂いた田川徳美様、上野一則様、長崎県土木部砂防課の担当者に謝意を表する。長崎奉行所の資料閲覧および判読には、長崎歴史文化博物館の担当者および高橋研一様（鹿島市民図書館）のお世話になったことを付記する。

参考文献

1）中央防災会議災害教訓の継承に関する専門調査会：1982 長崎豪雨災害報告書，全 286 頁，2005.3
2）川原孝：災害伝承，文献 1）の pp.243-244，2005.3
3）森永種夫：長崎代官記録集下巻、犯科帳刊行会，pp.75-78，1968.12
4）玉台寺：ともしび，第 127 号，2004.9
5）坂本進・坂本秀市：長崎市日吉方言集，耕文社，pp.335-426，2000.6
6）松井宗廣：地域の絆「念仏講まんじゅう」1982 年長崎豪雨災害における犠牲者ゼロの背景，SABO，Vol.100，pp.34-39，2009.10
7）茂木尋常高等小学校，日吉尋常高等小学校，早坂尋常高等小学校，大宮尋常高等小学校，千藤尋常高等小学校：西彼杵郡茂木村郷土誌，全 106 頁，1918
8）茂木町郷土史編集委員会：茂木町郷土史，全 164 頁，1958
9）長崎市役所：長崎叢書三（増補長崎略史上巻），pp.360-361，1926
10）文献 3）の pp. 81-82
11）長崎市史編さん委員会：新長崎市史第 2 巻近世編 , pp.438-451，2012.3

補遺

今回の調査で集団ヒアリングを 2 回実施した。出席者は新・旧自治会長や消防団員経験者で地域を熟知した人たちである。出席者が各個人の持つ情報を出し合い、意見交換することは今回が初めての機会であった。地域の人同士で確認し合うことも多く、終わった後に「たまにはこんな集まりも良いね」という話が聞かれた。集落単位での災害伝承ではなく、家庭内の災害伝承でこれまで続けてきたので、情報や知識はかなり断片的であることを示している。

次世代を担う中学生グループ調査で中学生は、「念仏講を続ける大人は立派で、自分が大人になっても続けたい」と回答した。この中学生の言葉は、配っている大人には大変うれしいことで、自治会長の安堵した表情が印象に残った。

なお、山川河内自治会は総務省主催の「第 17 回防災まちづくり大賞」を 2013 年 1 月 23 日に受賞した。受賞題目は「念仏講まんじゅう配り―150 年前の被災の伝承がつなぐ山川河内の防災―」で、審査委員の現地調査も実施された。自治会長が「これまで続けてきた祖先が立派だった」と受賞の挨拶をしていることが印象に強く残った。地区を現地調査した防災まちづくり大賞の審査委員高野公男先生からは、「念仏講まんじゅう」を「防災まんじゅう」としてブランド化したらどうかという提案があった。

第5章
記念碑が伝える桜島大正噴火

岩松　暉

1　はじめに

1914（大正3）年の桜島大正噴火は、我が国が20世紀に経験した最大の火山災害であった。まだ日本火山学会は誕生していなかったが、明治初期に輸入された日本の近代科学は着実に発展しており、震災予防調査会も有効に機能していた。そのため、大森房吉（東京帝国大学地震学教室）・小藤文次郎（東京帝国大学地質学教室）・佐藤傳蔵（地質調査所）の大部な論文や鹿児島測候所記事など、学術的には詳細な記録が数多く残されている。しかし、噴火現象や随伴した地震・地殻変動など1年あまりの火山噴火現象の記載に終始し、災害という視点が弱く、その後長く続いた二次災害についてはほとんど触れられていない。被災状況については、鹿児島県や郡役所がまとめの記録を残したものの、役所の一次資料は第二次大戦時の空襲で焼かれたり、町村合併の度に廃棄されたりして残っていない。

大正噴火から2014（平成26）年1月12日でちょうど100年、もう孫・曽孫の世代だから、口承も伝わっていないに等しい。したがって、桜島大正噴火というと、観光資源としての大正溶岩原と埋没鳥居を思い浮かべるだけで、あれは島の話と、人ごとと受け取られているのが実情である。こんなことで良いのだろうか。京都大学火山活動研究センターによれば、桜島火山のマグマは大正噴火時の9割がた回復しているというし、昭和火口は観測史上最大の爆発を記録している。さらには東北地方太平洋沖地震で日本列島の応力場（力のバランス）が変わり、列島全体が地学的に不安定な状況にある。もう一度桜島大正噴火を見直しておく必要があるのではないだろうか。

2　災害伝承としての記念碑

上記のように文献は少ないが、記念碑はかなりある。災害の記念碑に関しては寺田寅彦（1933）が『津浪《つなみ》と人間』[1]で名言を吐いている。すなわち、「災害記念碑を立てて永久的警告を残してはどうかという説もあるであろう。しかし、はじめは人目に付きやすい処に立ててあるのが、道路改修、市区改正などの行われる度にあちらこちらと移されて、おしまいにはどこの山陰の竹藪の中に埋もれないとも限らない。…（中略）…そうしてその碑石が八《や》重《え》葎《むぐら》に埋もれた頃に、時分はよしと次の津浪がそろそろ準備されるであろう」と。桜島大正噴火の記念碑も同様である。三陸海岸のような中・古生層の硬い岩石が産出するところと違って、鹿児島は軟質で空隙に富む溶結凝灰岩が使われているから、風化しやすい上に、苔が生え、蔦《つた》が絡まって、文字さえ判読しにくい（写真 5.1）。寺田の指摘通り、邪魔にされてあちこち移転させられ、地元の教育委員会に聞いても所在さえ分らないことが多々あった。中には碑文まで郷土誌に載っているのに、未だに行方不明のものもある。

写真 5.1　鹿屋市旧岳野小学校の記念碑

寺田の指摘はその通りであるが、しかし、記念碑には文献にない良さがある。それは碑を建立した人たちの思いをうかがい知ることが出来るからである。「サクラ島フン火」と稚拙なカナで刻んだ石碑がある（写真 5.4）。プロの石工が彫ったものとは思えない。「櫻島《さくらじま》噴火」と彫るのは素人には難しい。どのような気持で刻んだのだろうか。胸がつまる。

3　桜島大正噴火記念碑

そこで桜島大正噴火に関する記念碑を調べてみた。最初は「爆発記念」などと直裁的に書かれているものを探していたが、あるとき、耕地整理記念碑のように一見無関係と思われるようなものにも、噴火関連記事があるのを見つけた。対象を広げて探すと、なんと 70 基近く発見された。内容は大別すると次の 4 つであり、分布に特徴がある（口絵 21）。

①噴火や地震の経緯と教訓をまとめたもの。桜島島内と鹿児島市周辺に多い。30 基

②降灰被害に伴う耕地整理や、土石流・洪水に伴う河川改修に関するもの。大隅半島、とくに串良《くしら》川沿岸に多い。16 基＋（1 基行方不明）

③地盤沈下と高潮による塩田や干拓地の沈水と護岸決壊に関するもの。鹿児島湾奥部に多い。7 基

④移住の苦労と開拓魂を伝えようとするもの。宮崎県小林市から種子島までの移住者集落にある。12 基

4　桜島大正噴火の概要

個々の記念碑について解説する前に、桜島大正噴火の概要を見ておこう。それには鹿児島県立博物館横にある 1916（大正 5）年に鹿児島市が建立した「櫻島爆發紀念《さくらじまばくはつきねん》碑」（写真 5.2）が参考になる。鹿児島出身の地震学者今村明恒東京帝国大学助教授が建立を提案したのである。碑文の草案も今村に基づいているが、美文調に修飾され、「災害豫防《よぼう》の見地からも學術《がくじゅつ》的記事としても其價値《そのかち》を損した節がある」と本人は不満だったようで、草稿を地震学会誌『地震』に再録している [2]。

写真 5.2　櫻島爆發紀念碑
（鹿児島市照国町）

少し長いが碑文のほうを全文掲載する。

大正三年一月十二日櫻島大ニ爆發ス之ヨリ先我邦《くに》ノ火山相次デ活動シ霧島數《かず》く噴火セリ識者謂《い》フ櫻島亦《また》警《いまし》ムベシト十一日曉來《あかつきらい》地震アリ時ヲ經《へ》テ頻く且《かつ》激ヲ加ヘ又烟氣《えんき》山腹ヨリ騰《のぼ》ルヲ見ル衆相危《あいあや》ブム翌朝島内處《ところ》く温泉沸キ冷泉迸《ほとばし》ル島民疑懼《ぎく》逡巡《しゅんじゅん》老幼マヅ避難《ひなん》ス午前十時ニ至リ前後ノ山腹相次デ大ニ爆發シ忽《たちま》チニシテ黑烟《こくえん》天ニ漲《みなぎ》リ飛石光芒《ぼう》ヲ曳《ひ》イテ四散シ爆音地動閃電雷鳴耳ヲ聾《ろう》シ目ヲ眩《くらま》セシム市民先ヲ爭《あらそ》フテ逃避《とうひ》ス午後六時俄《にわか》ニ激震アリ家屋ヲ毀《こわ》シ石壁《せきへき》ヲ倒シ斷崖《だんがい》ヲ崩シ爲《た》メニ壓死《あっし》セルアリ倉皇《そうこう》海ニ投シテ溺死セルアリ天神ヶ瀬戸ノ崩壞《かい》ノ如キ一時ニ十名ヲ斃《たお》シ其數《そのすう》六十二名ニ及ベリ翌十三日夜又大爆發ト共ニ一大火柱天半《なかば》ニ冲《ちゅう》シ空ヲ燒《や》キ波ヲ照ラシ赤熱ノ熔岩噴騰《ようがんふんとう》シテ附近《ふきん》ノ部落灰燼《らくかいじん》ニ歸《き》シ全山焦土凄絶《しょうどせいぜつ》殆《ほと》ンド名狀《めいじょう》ス可《べか》ラズ災異以來人心恟《きょう》く流言百出毒瓦斯《ガス》ノ害ヲ傳《つた》ヘ津浪《つなみ》ヲ叫ヒ狼狽狂奔《ろうばいきょうほん》纔《わずか》ニ身ヲ以テ逃《のが》レ難ヲ近郡田郊ノ間《かん》ニ避《さ》ケ却《かえっ》テ自ラ禍《わざわい》ヲ大ニセルアリ光景慘《さん》ヲ極ム是ニ於テ縣《けん》市當局《とうきょく》部署ヲ定メ有志ト共ニ救濟《きゅうさい》ニ力《つと》メ灣《わん》内汽船ヲシテ難ニ赴《おもむ》カシメ以テ多ク事ナキヲ得此間歩兵第四十五聯隊《れんたい》ハ士卒ヲ配シテ市中ヲ警メ佐世保鎭守府艦隊亦來港シ以テ變《へん》ニ備フ十六日大森理學《がく》博士臨檢《りんけん》シテ市ニ危險《きけん》ナキヲ説キ知事亦《また》告諭《こくゆ》スルアリ市ハ特ニ吏員《りいん》ヲ各地ニ派シ避難者ヲ慰撫《いぶ》セリ旬日《じゅんじつ》ニシテ爆勢漸《ようや》ク衰ヘ人心稍《やや》安《やすん》シ而《しかれど》モ餘怒《よど》容易ニ收マラズ灰砂濛《もう》く屋ヲ埋メ田ヲ沒《ぼっ》シ大隅ノ中部不毛ノ地トナル者《は》方十數里ニ及ビ熔岩東ハ有脇《ありわき》瀬戸西ハ横山赤水《あかみず》小池赤生原《あこうばる》ノ諸村落ヲ埋メ餘勢海ニ入リ一ハ瀬戸ノ海峽《きょう》ヲ塞《ふさ》キ一ハ烏島ヲ沒シ遠《とお》ク海中ニ突入《とつにゅう》ス且海水ノ激増ハ沿岸ノ田園ヲ海トナシ夏秋ノ候更ニ土地ノ沈降《こう》ヲ促セリ眞《しん》ニ桑滄《そうそう》ノ變《へん》モ啻《ただ》ナラズト云フベシ皇上乃《すなわ》チ日根野侍從《じじゅう》ヲ遣《つか》ハサレ又罹災《りさい》御救恤《きゅうじゅつ》金壹萬《いちまん》五千圓《えん》ヲ賜ハル聖恩浩大須《すべから》ラク銘記スベキ也爾來《じらい》二周星噴烟漸ク鎭マリ山容依然民《たみ》皆堵《と》ニ安ンズ今ニシテ當時《とうじ》ヲ想ヘバ恍《こう》トシテ夢《ゆめ》ノ如シ之ヲ安永天明ノ噴火ニ比スルニ現象大差ナキニ似タリサレバ專門《せんもん》ノ學者豫《あらかじ》メ櫻島ノ狀態《じょうたい》ヲ講究シ有識ノ父老舊《きゅう》記ニ徵《ちょう》シテ變兆《へんちょう》ニ鑑《かんが》ミナバ今次ノ災異恐ラクハ豫知《よち》セラレ禍害《かがい》亦幾分ノ輕減《けいげん》ヲ見シナラン既往《きおう》ハ追フ可ラズ來者以テ戒ムルニ足ル蓋《けだし》百年ノ後又此ノ如キ爆破ナキヲ保セズ爲《た》メニ概況《がいきょう》ヲ記シテ不朽ニ傳《つた》フ庶幾《こいねがわ》クハ今

回罹災ノ不幸ヲ弔《ちょう》シ併《あわせ》テ後世永ク追憶シ以テ未來ノ慘禍《さんか》ヲ輕減《けいげん》スルノ資タラシメンコトヲ

少し解説を加え、要約すると次のとおりである。桜島の噴火は単独の突発事象ではなく、前年 1913（大正 2）年の日置地震や霧島御鉢噴火をはじめ数年前から南九州一帯で地震や噴火が相次ぎ、地学的な活動期に発生した。前日来、島内では地震・噴気・温泉湧出など前兆現象があったため、老人子供などを優先的に避難させた。当日午前 10 時頃東西の両山腹から前後して大爆発が起き、黒煙が空を覆い、轟音が耳を聾した。逃げ遅れた者は対岸まで泳ごうとして冬の海に入り溺死した。午後 6 時には M7.1 の直下型地震が発生、家屋や石塀の倒壊、崖崩れなどが発生して犠牲者を出した。天を焦がす噴煙とこの地震により市民はパニックとなり、津波や毒ガス襲来のデマが飛んで一時市内は無人となった。行政は直ちに湾内停泊中の船舶を徴用、救援に向かわせたし、陸海軍も適確な救援警備活動を行った。13 日に至り、溶岩が流出し始め、東は沖合の烏島を覆ってしまった。西は瀬戸海峡を埋め尽くして大隅半島と陸続きとなった。被害は島外にも及び、降灰は大隅半島中部を不毛の地とし、鹿児島湾奥部沿岸では地盤沈下により、田園も海に没した。こうした被害に対し皇室では侍従を見舞いに派遣するとともに見舞い金を支出した。2 年経って噴火現象は収まったが、今にして思えば、今回起こったことは安永噴火や天明噴火時に起きたことと大差がないから、専門の学者が研究したり、過去の災害の教訓を引き継いだりしておけば、被害の軽減に役立ったはずである。100 年後も同じ現象が起きないとは保証できない。今回の教訓を未来の災害軽減に役立てて欲しい。

なお、当時写真機は上流人士に普及していたし、鹿児島市内には写真館もあったから、噴火の様子を撮った写真はかなり流布している。現在乾板が残っていて、撮影者が分かっているものは、東京帝国大学大森房

写真 5.3　山口鎌次撮影写真（1 月 14 日頃）

吉（国立科学博物館所蔵）、鹿児島女子師範学校山口鎌次（産業技術総合研究所所蔵）（写真 5.3）[3]、第七高等学校ウイリアム・レオナード・シュワルツ（鹿児島県歴史資料センター黎明館所蔵）および垂水郵便局長宮原景豊（鹿児島県立博物館所蔵）撮影の写真くらいであろう。絵画については、たまたま帰省中だった東京美術学校黒田清輝（鹿児島市立美術館所蔵）と、その弟子で地元山形屋百貨店宣伝部長だった山下兼秀の油絵（市立美術館・黎明館および県立博物館所蔵）がある。また、東京大学大学院地球惑星科学科の小藤文庫に 5 冊のスケッチブックが残っている（口絵 24）。第七高等学校地質鉱物学講師篠本二郎宛の葉書が貼ってあるし、大噴火以前の午前 8 時 30 分からスケッチが始まっているから、恐らく篠本からプレゼントされたものだろう。スケッチだけでなく詳細な記載もあるので、科学者が噴火の前兆現象から観察していた貴重な記録である。現在、筆跡鑑定を行い筆者の特定を急いでいるところである。

5　噴火の様子と教訓を伝える記念碑

爆発あるいは噴火を主題とした記念碑は、当然のことながら桜島島内に一番多く、旧鹿児島市内が次ぎ、他は周辺市町村に散在している。代表的なものを挙げてみる。

(1) “ 科学不信の碑 ”

一番有名なものは噴火 10 周年の 1924（大正 13）年東桜島村（村長野添八百蔵氏）が建立した「櫻島爆發《さくらじまばくはつ》記念碑」（口絵 22）である。

大正三年一月十二日櫻島ノ爆發ハ安永八年以來ノ大惨禍《さんか》ニシテ全島猛火ニ包マレ火石落下シ降灰天地ヲ覆ヒ光景惨憺《さんたん》ヲ極メテ八部落ヲ全滅セシメ百四十人ノ死傷者ヲ出セリ其爆發數《すう》日前ヨリ地震頻發《ひんぱつ》シ岳上ハ多少崩壊ヲ認メラレ海岸ニハ熱湯湧沸《ゆうふつ》シ舊《きゅう》噴火口ヨリハ白煙ヲ揚ル等剋剋《こくこく》容易ナラサル現象ナリシヲ以テ村長ハ數回測候所ニ判定ヲ求メシモ櫻島ニハ噴火ナシト答フ故ニ村長ハ殘留《ざんりゅう》ノ住民ニ狼狽《ろうばい》シテ避難《ひなん》スルニ及ハスト諭達《ゆたつ》セシカ間モナク大爆發シテ測候所ニ信頼セシ知識階級ノ人却《かえっ》テ災禍《さいか》ニ罹《かか》り村長一行

ハ難ヲ避《さ》クルノ地ナク各身ヲ以テ海ニ投シ漂流中山下収入役大山書記ノ如キハ終ニ悲惨ナル殉職ノ最後ヲ遂クルニ至レリ

本島ノ爆發ハ古來《こらい》歴史ニ照シ後日復亦《またまた》免レサルハ必然ノコトナルヘシ住民ハ理論ニ信頼セス異變《いへん》ヲ認知スル時ハ未前ニ避難ノ用意尤《もっと》モ肝要トシ平素勤倹産ヲ治メ何時變災《へんさい》ニ値《あう》モ路途ニ迷ハサル覺悟《かくご》ナカルヘカラス茲《ここ》ニ碑ヲ建テ以テ記念トス

「地震頻發」「熱湯湧沸」など異常な現象が続いたので、安永噴火の伝承や生き物としての本能に基づいて住民はいち早く避難したが、当時の川上村長ら科学を信じた知識階級は測候所に問い合わせを行った。測候所には旧式のミルン式地震計１台しかなく、地震・火山の専門家もいなかったし、活発な活動を続けていた霧島山に気を取られていたこともあって、「櫻島ニハ噴火ナシ」との返答だった。そのため逃げ遅れ、山下収入役や大山書記のような村吏員は公金や公文書を身につけ、冬の海に飛び込み、対岸まで泳ごうとして溺死した。川上村長はそれを常々遺憾としていたので、後任の野添村長がその意を汲んで噴火 10 年後に石碑を建立したのである。記念碑建立に当たって、村議会では「測候所の判断に決して従うことなく、急いで避難せよ」との文を入れることで一致していたが[4]、村長が鹿児島《かごしま》新聞の牧暁村《ぎょうそん》記者に起草を依頼したところ、上記のように「理論ニ信頼セス」と婉曲《えんきょく》な表現に変わっていた。そこで“科学不信の碑”と言われるようになったのだが、後段、重要なことが述べられている。すなわち、桜島にとって噴火災害は今後とも不可避だから、前兆現象があったら直ちに避難すること、被災に備えて勤倹貯蓄・殖産興業に励めということである。爆発必然に関しては、現在に至るまで爆発記念日の１月 12 日に総合防災訓練が毎年大々的に行われているし、殖産興業に関しては、後述の久米西桜島村長の実践が挙げられる。

なお、同じ東桜島村の有村地区にも噴火の経緯や山下氏らの殉職《じゅんしょく》の顛末《てんまつ》などを記した記念碑がある。これには測候所のことは一切触れられていない。

(2) 桜島島内の様子

西桜島村（村長大窪宗輔氏）でも桜峰《おうほう》小学校に「櫻島爆發紀念《さくらじまばくはつきねん》碑」を建立し

ている。噴火後 5 年目の 1919（大正 8）年だから、東桜島村より早い。第七高校学校教授山田準の撰になり長文である。そこで、抜粋して紹介する。

「前日（中略）實《じつ》ニ四百十八回ノ震動ヲ数フ人心爲《た》メニ恟々《きょうきょう》タリ」「溪間《けいかん》ヨリ灰色ノ噴煙濛《もう》々トシテ渦巻キ上リ地下鳴動遠雷ノ如シ」「巨石ヲ飛ハシ轟鳴《ごうめい》次第ニ加ハリ火光放射ス」「村民ハ事《こと》ノ意外ナルニ驚駭周章《きょうがくしゅうしょう》シ老幼提携身ヲ輕舸《けいか》ニ寄セテ難《なん》ヲ避ク」「多数救護舩《せん》来集シ島民悉《ことごと》ク難ヲ（中略）避《ひ》ク」「薄暮俄然大震動殺到ス」「熔岩《ようがん》四方ニ噴騰シ火粉全島ヲ掩《おお》ヒ西海岸ノ民家一齊《いっせい》ニ炎上ス」「家畜悉《ことご》ク燒死《しょうし》シ灰沙田野《しゃでんや》ヲ埋ムルコト数尺又ハ数丈《じょう》住民ニ萬《まん》殆《ほとんど》耕スニ地ナク居ルニ家ナク凄絶慘絶《せいぜつさんぜつ》言語ニ絶ス」「噴火漸々《ぜんぜん》収マルト共ニ經濟《けいざい》難來《きた》ル」「移住地ヲ種子島其他数所ニ定メテ窮民《きゅうみん》ヲ分附《ぶんぷ》ス」「安永ヲ去ルコト百三十餘《よ》年ニシテ今次ノ爆発アリ往々因《よっ》テ来《きたる》ヲ察セハ今後ノ事知リ難カラス後人能ク萬一ヲ無《む》虞《ぐ》ノ日ニ警《いまし》メ安キニ狃《な》レス變《へん》ニ騒カス以テ先人ノ憂勞《ゆうろう》ニ答フル所アランカ」などとある。

島内の悲惨な様子・混乱がよく分かる。また、島内にとどまっていた「島民悉ク難ヲ避ク」とあるのは、安山岩溶岩流の流速が遅いためもあるが、「多数救護舩来集シ」とあるように、周辺の市町村から一斉に小舟で危険をも顧みず救助に向かった同胞愛と行政や軍当局の適確な救援活動の賜物である。田野を埋めた降灰からの復旧については土地復舊《ふっきゅう》工事紀念碑のところで後述する。最後の結びの言葉は重要である。すなわち、桜島は何時爆発があるかも判らないので、後人は万一のことを考え災害を忘れることなく安易に日々を送らず、常に備えることが先人の苦難に応えるものだと戒めているのである。

(3) 尋常《じんじょう》小学校は溶岩の下に

旧横山集落は西桜島村の中心地で村役場や桜洲《おうしゅう》小学校・郵便局などがあった。しかし、すべて熔岩の下に埋まり、現在地に移転せざるを得なかった。現・桜洲小学校には 1925（大正 14）年に「櫻島爆發紀念《さくらじまばくはつきねん》碑」が建立された。題字は鹿児島郡長、碑文は鹿児島郡視学の書になる。

大正三年一月十二日午前十時五分我校区内赤水《あかみず》ノ眞上《まうえ》海抜約三百八十米《メートル》突ノ地點《ちてん》ニ當《あた》リ俄然《がぜん》一大爆發ヲ□ナ□シ鳴轟《めいごう》益々熾烈《しれつ》ヲ加ヘ正ニ大砲彈《ほうだん》ノ炸裂《さくれつ》スルガ如ク初春ノ碧空《へきくう》ニ大石巨岩ヲ噴出シ灰煙濛々《もうもう》トシテ天地映冥爲《ため》ニ咫尺《しせき》ヲ辨《べん》セス今ヤ南國《なんごく》ノ名島櫻島モ懐（〈注〉壊の誤記か）滅セントシ其光景轉《うたた》凄惨《せいさん》能《よ》ク筆舌ノ盡《つく》ス所ニ非ス遂ニ我櫻洲《おうしゅう》校ヲ初メ横山赤水《あかみず》小池殆《ほとん》ト全滅シ全島被害ノ甚大ナル眞《まこと》ニ言語ニ絶ス爾來《じらい》春秋十一星霜《せいそう》島民克《よ》ク困苦欽（〈注〉欠の誤記か）乏ニ耐ヘ聖代ノ鴻恩《こうおん》ト内外人士ノ篤《あつ》キ同情トニ浴シ奮闘是レ努メ己ニ復旧ノ曙光ヲ認ムルニ至ル此秋《とき》ニ際シ校長□□□□ニ有志全校區《こうく》民ト相謀《あいはか》リ全校區青年團《だん》員ノ熱誠ナル勞働《ろうどう》奉仕ニ依リ茲《ここ》ニ紀念ノ碑ヲ建テ以テ後世子孫ノ爲《ため》ニ之ヲ貽《のこ》スト云爾《うんじ》

なお、旧・桜洲小学校があった場所には、1964（昭和 39）年、卒業生の手によって、「大正噴火　桜州尋常・高等小学校埋没跡」の碑が建てられた。

(4) 共同墓塔

東桜島村有村集落は墓地もろとも大正溶岩で埋められてしまったので、1916（大正 5）年新たに墓地を作り、全戸の祖先を祀《まつ》る「有村一同祖先歴代之總《そう》塔」（口絵 25）を建てて供養した。つまり、これ 1 個で全集落のお墓にしたのである。

大正三乙《きのと》卯《う》年一月十有二日櫻島大爆発吐岩石吹灰土噴火猛烈《れつ》山岳鳴動地軸猂啐人畜死傷実曠古《こうこ》之大變事也村落全滅不存舊態《きゅうたい》墓地理（〈注〉埋の誤記か）没不辨彼此痛又歎矣茲共同建碑石為擧村全戸祖先歴代之總塔

(5) 科学者の企画した記念碑

烏島《からすじま》は大正溶岩に埋まったとして有名である。実際に現地踏査に当たった東京帝国大学教授小藤文次郎はその事実を残したかったのだろう、記念碑の建立を計画した。結局、戦後になって、後輩の東京大学教授坪井誠太郎・鹿児島大学助教授有田忠雄らの手によって実現した（口絵 27）。

烏島この下に

HUIC FUIT INSULA KARASUGASIMA

(〈注〉ラテン語、ここに烏島という島があった)

[副碑]

烏島ハ高サ約二十メートル周囲凡ソ五百メートル玄武岩質岩石カラ成ル島デアッタ　大正三年「西暦一九一四年」一月十三日桜島西腹カラ流出シタ熔岩《ようがん》ハ十八日遂ニ此ノ島ヲ埋没シ終ッタ　茲《ここ》ニ碑ヲ建テテ其ノ跡ヲ示ス

碑ノ建設ハ先ニ東京帝国大学名誉教授小藤文次郎並ビニ第七高等学校教授阿多実雄両故人ノ計畫《けいかく》シタ所デアッタ　今其ノ実現ヲ見ルニ至リ由来ヲ記ス

西暦一九五一年一月十八日　東京大学教授坪井誠太郎　鹿児島大学助教授有田忠雄

昭和廿六年一月十八日建之　西桜島村　芳《かんばし》湖人

(6) サクラ島フン火

桜島島外にある爆発噴火記念碑はほとんど日付だけで、碑文があまりない。例外が前述の鹿児島市が建立したものである。そこで、ここでは曽於市大隅町梶ヶ野の「御即位記念碑」(写真 5.4)を紹介しよう。

御即位記念碑

サクラ島フン火年月日

大正三年壱月十二日午前拾《じゅう》時フン火ス

紀元二千五百七十五年

　　岩川村中之内梶ヶ野区民一同

大正四年十一月十二日

　　乙卯《きのとう》建

写真 5.4　御即位記念碑(部分)
(曽於市梶ケ野公民館)

1915(大正 4)年 11 月 10 日大正天皇即位大礼が京都で行われたのを記念した碑であるが、その前年にあった桜島大噴火は地区民にとっても忘れ難い大災害だったのだろう。囎唹《そお》郡役所『櫻嶌爆發《さくらじまばくはつ》誌』によれば、岩川村中之内で１寸５分の降灰があったという[5]。農業に大被害を与えた。

（7）地縁社会の救援

島民たちは四方の市町村に避難したが、そこも夕刻発生した地震の被害と津波・毒ガス襲来のデマで混乱していた。しかし、青年会・婦人会・在郷軍人会など地縁組織が健在だったから、率先して支援に当たった。姶良市加治木町の柁城《だじょう》小学校にはその間の事情を物語る珍しい五角形の「櫻島爆發《さくらじまばくはつ》記念碑」が残されている（口絵 26）。

維時《これときに》大正三年一月十二日午前十時櫻島大ニ爆發ス此一旬前ヨリ晝夜屢《ちゅうやしばしば》地震セリ當日《とうじつ》快晴ナルモ黑煙《こくえん》天ニ漲《みなぎ》リ島岳ヲ没ス而《しか》シテ次第ニ避難船到着ス其惨状見ルニ忍ヒス警官町吏ハ救護ニ從事《じゅうじ》セリ午後六時更ニ激烈ナル音響ヲ發シ地大《おおい》ニ震《ふる》ヒ電燈ヲ滅ス人皆屋外ニ逃出《にげい》ツ爾來《じらい》爆音ハ雷鳴ノ如ク耳ヲ聾シ降灰ハ朦朧《もうろう》トシテ咫尺《しせき》ヲ辨《べん》セス殊ニ毒瓦斯《ガス》或ハ海嘯襲來《かいしょうしゅうらい》スト喧傳《けんでん》シ爲《た》メニ難ヲ西別府小山田遠キハ横川栗野ヘ近キハ町役場附近ノ高地ニ避ケ全町一時混雜ヲ極《きわむ》己ニシテ往來跡絶エ空屋鳴動シテ實《じつ》ニ凄然《せいぜん》タリシモ海面ヲ望メバ何等ノ異状ナシ當夜町役場附近ニ徹宵《てっしょう》セシ人モ翌朝所々ニ避難セリ四五日ヲ經《へ》ルモ海嘯《かいしょう》毒瓦斯《ガス》襲來スル兆候更ニナカリシカバ人々稍《や》ヤ安堵シ追々歸宅《きたく》セシモ櫻島避難者ハ續々《ぞくぞく》来リテ一千余人ニ及ヒタレバ町吏ハ救助ニ忙殺セラレ常務ヲ處理《しょり》スル能ハス是ニ於テ臨時救護團《だん》ヲ組織シ精矛《くわしほこ》神社ノ社務所ニ置キ救護事業ニ從事シ避難所ニハ倶楽部ヲ充《あ》テシモ終《つい》ニ旧郡衙《ぐんが》迄使用スルニ至レリ斯《かく》テ日ヲ經《へ》ルニ随ヒ各自居所ヲ求メテ他ヘ移住セシ者モアリ居残レル者ハ自炊スル事《こと》トナリ田中川原ニ避難小屋ヲ作リ之ニ移轉《いてん》セシメ救護團モ解除セリ救護費ノ如キハ縣費《げんぴ》ト當町特志家ノ寄附トヲ以テ支辨《しべん》シ各府縣ノ寄贈品ハ其都度櫻島避難者ヘ分配セリ而シテ爆發以来ノ鳴動及ヒ降灰モ漸次減少シ同年八月ニ至リ非常ノ高潮ニテ海岸東西ノ堤塘《ていとう》モ終ニ破壊シ稲田其他損害少ナカラス則櫻島爆發ニ起因スト云フ抑《そもそ》モ櫻島爆發カ厂史《れきし》ニ登載以来今回迄大小三十回ナルモ當地ニ一ノ記念物ナシ石工竹内吉蔵氏ハ之ヲ遺憾トシ私費ヲ投シテ今回ノ爆發記念碑ヲ建設セン事町長

へ出願シ許可ヲ得テ予ニ文ヲ請ハル予當夜町役場ニ徹宵シ續《つづ》キテ救護團ヲ組織シ終始此事ニ関係ス故ニ不文ヲ顧ス事實《じじつ》ノ梗概《こうがい》ヲ記スト云爾《うんじ》

從《じゅ》五位勲五等稲恒重節撰

大正七年一月

加治木町は桜島からは比較的遠く、しかも風上側に当たっているが、前は海でさえぎるものがないから、噴火の様子が手に取るように分かったことだろう。黒煙が天を覆い、地震もあったから、ここでも津波や毒ガスのデマが飛んだ。そこへ桜島からの避難者が小舟で続々と到着した。早速青年会や婦人会などを中心に救護団を組織して救援に当たるとともに、避難小屋（仮設住宅）を建設して収容した（写真 5.5）[6]。この費用には公費ばかりでなく篤志家の寄付なども充てたようである。寄付をしたのは一部富豪だけではない。鹿児島市中山《ちゅうざん》尋常小学校の作文帖[7]を読むと、住民達はそれぞれ、避難民を泊めたり、カライモ（甘藷）・米・味噌・大根などの食料や薪などを寄付したりしているし、学童も学校を通じて 5 銭寄付したと書いてある。

なお、この記念碑は役場が建てたものでなく、一石工が私費で建立したものである。

写真 5.5　櫻島罹災民加治木収容所（本田 1914）

6　地震動災害の記念碑

噴火当日の 18 時 29 分 M7.1 の直下型地震が発生、対岸の鹿児島市周辺で家屋や石塀の倒壊（写真 5.6）、西武田村（現・鹿児島市）天神ヶ瀬戸におけるシラス崖の崩壊などで 29 人の犠牲者を出している。とくに江戸時代の埋立地や川沿いの軟弱地盤で震度が高く（図 5.1）[8]、液状化も発生したらしい。『西武田村誌』[9] によれば、「田上川の堤防には長さ数間に及ぶ数十の大亀裂を生じ、田上尋常高等小学校の校庭にも處々亀裂を生じ其の裂口より濁水滔々《とうとう》と湧き出で瞬間にして脛《すね》を没《ぼっ》するに至り…」とある。田上小学校はか

写真 5.6　鹿児島市内における石塀の倒壊
（鹿児島県立博物館蔵）

図 5.1　鹿児島市内の震度（今村 1920）

なり内陸部にあるが、河川沿いの軟弱地盤だったため液状化したのだろう。天を覆う黒煙と轟音の中に激震である。人々は恐怖のまっただ中にたたき込まれた。津波や毒ガス襲来のデマも、そうした不安の中で受け入れられたのだろう。

(1) 屋外で野宿

鹿児島市肥田《ひだ》には青年会と消防組の建てた「櫻島爆發紀念《さくらじまばくはつきねん》碑」がある。

大正三年一月十一日午前三時四十一分無感覺《かんかく》ノ微震《しん》アリ爾後《じご》地震頻繁同十二日午前十時ニ到ル間總《そう》計四百十八回ニ及ブ同十二日午前十時五分赤水ノ直上ニ於テ爆發ス鳴轟《めいごう》漸次加ハリ同日午後六時三十分烈震アリ爲《ため》ニ住民悉《ことごと》ク畑又ハ田中ニ露宿セリ翌十三日午前一時前后前記狀 况《じょうきょう》最モ猛烈ヲ極《きわ》ム同十四日ニ至リ稍《やや》衰褪セリ如上ノ狀况ニ依リ爾后萬《じごまん》一ノ変災ニ際シテハ狼狽遠ク避難《ひなん》スルノ要ナカラン依テ爲後日之ヲ記ス
青年中寄附金　以下金額と氏名多数列記（省略）
大正三年四月十日建之　消防組及青年會《かい》員　以下多数氏名列記（省略）

余震を恐れてその夜は屋外で野宿したようだが、肥田は市内から郊外への避難路に当たっている。津波・毒ガス襲来のデマに怯えた市民が陸続と通過し、青年たちはその救護誘導に当たったのであろう。しかし、何ごともなかったので、狼狽するなと戒めている。

(2) 避難民、市をなす

郡山町は平成の大合併で鹿児島市になった海岸から 10 数キロ離れた農村部である。その常盤集落に「櫻嶋《さくらじま》爆発紀念《きねん》碑」（写真 5.7）が建っている。

大正三年一月十一日午前三時以來《いらい》午後一時迠《まで》二十余回ノ强《きょう》弱震アリ就中《なかんづく》午前三時頃

写真 5.7　櫻嶋爆発紀念碑
（鹿児島市郡山町常盤）

ト同十時・十一時四十分ノ三回及午後零時半前後ノ両三回最モ强《つよ》ク震動長クシテ人心恟々《きょうきょう》タリ然ルニ未ダ誰シモ櫻嶋ノ爆發ナルヲ豫知《よち》スルコト能《あた》ハサルモ或ハ櫻嶋ノ爆ハツニ非《あら》ズヤト危ムモノ尠《すくな》カラザリシガ十二日午前八時御岳ノ西側ニ當《あた》リ雲ム狀《じょう》ノ白烟《はくえん》ノボリ同九時十分南岳ノ頂上ヨリ同様ノ白烟騰《のぼ》ルヲ見タリト嗚呼《ああ》是《こ》レ櫻嶋大爆發前ノ事實《じじつ》ニシテ安永八年以來ノ大噴火ナリトス十二日午前三時ヨリ十二日午前八時迠三百余回ノシン動アリテ同日午前九時大シン動ト共ニ朝來噴烟《ふんえん》シ居リタル横山即チ櫻嶋西面四合目ノ人家ヲ□ル約二十丁赤水《あかみず》ノ上方山腹ヨリゴウ然大音キョウト共ニ破裂シ濛々《もうもう》タル噴烟凄《すさま》シキ勢ヒニテ立登リ火柱天ニ冲《ちゅう》シ猛火ト共ニ飛冲セル岩石ハ空中ニ於テ火ヲ發シ山ヲ傳《つた》フテ海中ニツイ落シ實《じつ》ニ恐怖凄惨《せいさん》ヲ極ム同日午前十一時烟頭ノ高サハ約三千米《メートル》突ニ達シ同日午後六時三十分ノ大地震以後ハ爆セイ益々甚ダシク翌十三日午後一時前後ハ特ニ旺盛ヲ極メ天柱挫《くじ》クルカト思ハレタルガ同六時比ヨリハ少シク減退シ間断ナキ鳴響ヲ發シ噴烟實ニ一万六千尺ノ高キニ達シタルコトゝテ落下スル灰ハ四方ニ飛散シ最モ甚ダシキハ國分《こくぶ》加治木《かじき》重富《しげとみ》方面ニシテ風位ノ爲《ため》鹿児島市ノ降灰ハ著シカラズ然レ共十七日ニ至リ鹿児嶋《かごしま》市ノ降灰ハ頗《すこぶ》ル甚ダシク寸前暗黑《あんこく》トナリ晝間《ひるま》ト 雖《いえども》 燈火《とうか》ヲ用ヒタリ此《この》地震ハ九州全土ハ勿論高知縣《けん》下幡多《はた》地方ニ迠遠雷ノ如キ音響アリテ遠キハ東京方面ニモ降灰アリタリト後数十日ニシテ止ム

附記本村ニ於テモ十三日十四日ノ両日間ニハ鹿児嶋市櫻嶋及伊敷吉野吉田方面ヨリ数千ノ避難《ひなん》民市ヲ成シ各々青年會《かい》員其他ニ於テ救ゴノ方法ヲトレリ又本村民ニシテ入來樋脇《いりきひわき》方面ヘ避難セシ者多数アリタレ共當村《とうそん》ニハ何ノ危険モナカリキ仍《よっ》テ之ヲ後世ニ傳ヘンガ爲碑ヲ建設ス

前兆地震があり、桜島ではないかと危ぶんだこと、市内方面から続々と避難民がやってきて奥地を目指して通過したこと、村民にもそれにつられて避難した人があったことなどが読み取れる。「当村には何の危険もなかりき」と暗に付和雷同を戒めている。

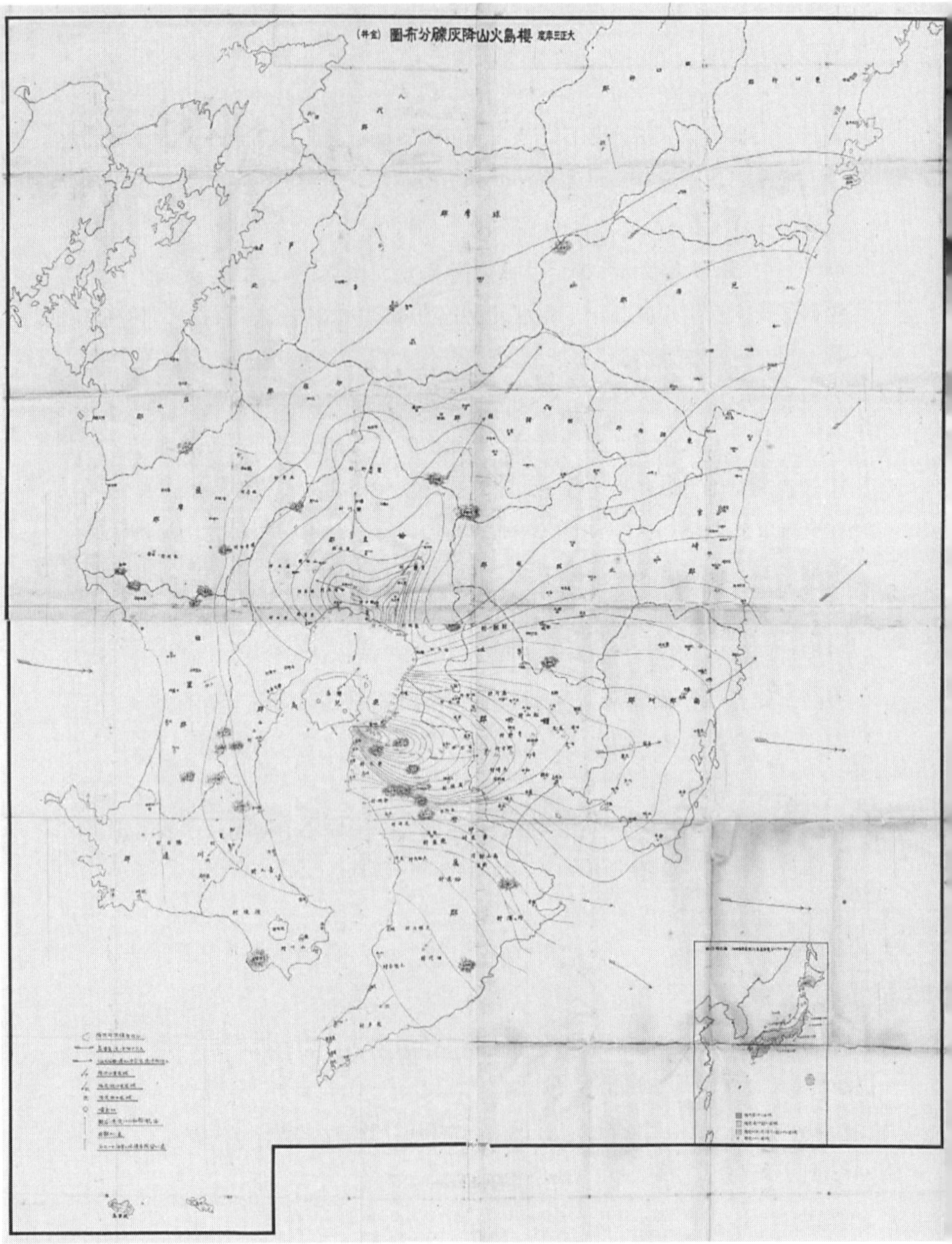

図 5.2　櫻島火山降灰礫分布圖（金井 1920）（単位：尺）

7　降灰被害・水害の記念碑

前述したように大正溶岩はあまりにも有名だが、実は軽石・火山灰の降灰被害も甚大だった。季節は冬、折からの西風に乗って大隅半島方面に大量に積もった（図 5.2）[10)]。大隅半島で一番高い高隈《たかくま》山系に軽石・火山灰が分厚く積もったので、植生は破壊され、山地は荒廃したから、ここを源流とする河川は繰り返し土石流を発生させた（図 5.3）[11)]。その土砂で河床も上昇し、下流域では水害も多発した。とくに串良川沿いは 10 年近く被害が続き、堤防を修復しては壊されと賽《さい》の河原の繰り返しのようだった。したがって、堤防や堰の改修記念碑は串良川沿いに多い。

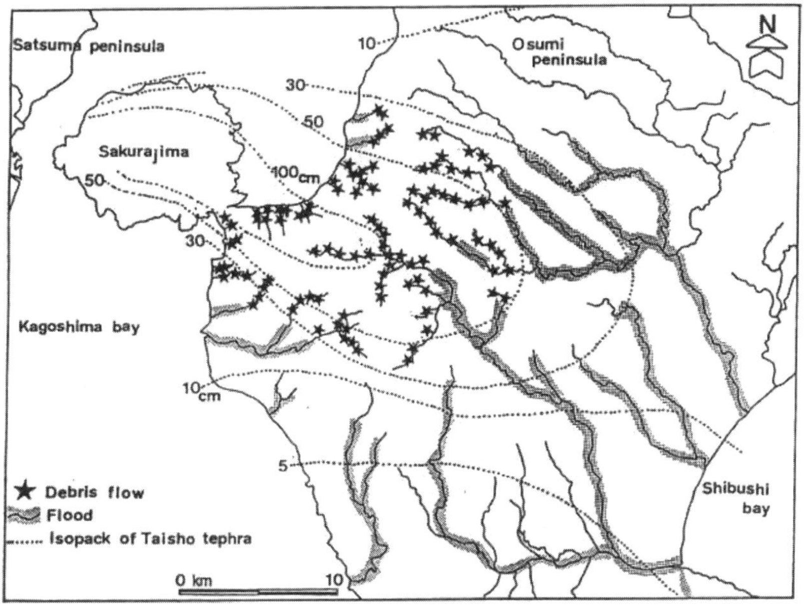

図 5.3　土石流・水害発生箇所（下川 1991）

河川だけでなく潅漑用水路や潅漑用の貫《ぬき》（シラストンネル）も埋まってしまった。当然、田畑も被害を受けた。百引《もびき》村（現・鹿屋市）のように天地返しも出来ないほど分厚く積もったところは種子島などへ移住せざるを得なかった。軽石・火山灰の粒度と厚さによって、農業に与えた被害の程度はさまざまである。頃合いの粒度のところは土壌改良になり、かえって豊作になったところもあるが、遠方で細粒だったところは、湿るとモルタル状になって根が入らず、植物の生長を阻害したという。もちろん、根菜類か葉菜類か、冬野菜か夏野菜かなど、農作物の種類によっても影響は異なる。とくに養蚕や煙草は壊滅的打撃を受けた。

(1) 2つの改修記念碑

鹿屋市高隈中央には同じ場所に「河川改修紀念碑」と「第二回河川紀念碑」と2つある（写真5.8）。前者の碑文は次のとおりである。

写真5.8　二つの河川改修紀念碑（鹿屋市高隈中央）

大正三年一月十二日櫻島《さくらじま》大爆發《ばくはつ》ニ依ル大洪水ハ堤防ヲ破壊シ沿岸ノ耕地ヲ埋没シテ殆ド廢滅《はいめつ》ニ帰《き》セシメ惨状其極ニ達セリ茲《ここ》ニ於テ改修ノ急ナルヲ認メ本工事《こうじ》ヲ施行セル所以《ゆえん》ナリ　工事區《く》域（上高隈字井手ヨリ古園間千貳《に》百間余兩《りょう》岸下高隈字川井田ヨリ市園川原間六百間余兩岸

大正四年五月起工　大正□年二月竣工

以下、総工費や工事監督など関係者の氏名が列挙されているが、省略する。ここで「下古園青年運搬寄附」という言葉が出てくる。青年たちが労働奉仕をしたのである。後者の碑文は下記のとおりである。

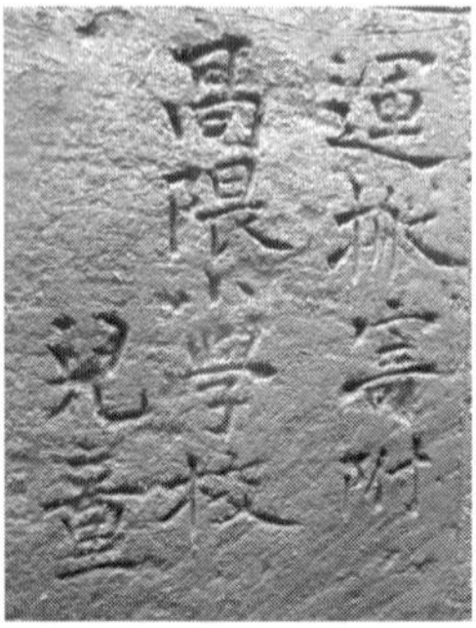

写真5.9　第二回河川紀念碑の裏面（一部）

本河川ハ去ル大正四年一度ユ事《こうじ》ヲ起シ仝《どう》五年全ク竣ユヲ告ゲタルニ恰《あたか》モ大正（〈注〉年が脱落）六月十六日ノ大洪水ニ依リ堤塘《ていとう》破懐（〈注〉壊の誤記か）セラレ附近《ふきん》ノ田地荒廃ニ帰スル患《うれい》アルニ依リ茲ニ第二囬《かい》ノユ事ヲ起スニ至

　レリ

やはり工事関係者の氏名が列挙されているが、中に「運搬寄附　高隈小學校《がっこう》兒童《じどう》」（写真 5.9）なる文言が入っている。今回は学童まで動員されたようだ。

(2) 荒涼たる砂漠に

鹿屋市観音渕に「堤塘ユ事紀念《ていとうこうじきねん》碑」がある。「一望荒涼タル砂漠ト化セシメタリ」とあるから、いかに被害がひどかったか分かる。「降流灰砂殆《ほとん》ド四尺」とあるが、図 5.2 では降灰の層厚はそれほど大きくはない。二次的な土石流によるものであろう。

> 大正三年一月十二日櫻嶋爆發《さくらじまばくはつ》シ降流灰砂殆ド四尺ニ及ヒ河水濁流シ為メニ魚族全滅シタリ殊ニ爆發后《ご》ノ大洪水ハ未曽有ノ大氾濫ヲナシ堤塘ヲ決潰《けっかい》シテ土砂ヲ流シ以テ沿岸ノ耕地ヲシテ一望荒涼タル砂漠ト化セシメタリ依《よっ》テ之《こ》レガ復旧ヲ計ランガ為メ河川改修工事施行セラレタリ然ルニ下流ノ沿岸尚《なお》水流屈曲シテ□地ヲ決潰シ其被害ノ及ブ所幾何ナルヲ知ル可ラズ茲《ここ》ニ於テ更ニユ事ヲ増延シ右岸二百七十五間《けん》左岸七十三間ノ修築ユ事ヲ施行シ大正四年十一月起ユ以来四閲月《えつげつ》ヲ経テ茲ニ竣ユ《しゅんこう》ヲ告ケタリ

以下、工事監督・工事委員など男性の氏名が列挙されているが、建設費寄附者氏名の 39 人はすべて女性である。男性は労働奉仕をし、女性は金銭で寄付をしたのだろうか。当時の女性が経済的に自立していたとも思えないので、講などで積み立てていたお金を寄付したのかも知れない。

写真 5.10　串良川改修紀念碑
（東串良町豊栄橋）

(3) 串良川改修紀念碑

上記（1）、（2）はいずれも串良川の上流に当たるが、下流の東串良村および西串良村では、ただでさえ蛇行していて氾濫しやすいのに、そこへ上流から大量の土砂が供給されたので、洪水が頻発した。そこで、両串良村は連合組合を結成して、改修工事に当たった。東串良町池之原の豊栄橋下流左岸に 1917（大正 6）年に建立された「串良川改修紀念《きねん》碑」がある（写真 5.10)。碑文は七高教授山田準の撰になり、長文なので抜粋する。

「河身屈曲多ク廣狭《こうきょう》常ナラス往々迂回《うかい》シテ水勢ヲ阻ス是ヲ以テ毎年氾濫シテ沿岸ノ田園民戸ヲ没シ惨害《さんがい》言フニ勝《すぐる》ヘス」「偶《たまたま》翌三年一月櫻島爆發《さくらじまばくはつ》シ高隈《たかくま》一帯ノ丘陵ニ降下堆積セル土灰沙石《しゃせき》ハ一雨《あめ》毎ニ洗ハレテ河身ニ流出シ水底ヲ埋ムルコト三尺乃至《ないし》一丈《じょう》平時濁水堤防ヲ越エ縦横亂流《じゅうおうらんりゅう》シ良田ノ沙磧《させき》ニ化スルモノ約百八十町」「八月土木事務組合ヲ設置シテ組合債ヲ起シ且ツ縣費《けんぴ》補助ヲ申請シ翌四年五月二十九日土工ニ着手シ五年九月二十一日竣工ス」「然ルニ工未タ竣《おわ》ラサルニ當《あた》リ大水屢《しばしば》到リ新舊《しんきゅう》ノ堤防十数箇所ヲ決壊シテ再ヒ良田約八十町ヲ流失」「乃《すなわ》チ第二次工事ヲ規畫《きかく》シ縣費補助ヲ仰ギ五年六月二日起工シ六年五月三十日竣ル」「今後水勢順流堤防堅牢《けんろう》住民堵《と》ニ安ンシ美田幾百頃穰々《じょうじょう》トシテ秋成《しゅうせい》ヲ見ントス亦聖世ノ慶事《けいじ》ト謂《い》フヘシ」

費用や工事個所数などは省略したが、末尾に新しく以下の文が彫り加えられている。

スベテノ組合事務ヲ完了シタノテココニ解散スル　昭和四十九年七月三十一日　両串良町土木事務組合管理者串良町長　佐枝　潔

すなわち、半世紀にわたって住民は河川災害と闘い続けたのである。

(4) 耕地整理記念碑

鹿屋市串良町細山田生栗須《いくるす》には河川改修工事だけでなく、耕地整理も行ったとの「耕地整理記念碑」がある。

大正三年一月十二日ノ櫻島爆發《さくらじまばくはつ》ハ我縣《けん》史上特筆スベキ事変ニテ之《これ》ガ被害又實《じつ》ニ甚大ナリキ我生栗須ノ田園モ一夜ニシテ白濱《しらはま》ト変シ其ノ惨憺《さんたん》タル景言

語ニ絶セリ而《しか》シテ之ガ復旧ニハ亦《また》非常ノ困難《こんなん》ヲ來《き》タシタリ時ノ村長入部祐廣氏ハ河川改修ノ急《きゅう》務ナルヲ説キ遂ニ之カ實行《じっこう》ヲ見我生栗須モ第一回河川工事ノ恩典ニ浴シ一萬《まん》余圓《えん》ノ堤塘《ていとう》竣工スルヤ耕地整理ヲナスノ機運ニ向ヒ即チ大正五年一月十四日工ヲ起シ大正六年一月四日無事竣工ヲ告クルニ至レリ而シテ之ニ要セシ経費ハ総計六千余円ニ達セリ爲《た》メニ整理前ノ田面積十一町七反余畑原野宅地三町七反余計十五町六反余ナリシヲ整理後ニハ二十町六反余歩ノ面《めん》積ヲ計上スルニ至レリ仍而茲《よってここ》ニ其ノ概畧《がいりゃく》ヲ誌《しる》シ以テ之ヲ永遠ニ記念セントス

桜島噴火を奇貨《きか》として河川改修にとどまらず耕地整理まで行って新田を開発したのである。

(5) 桜島島内の耕地整理

大隅半島の降灰被害も大変だったが、桜島島内はもっと降灰量が多かったから、その苦労は言語に絶した。桜島武《たけ》町南方《みなみかた》神社にある「櫻嶋爆發《さくらじまばくはつ》土地復舊《ふっきゅう》工事紀念《きねん》碑」には、その苦労がつぶさに記されている。1925（大正 14）年西桜島耕地整理組合が建立したものである。長文なので抜粋する。

「全島噴石輕石《かるいし》降灰ヲ以テ埋メラレ其ノ厚サ四五尺ヨリ數丈《すうじょう》ニ達ス」「歸村《きそん》シタル罹災《りさい》村民ハ食フニ食ナク住ムニ家ナク耕スニ一片ノ土地アルナシ實《じつ》ニ當時《とうじ》村民ノ窮乏ノ悲惨ノ狀況《じょうきょう》ハ能《よ》ク筆舌ノ盡《つく》ス所にアラサリキ災害土地ノ復舊耕地ノ回復整理ハ最トモ緊急ヲ要スル事ニ属セリ」「此ノ秋《とき》ニ際シ大窪宗輔氏窮乏困憊《こんぱい》ノ後ヲ承ケ本村長ニ就任シ鋭意人心ノ安定ト資力ノ復興産業ノ再建ニ努メ村會《かい》議員有志ト相諮《はか》リ耕地復舊ヲ急《いそ》ギ苦心慘憺《さんたん》熱誠力策シ遂《つい》ニ同年十二月十二日主務官廳《かんちょう》ノ許ヲ受ケテ我カ西櫻島村耕地整理組合組織セラル」「鋭意排灰除石耕地復舊ノ工事ニ奮躍勉勵《ふんやくべんれい》シ遂ニ耕地七百三十八町八反二畝十八歩ヲ復舊シ村民漸《よう》ヤク其ノ堵《と》ニ安ンジテ生業ニ從事《じゅうじ》シ得ルニ至レリ、此ノ間ニ處《しょ》スル組合長副組合長ヲ始メ評議員組合員等ノ拮据經營《けっきょけいえい》苦心慘憺ハ洵《まこと》ニ言語ニ絶スルモノアリトス大正十四年三月ニ至リ組合長ノ大窪宗輔氏ハ病ノ爲《ため》ニ遂ニ職ヲ辭《じ》シ」「茲《ここ》ニ本村土地復舊工事ノ概況ヲ刻《こく》シ村民ノ熱誠堅忍ノ意圖《いと》ヲ後世ニ貽《のこ》シ以テ後進子孫ノ奮勵ニ資セシムル所アラントスト云爾《うんじ》」

復旧は主に「天地返し」で行われた。1m 以上も覆った火山灰や軽石を除き更に 1m 余りの穴を掘って火山灰や軽石を入れ、その上にもとの黒土を被せるのである。費用には政府からの無利息借入金や県費、義援金などが充てられた。噴火から 11 年、大窪村長が病気で倒れるほど苦心惨憺の末工事が完成したのである。

8　地盤沈下・護岸決壊・高潮の記念碑

桜島大正噴火で忘れられがちなのが地盤沈下災害である。桜島マグマの供給源は姶良《あいら》カルデラ中央部にあるから、カルデラの位置する鹿児島湾奥部では数 10cm も沈下した（図 5.4）[12)]。そのため、塩田や江戸時代の干拓地は水没した。まさに滄桑《そうそう》の変である。姶良市・霧島市の海岸部に 7 基も記念碑が存在する。

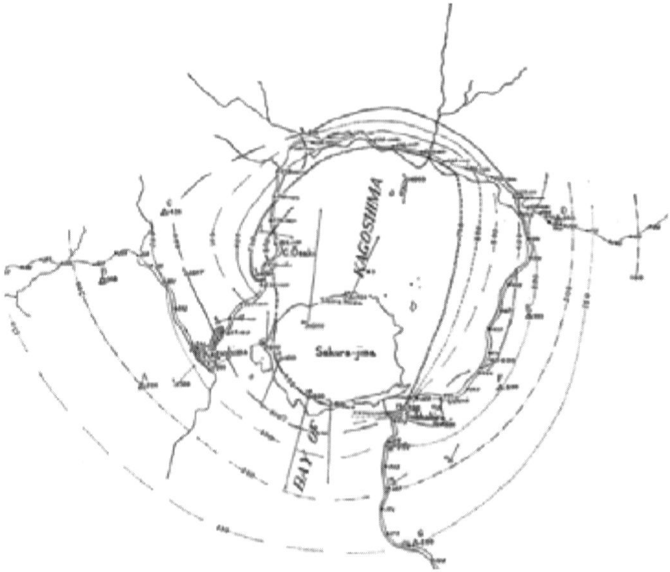

図 5.4　姶良カルデラの地盤沈下（部分）（Koto 1916）

(1) 霧島市小村新田の水没

小村新田は江戸時代末期の干拓地である。霧島市大穴持《おおあなもち》神社には新旧2つの記念碑がある。古いほうの「堤防復舊《ふっきゅう》記念碑」は1917(大正6) 年に建立された（写真5.11）。

写真5.11　堤防復舊記念碑
（霧島市小村新田大穴持神社）

小村新田ハ今ヨリ七拾《じゅう》有《ゆう》餘《よ》年前島津家二十七代ノ主斉興《なりおき》公ノ時代ニ開拓セラレシ所ニシテ當主《とうしゅ》忠重公ヨリ五万餘円ノ破格之《の》廉價《れんか》ヲ以テ拂下《はらいさ》ゲノ恩澤《おんたく》ニ浴シ村民生計之資源タルノ土地タリシナリ然《しか》ルニ大正三年一月十二日櫻島《さくらじま》大爆発シ連日天地鳴動噴煙天ニ冲《ちゅう》シ白日尚暗ク時ニ巨石ヲ降ラシ灰砂ヲ飛バシ熔岩《ようがん》ヲ噴出シ爲《た》メニ瀬戸海峽《かいきょう》ハ閉塞《へいそく》セラレ沿岸一帶《いったい》ノ土地沈降海水ハ三尺餘ノ高潮□來《らい》シ地區《く》内ニ海水侵入水田ノ大半ハ一大沼海ト變《へん》ズルニ至リ…八月ノ高潮…激甚《げきじん》ヲ加…遠近ノ應援團《おうえんだん》ト共ニ日夜寝食ヲ忘レ大《おおい》ニ防禦《ぼうぎょ》ニ努メタル甲斐《かい》アラバコソ仝《どう》月二十五日堤防ノ西南角其他数ヶ所ニ大決潰《けっかい》ヲ生ジ海水滔々《とうとう》トシテ浸入青田変ジテ海ト成リ浸水家屋百餘《よ》戸家財流失着ルニ衣ナク食フニ食ナキノ惨状ヲ呈シ村民ノ困憊其《こんぱいその》極ニ達セリ茲《ここ》ニ…

風化が激しく読めないところも多々あるが、1m余りの高潮が来たとあるが、土地沈降のためと正しく認識していたようだ。そこへ夏に台風が来て更に高潮の追い打ちを受けたようである。

写真5.12　帖佐村入濱鹽田浸潮の光景
（鹿児島専賣支局総覧による）

(2) 帖佐《ちょうさ》松原塩田の水没

姶良カルデラの中では姶良市・霧島市の海岸は遠浅のため、古くから塩田が営まれていた。それが地盤沈下のため水没したのである（写真 5.12）[13]。堤防決壊とあるから、地盤沈下だけでなく、恐らく地震に伴う液状化や側方流動などもあったのであろう。古くは 1931（昭和 6）年の塩田嵩揚《かさあげ》工事記念碑もあるが、氏名だけで碑文がないので、1968（昭和 43）年に明治百年を記念して姶良町が建てた塩釜公園にある「塩田の碑」を紹介する（写真 5.13）。長文なので抜粋にとどめる。

写真 5.13　塩田の碑
（姶良市塩釜公園）

（前略）当時の製塩家は一二〇余戸で盛況を呈していたが、大正三年桜島爆発の際大津波が襲い堤防は忽《たちま》ち決壊し塩田は一面の海となり復旧の術《すべ》もなかった。然《しか》し大正四年一月中村正村長はこの復旧工事計画を立て東奔西走し補助金七万八百五拾《じゅう》七円の許可を得たけれども村民の一部に阻止運動が起り村長は引責辞任した。その後蓑毛《みのも》三藏村長が意を決して前村長の計画を遂行すべく献身的な努力をし大正七年二月六万九千六百参拾参円の補助金で堤防工事に着手した。更にまた拾六万四阡《せん》二百円の起債で埋立工事を行ない同十三年全工事の竣工をみるに至った。その後は村営事業として再出発し、四国から技術者松井槇之助氏を招き、近代的な製塩施設に改めた。採かん家百二十六戸工場員六十名を傭《やと》い、年間製塩量三千屯壱《トンいっ》千八百万円の額に上る大製塩場となった。このため県下で一番税金の安い村と言われるまでに、松原や町の財政に寄与する処が大きかった。（後略）

これには「大津波が襲い」と書いてあるが、前述のように、地盤のほうが沈下したのであろう。塩釜神社の鳥居が、昔の写真と比べると寸足らずで、明らかに嵩揚げしたことが分かるからである。また､阻止運動と引責辞任とあるが、莫大な費用を要することに反対があったようだ。結局、帖佐尋常高等小学校校長で人望のあった蓑毛三藏氏が乞われて村長に就任、県や国を説得して起債に成功、製塩業の近代化にも尽力した。村会議員や村吏員，部落長など、皆、「村長」ではなく「先生」と呼んでいた由で、「敬慕の碑」が建立されている[14]。

9　移住の記念碑

地震災害と違って火山災害は家屋だけでなく土地まで失うことがある。溶岩で埋まったところや、分厚い軽石・火山灰で覆われたところは、移住するしか方法がない。島内だけでなく百引《もびき》村（現・鹿屋市）など大隅半島からも移住者が出た。溶岩流出を目撃した県当局は移住不可避とみて、噴火後５日目には、熊毛郡長宛に移住の打診をしているし、北海道など各地に吏員《りいん》を派遣、移住候補地の調査をさせている。国も６月には勅令《ちょくれい》で主務大臣（内務・大蔵・文部）の権限を県知事に委任、現状に即した機敏な措置が執れるようにした。移住には指定移住地と縁故をたどる任意移住地とがあった。指定移住地には国有林が当てられた。国はこれを県に無償で払い下げ、県が罹災《りさい》者に貸与、開墾が完了して一定の年数が経過したら、無償譲渡する仕組みだった。移住民には移住費・農機具・種苗費・小屋掛け費・家具費・食料費などが支給された。貸与されたのは農地だけでなく、宅地・薪炭《しんたん》林地・学校敷地・墓地・寺院敷地などさまざまな種目がある。３月 12 日には種子島に移住が開始され、また、垂水村大野原《おおのばる》では翌年中に入植が完了している。このように敏速な措置が執られたが、国有林の原野を開墾するのは困難を極めた上、飲料水の入手に苦労した。谷底に水を汲みに行くのは女子供の日課、重労働だった。南大隅町桜原《さくらばい》の「櫻島爆發《さくらじまばくはつ》移住記念碑」には、側面に「水道記念」と刻まれている（口絵 23）。水道開通がどれほど待たれていたかが分かる。

写真 5.14　移住紀念碑
（宮崎県小林市大王）

(1) 移住紀念碑（宮崎県小林市大王）

移住記念碑には移住者の氏名を列記したものが多く、碑文が少ないが、宮崎県小林市大王《だいおう》の「移住紀念《きねん》碑」（写真 5.14）にはかなり長い碑文がある。

櫻島《さくらじま》は錦江灣《わん》頭の巨島にして風光千古に稱《しょう》するに足るものあるも爆發の慘禍數次《さんかすうじ》に及び其の厄《やく》に遇《あ》ふ一再ならず近く大正三年一月新春の瑞気猶《なお》天地を罩《こ》むるに遽然《きょぜん》震動頻《しき》りに至り噴煙盛《さかん》に起り櫻島遂《つい》に爆発す火焰《かえん》を噴き巨石を飛ばし轟鳴殷々悽愴《ごうめいいんいんせいそう》を極め火光炎々心膽《しんたん》を寒からしむ島民周 章《しゅうしょう》施す所を知らず老幼僅に相携へ輕舸《けいか》を呵《か》して難《なん》を對岸《たいがん》に避く震域九州全土に亘《わた》り音響四百里の遠きに達す凄慘《せいさん》の狀亦 以 推想《じょうまたもってすいそう》に難《かた》からざるものあり如斯《かくのごとき》もの數《すう》日熔《よう》岸（〈注〉岩の誤り）四方に噴騰《ふんとう》し火粉全島を掩《おお》ひ嶋嶼《とうしょ》を没し村閭《そんりょ》を毀《こぼ》ち一島の耕地爲《ため》に悉《ことごと》く埋没し家畜爲に殆《ほとん》ど焚死《ふんし》し一萬《まん》の住民歸《かえ》るに家無く耕《たがやす》に地無く 太《はなはだ》凄慘を極む識者奔走復旧を策するも事固《もと》より容易ならず仍《よって》而意を決して遂に宮崎縣《けん》西諸縣《もろかた》郡小林町字《あざ》大王の地に移る累世墳墓の土を辭《じ》してあえて未蹈《みとう》の地に漂浪《ひょうろう》す誰か亦《また》涙なきを得んや大正三年五月六日初めて此地に來《きた》る者 卅《さんじゅう》 九戸爾後《じご》三回に渉《わた》りて十五戸を加ふ矮屋《わいおく》を構へて僅に雨《あめ》雪を凌《しの》ぎ夷守國《ひなもりこく》有林の下付《かふ》を受け鋭《えい》意之《これ》が開墾に從《したが》ふ大正六年四月二日餘《よ》金を投じて水道を開き翌年三月道路工を竣《お》ふ爾來《じらい》春風沐雨《もくう》十星霜《せいそう》今や戸數《こすう》六十一地積百八町生計の基礎 漸 定《ようやくさだま》り各其堵《そのと》に安《やすん》ず 顧《かえりみる》に一生を萬死《ばんし》に得《え》新《あらた》に生活の根抵を樹《た》つるを得たるは洵《まこと》に昭代の賜《たまもの》にして天恩の優渥《ゆうあく》に由《よ》ると 雖《いえども》 地方官民の深厚なる同情と援助とに負ふもの尠《すくな》からず就中《なかんずく》堀之内盛兼氏の懇到《こんとう》なる指導と志戸本次兵氏の斡旋に依《よ》り産業組合加入の資を得たるとは永忘能□□時方に十周年に際し往時を追想して感慨止《やむ》なし乃《すなわ》ち碑を建て事蹟の一斑《ぱん》を刻して後昆《こうこん》に傳《つた》ふ

大正拾貮癸亥《じゅうにみずのとい》年壱《いち》月十二日建

噴火時の島内の凄惨な様子と、移住を決意した悲痛な心情、並びにその後の開墾に当たった艱難辛苦が述べられている。噴火の４ヶ月後５月６日に入植、水道が完成したのはその３年後、「生計の基礎」が固まって記念碑を建立するに至るまで、９年かかっている。

なお、碑文には「地方官民の深厚なる同情と援助とに負ふもの尠《すくな》からず」とあるが、噴火の翌年、新渡戸稲造が大王の現地調査に赴き、次のように書き残している。

「當《とう》局の話を聞くと、如何《いか》なる村方でも、未だ曾《かつ》て移民排斥をしなかったものは無いさうである。只の一箇所でも、不幸なる罹災者に欵待《かんたい》の意を表した村は無かったと云ふ。而《しこう》して其眞《そのしん》の動機はやはり經濟《けいざい》上のものらしい。卽《すなわ》ち從來《じゅうらい》下草下枝採取の慣行が存した林地を、新たに他所《よそ》の者に占有せられるのは、直接に各自の利益《えき》に關《かん》するので、之《これ》を欲しなかった爲《ため》であるらしいが、表面上は櫻島の者は虚言《うそ》を吐《つ》くとか、手癖が惡《わる》いとか云ふを以て苦情《じょう》の理由とした。それにも或程度迄の根據《こんきょ》はあったかも知れぬが、兎《と》に角《かく》同胞の困難《なん》を考の中に入れぬのはひどいと思った。第二の排斥理由としては、櫻島の者は粗食に耐へてよく働くから、斯《かか》る隣人を新に得て壓迫《あっぱく》せられるのを好まぬとも云うたさうだが、此《これ》などは近《きん》年我出稼人に對《たい》する米國《こく》人の態度と、全然同一の苦情であるのを奇とすべきである。」[15]

このように、移住には開墾の苦労だけでなく、さまざまな困難が付きまとった。結局、隣人に溶け込み「深厚なる同情」を得るには長年月かかった。

(2) 土地所有権移転紀念碑（垂水市大野原）

前述のように、移住者には国有林の原野が貸与された。望郷の念に駆られて桜島に帰った者、開墾の苦労に耐えられず出て行った者など多数あったが、最後まで踏みとどまって開墾に従事した者には、土地が無償譲渡された。その喜びを記念する「土地所有權移轉紀念《けんいてんきねん》碑」が垂水市大野原《おおのばる》にある（写真 5.15）。記念碑建立の日付は 1936（昭和 11）年である。移住 21 年後のことであった。

写真 5.15　土地所有権移転紀念碑（垂水市大野原）

大正三年一月十二日櫻島大噴火ニ依ル被害ノ爲《ため》
大正四年四月移住當《とう》時八十三戸元櫻島二十二戸
垂水六十一戸昭和十一年五月二十日所有權移轉
總《そう》地積百八十二町一反五畝十六歩
移轉當時鹿児島縣知事　高岡直吉

10　開拓魂を伝える石碑

指定移住地は国有林の原野だったから、子供たちは険しい山道を遠くまで通学しなければならなかった。それも不可能なところには尋常小学校が新設された。大野原《おおのばる》（現・垂水市）、大中尾（現・南大隅町）（写真 5.16）、鴻峰《こうのみね》（現・西之表市）の３尋常小学校である。これら移住地は父祖の言語に絶する苦労にも関わらず過疎高齢化が進行、いずれも現在休校中、実質的には廃校である。種子島の鴻峰小学校に行った際、すべり台やジャングルジムの鉄は錆びて朽ち果てていたが、花壇には花が植えられ、校舎内は清掃されていた。地元の方は「休校中であって決して廃校ではない」と強調しておられた。何時の日か子供たちが帰ってくることを願っている気持が痛いほど伝わってくる。

垂水市の旧大野小中学校には、祖先の開拓魂を伝えようと、正面に「開拓魂」という石碑が建っている（写真 5.17）。しかし、今は賑やかな子等の声が聞こえない。

写真 5.16　大中尾尋常小学校
（旧南大隅町立大中尾小学校蔵）

写真 5.17 開拓碑
（垂水市大野原　旧大野小中学校）

11　復興に関した頌徳碑

前述したように、「櫻嶋爆發《さくらじまばくはつ》土地復舊《ふっきゅう》工事紀念《きねん》碑」の大窪村長、「塩田の碑」の蓑毛《みのも》村長など記念碑の中に功績が称えられているものもあるが、復興の中心となった人物の頌徳《しょうとく》碑もある。

東桜島小学校の爆發記念碑にある「勤倹産ヲ治メ」を実行したのが西桜島村長久米芳季《よしすえ》氏である。桜島港に「久米芳季翁頌徳碑」がある（写真 5.18）。碑文を一部抜粋する。

> 英邁な資性は良く世情の推移を洞察して大正十二年村農会長に就任するや鹿児島《かごしま》市小川町に青果市場を創設して販路の拡張品種の改良に又産業組合の振興に寝食を忘れて奔走し村経済発展の基礎を確立し昭和四年村長に推されるや村営交通事業を開始して子弟の勉学に資し村民の村外発展の礎《いしずえ》を樹《た》てると共に噴火の災害に備える基本財産造成に着手した
>
> 昭和十四年バス事業を開始し袴腰港の埋立をなし車輌の航送をも始め大隅開発の一助ともなし又今日本村唯一の特殊財源として行政を円滑ならしめた

写真 5.18　久米芳季翁頌徳碑とスクリュー・錨（鹿児島市桜島港）

大正末期までは、島民丹精《たんせい》の農産物が鹿児島の問屋に安く買いたたかれていたため、対抗策として対岸の鹿児島市内に青果市場を設置したり、村営バスや村営フェリー事業を興したりしたのである。これが基礎となり、桜島大根や桜島小ミカンなどの特産品と観光事業で、昭和 40 年代からの新婚旅行ブームと相まって、村民税ゼロと言われる豊かな村を築き上げた。そのため、鹿児島市との合併をかたくなに拒み続け、ようやく合併したのは平成の大合併のときであった。翁の頌徳碑は翁の生前 1958（昭和 33）年に建立された。

島外でも降灰被害から立ち直るために耕地整理が喫緊の課題だった。耕地整理は水利権や土地の地味など、複雑に利害が絡んで難しい。私財を投じて完成したのが山重《やましげ》太吉翁である。1966（昭和 41）年翁の 33 回忌に当たり、曽於《そお》市荒谷《あらたに》の美田を見下ろす地に「山重太吉翁頌徳碑」が建てられた。碑文を抜粋する。

> 然《しか》し乍《なが》ら翌三年桜島の大噴火があり降灰四十センチに及んで川の模様は一変　大正六年同十年と用水路に水は溢《あふ》れ埋って工事は挫折《ざせつ》し予算は次々に狂った　大正十三年その工事資金五万六千六百八十五円の返済要求を受け　水田五町　畑十五町　山林三十有余町歩を競売さる　当時　米一升十五銭の時代にて翁の私有財産ことごとくを開田に費消されたものである　翁は挫《くじ》ける事なく馬場藤吉氏野井倉甚兵エ氏らに協力を求めて水田受益者組合を組織　事業を組合に移して翌十四年漸《ようや》く通水　畑地帯をして米産地となし　郷人に潤《うるおい》を与えんとされた翁の念願は叶い　遂に肥沃なる四十有町歩の水田が開けるに至った
>
> 翁は畜産の奨励　優良種馬の品質改良による野方《のがた》馬の名をあげる基礎をつくるなど　生涯を郷土の産業開発に尽されたが　全私財を投げ　無一物となって開田に尽力された翁の遺産を受けて此の地は今日の豊穣《ほうじょう》を見るに至る

12　おわりに

火山災害は地震災害と違って一過性ではない。長期にわたる同時多発広域複合災害なのが特徴である。桜島大正噴火でも、直接の噴火災害だけでなく、地震災害・地盤沈下災害・土砂災害・水害など多種多様な災害があった。

記念碑には記されていないが、避難中の不衛生な環境や汚れた水などが原因で赤痢・腸チフスなど伝染病も蔓延、火山活動や地震に伴う直接の犠牲者よりも多い方々が亡くなっている。

近年の火山災害を例に取ると、1990年雲仙普賢岳噴火では1995年まで活動が継続したし、2000年三宅島噴火でも、2005年に避難指示は解除されたものの、未だに火山ガスの放出が続いている。桜島大正噴火の噴火活動は1年近く続いたが、火山活動の終息宣言は決して災害終了ではない。世間一般からは災害終了として、忘れ去られていくだろうが、地元ではここから長い苦難の道が始まるのである。噴火活動の最中は周囲からの同情と厚い支援があり、被災者同士も貧富・身分の差を超え、互いに助け合う。いわゆる災害ユートピアの実現である。

しかし、生活再建の段階になると、被災の程度、貧富の格差、世代間・地域間の思惑の違いなどが表面化し、利害が錯綜して、復興方法のあり方、将来像などをめぐって軋轢が生じる。一般には記念碑にマイナス面を記すことは稀であるが、数ある記念碑の中には、たとえば「塩田の碑」のようにそれをうかがわせる碑文もあるし、中には文章が途中で突然途切れているものもある。小学校に残されたPTAの記録には「政治闘争」「肉親離反」などの文言があり、その間の事情を物語っているようだ。

こうした対立を乗り越え、皆を団結させて、復興を果たしていくには、強いリーダーの存在が不可欠となる。桜島大正噴火時で言えば、各地で名村長が活躍した。こうして「県下で一番税金の安い村」「村民税ゼロの村」が実現されたのである。被災前より豊かに復興して、始めて災害が終了したと言えるのではないだろうか。それには10年から数十年かかる。

被災地域以外の人たちには、現地ではこのような葛藤と苦闘が続いていることを認識し、長期にわたる暖かい継続的な支援が求められる。

さて、冒頭述べたように、今年桜島大正噴火100周年を迎えた。これは単なる節目ではない。2011年の東北地方太平洋沖地震で日本列島の応力場が変化し、大地震や大噴火が発生しやすい地学的な環境が醸成されている。南海トラフの連動型地震や富士山噴火などが取り沙汰されている所以である。南九州も例外ではないのである。そこで、鹿児島大学地域防災教育研究センターと南日本新聞と共同で、姶良カルデラ周辺の約200事業所を対象に、アンケート調査を行った。事業継続計画（BCP）を有し、実践しているところはごく僅かであった。大正クラスの大噴火があるかも知れないとは認識しているが、我が事として受け止めていないのである。「想定外」を想定しようとの意欲、あるいは勇気に欠けているようだ。長期の休業は顧客の離反、雇用の喪失、地域の衰退へ直結する。桜峰小学校の記念碑に「萬一《まんいち》ヲ無虞《むぐ》ノ日ニ警《いまし》メ安キニ狃《な》レス變《へん》ニ騒カス」とあったが、「安きに慣れて」いるのではなかろうか。今の「無虞《むぐ》の日」こそ、大正噴火の経験を生かし、想定外に備えて準備をする絶好の機会である。

なお、鹿児島市東桜島町では「大正大噴火被災百年の碑」が、西之表市桜園では「桜園部落創立百周年記念碑」が 2014 年に建立されることになっている。

謝辞

鹿児島純心女子大学非常勤講師橋村健一氏および鹿児島県立博物館主事鈴木敏之氏には記念碑に関して種々ご教示いただいた。また、NHK 鹿児島放送局および南日本新聞社には新しい記念碑の所在について広く情報提供を呼びかけていただいた。篤く感謝の意を表する次第である。

参考文献

1）寺田寅彦：津浪と人間，寺田寅彦全集 7 巻，岩波書店，1933
2）今村明恒：地震漫談（其の十一）櫻島爆發の追憶，地震，Vol. 6, No. 4, pp. 213-215, 1934
3）川辺禎久・中野俊：山口鎌次氏撮影の桜島噴火写真，地質調査総合センター研究資料集，No.525，2010
4）桜島町郷土誌編さん委員会：桜島町郷土誌，桜島町，965p.,1988
5）鹿児島縣囎唹郡役所：櫻嶌爆發誌，鹿兒島縣囎唹郡役所，165p., 1916
6）本田克：櫻島大噴火と加治木，柁城，28 号，口絵，1914
7）中山尋常小學校：櫻嶋噴火紀念作文帖，155p., 1914
8）今村明恒：九州地震帶，震災豫防調査會報告 92 號，pp.1-94, 1920
9）田上尋常高等小學校：西武田村誌，283p., 1915
10）金井眞澄：大正參年度に於ける櫻島火山の噴火狀況並に噴出物及作物栽培に關する調査試驗報文，鹿兒島高等農林學校調査報告，pp.1-107, 1920
11）下川悦郎・地頭薗隆・小林哲夫：大正 3 年桜島大噴火が火山周辺地域の侵食に及ぼした影響，科研費研究成果報告書，pp.3-26, 1991
12）Koto, B. : The great eruption of Sakura-jima in 1914, Jour. Coll. Sci., Tokyo Imperial Univ., Vol. 38, Art. 3., 236p., 1916
13）鹿兒島專賣支局：鹿兒島專賣支局要覧，口絵，1915
14）山下義清：蓑毛三藏先生宇都宮吉熊両先生敬慕誌，私家本，139p., 1956
15）新渡戸稲造：櫻島罹災民の新部落，郷土會記錄／柳田國男編，pp.156-166, 1915

第６章
東日本大震災の震災遺構保存

首藤伸夫・大石雅之

1　はじめに

2011 年東北地方太平洋沖地震に伴う津波は、三陸地方を中心として大きな威力を発揮し、至るところで大災害をもたらした。この結果として震災被害を後世に伝えるのに適した遺構が多数生じた。が、それを保存するか否かは目下進行中の大きな課題である。

一方、過去の津波（付録 6.1）を伝えるものは、三陸地方に留まらず、全国にかなり存在していた。これらの遺構、経験がどう伝わったか、あるいは無視され消滅したかは、今回の遺構保存に向けて大いに参考になるはずである。

本章では、まず、こうした過去の津波伝承について紹介する。

ついで、今回の津波の実態や特徴的な被害を概説し、遺構を残そうとする動きを紹介したのち、現時点での遺構候補を巡る経過や遺構の持つ意味を考えることとする。

なお、1896 年明治三陸大津波を明治津波、1933 年昭和三陸大津波を昭和津波、今回のものを平成津波との略称を用いる。

2　東日本大震災以前の津波伝承

(1)　地名と伝説

古い津波の記憶が地名として留められていることがある。

①保呂毛《ほろけ》　宮城県南三陸町の水尻《みずじり》川で、河口から 1.5km 程の左岸に大雄寺がある。その対岸の地名が保呂毛で、津波の来た所を意味するアイヌ語の「ホロックル」からきたという。

②タタカイ沢　同じ南三陸町の志津川湾南岸水戸辺川の上流にある。慶長の津波がここまで上り、海水と真水が戦った所という。この水戸辺川に大害沢（最も被害のあった場所）、舟沢（舟が流れついていた）、小屋の沢（家が流れついていた）など 10 地点の地名がこの津波に関連しているという。

③船繋ぎ場　岩手県山田町船越半島南岸の小谷鳥と北の山田湾大浦との間にあった地名で、古い津波、おそらく 1611 年慶長津波が越えたことを示すものであるといわれ、明治には標が立っていた（巖手公報、明治 29 年 7 月 30 日）。峠の最高点はほぼ T.P.27m の高さである。山奈宗真は明治三陸大津波後に「大浦から南へ越えた」と聞き、今村明恒は 1933 年昭和三陸大津波後に「小谷鳥から大浦へ越えた」と聞いている。

④浪分け神社　海岸から 5km 程内陸の仙台市若林区霞の目にあり、昔の津波が分かれた所と言われている。

⑤ドの坂　田辺市新庄の東光寺前の峠道で、1707 年宝永の津波が名《な》喜《き》里《さと》からのものと跡ノ浦からの波とが「どーん」と打ちあったことから名付けられた。高さ 13m ほどの場所である。

⑥三艘船　佐渡両津にあり、過去の津波、おそらく 1741 年渡島大島の津波で押し上げられたものだろうといわれている。浜から 800m、高さ 8m ほどである。

⑦今切　1498 年明応地震津波で、それまで淡水湖であった浜名湖の出口が大きく切れたことで付いた地名である。それまで遠淡海《とおつあわうみ》として遠江《とおとうみ》の語源であった淡水湖が消滅したのであった。

(2) 津波石

津波で運ばれた巨石はあちこちに存在する。

岩手県田野畑村羅賀の津波石は 1896 年明治三陸大津波で T.P.24m の高さまで運ばれた推定重量 20t を超えるものである。こうした来歴のはっきりしたものについては、数値計算で移動状況を推定する試みがなされている。

岩手県宮古市摂待には、1611 年慶長地震津波で持ち込まれたと伝えられる推定重量 280t にも及ぶ摂待《せったい》の大岩のほかにもいくつかの津波石があった。2011 年の津波でも 30t 級の岩が運ばれてきた。

写真 6.1　捏造された津波石

大船渡市三陸町吉浜では、2011 年の津波で破壊された市道の下から「津波記念石」、「重量八千貫」（約 30t）と刻みこまれた巨石が顔を出した。住民の記憶によると、明治か昭和の三陸大津波で運ばれてきた、横幅 3m、高さ 2m 位のもので、1975 年頃の道路工事の際埋められたという（岩手日報 2011 年 6 月 10 日）。

大船渡市合足《あったり》の 1896 年明治三陸大津波で運ばれてきた重量約 10t と推定される粘板岩の岩塊が林の中にある。海辺から 66m、高さ約 6m の地点で、周囲には同時に運搬されて来たと思われる角礫層が堆積している[1)]。

沖縄県先島諸島には津波石が多く存在し、なかでも下地島の帯岩は高さ 12.5m、周囲約 60m といわれる巨大なものである。

これらに加えて、捏造報道となった津波石がある（写真 6.1）。明治 29 年 7 月 15 日付けの東京朝日新聞第 3493 号付録は写真 23 枚で成り立っているが、それに掲載された写真は、文芸倶楽部海嘯義捐小説に転載され、また風俗画報海嘯被害録中巻に版画として紹介されている。ところが、これは遠野市綾織町に現存する弁慶の挿話も伝えられる続石そのものであり、全くの捏造であった。

(3)　石碑

①供養碑

古くは供養碑が多かった。1896 年明治三陸大津波の後 124 基の記念碑が建てられたが、その 101 基には襲来の日付と碑銘のみ、20 基には遭難者名が刻まれており、次世代への警鐘を鳴らすものは皆無であった。

例えば、岩手県三陸町吉浜では高さ 2.68m、幅 1.47m、厚さ 0.43m の碑の「嗚呼　惨哉　海嘯」した銘の下に、約 220 人の名が刻まれている。名に朱を入れていたが、年が経つにつれ、石も劣化し読みづらくなっている。

記念像としては、1983 年日本海中部地震津波で犠牲となったスイス人女性をしのぶ、マグダレーナ・マリア像がある。男鹿水族館近くで犠牲となったこの女性の像は、最後にその姿が認められた場所を眺めるように建てられていた。たが、水族館改造などに伴い、駐車場脇の岩陰に陸地を向いて建つ、目立たないものに変わってしまった。この津波の後にも供養石碑が数多く建てられた。

供養を行いながら津波があったという事実を継承しているのは、宮崎県青島近郊の外所《とんところ》である。1662（寛文 2）年の後、西教寺が 50 年ごとに法要を営み、石碑を建てている。現在は 350 年碑まで 7 基が存在する（口絵 3）。必ずしも正確に 50 年ごとではないが、345 年に当たる 2007 年に行い、「外所 350 回忌供養碑」が建立された。

②教訓伝承

例えば、三重県紀伊長嶋町仏光寺に現存する津浪流死塔である。医者にして文人であった橘南谿の西遊記続編には、「その碑面に『宝永 4 年（1707 年）10 月 4 日 14 時ころ大地震があり、津波が来襲。長嶋に浸水して、数多く流失した。今後は大地震があれば津波が来ると心得て山の上に逃げるように』と記してあり、命を救うのに役立つ」としている。

宝永津波の碑は高知県須崎にもある。須崎大善寺宝永津浪溺死之塚には、「揺り出すや否や浪の入るに非ず少しの間はあるものなれば、ゆり様を見計ひ食物衣類などの用意して扨石の落ちざる高所を撰びて遁るべし」とある。

その近くの宇佐には安政の津波後に建てられた萩谷名号碑があり、「昔宝永の変にも油断の者夥敷流死の由。今度もその遺談を信じ、取あへず山手へ逃登る者皆恙なく、衣食等調度し、又は狼狽にて船にのりなどせるは流死の数を免れず、可哀哉」としてある。

土佐出身の板垣退助内相はこのことを知っていたらしい。1896 年明治三陸大津波後、新聞記者に対して次のように述べている。「今後被害地各所に建立されるであろう記念碑だが、単に災害当時の惨状を記録するだけに止めないが良かろう。前にも述べたのであるが、津波来襲時の前兆などの知識を書き記し、子孫に伝えるべきである」（巌手公報、明治 29 年 7 月 12 日）。だが、実際には供養碑しか建たなかった。

1933 年昭和三陸大津波の後、震災予防評議会の津浪災害予防に関する注意書に記念碑が触れられている。ちょうど関東大震災 10 周年に当たり記念事業として、後世まで残る警告文の選定と記念碑建立の事業が進んでいた。東京・大阪朝日新聞社に集まった義援金を罹災各町村に分配した残額を記念碑建設資金として県を通じて配分した。

宮城県の公式記録では、63 基に建てられ、「地震があったら津浪の用心」、「津浪がきたらこれより高い所へ」、「危険区域内に居住するな」などの募集された標語を刻むこととなった。実際の調査によると 66 基あるという。

青森県では 7 基。「地震海鳴りそら津浪」と直前の現象との関連を述べたものが多い。

岩手県には公式の記録はないが、現実には 84 基と多い。

中でも有名になったのが、宮古市姉吉のものであろう。「高き住居は　児孫の和楽　想へ惨禍の　大津浪　此処より下に　家を建てるな」の碑は海へ下りて行く道の曲がり角に建てられた高さ 1.32m、幅 0.54m、厚さ 0.30m のもので、20 数戸の集落の人が海辺の故地へ下りることを防いできた。ただ海近くにはキャンプ場があり海水浴客も予想された。1982 年には 1933 年明治三陸大津波による被災者の 50 回忌に海から良く見える高台に観世音菩薩像を建立し、さらに良く目立つ津波到達点表示板に 1896 年明治三陸大津波で 16.20m、1933 年昭和三陸大津波で 12.58m と記して外来者に高い所への避難を呼び掛けていた。

こうした取組みがチリ津波では裏目に出た。地震を感じないのに津波が来たからである。そのため、観光客が訪れる宮古市浄土ヶ浜の北端には「地震のあとは津波の用心」と「地震がなくとも津波は来る」が並び立つことになった。当時の人は「自然の掟には前例も何もありません」と表現した。

(4) 津波到達標石

昭和や明治の津波到達地点を示す石柱も建てられた。ただそれは口絵 32 に示すように小さいものでしかなく、道路工事などの際に次々と失われてしまった。

1983 年日本海中部地震津波の後で、高さは背丈に近く、横幅はその 1.5 倍はある大きな看板が津波到達点に建てられた。金属製のパイプ型枠に、アクリル板を吊るしたものであったが、海辺のため腐食が激しく、30 年後にはかなりのものが失われた。

⑸ 建築物

昭和津波の時、鉄筋コンクリート造の建物が漂流物を止めて背後の木造住宅を守ったことが認められ、耐津波建物として推奨されたが、遺構として保存されたものはない。

1993 年北海道南西沖地震津波では、奥尻島青苗 3、4、5 区は、津波と火災でほぼ全滅したが、1 棟だけ残ったものがある。

青苗 4 区の鉄筋コンクリート造土蔵で、屋根の一部、窓は破られ、鉄製のドアはやや中に押し込まれてはいた。狭い隙間から覗くと、僅か 0.20m 程の浸水しかしていなかった。津波に強い建物の貴重な例である（口絵 33）。現在も使われているが、遺構との明記は無い。

⑹ 震嘯記念館

1933 年昭和三陸大津波ののち、宮城県は 32 集落に復興記念館を建設した。その意図は、「沿岸地方は從來屢次震嘯の厄に悩まされたる苦き經験を有する地方なれば、今回の災害を機會として、部落毎に、復興記念館を建設し、災害を永久に追憶し、將來の災禍防止避難を眼目とし、傍らこの種の天災に對する知識を獲得せしめ、更に部落民の會議懇談冠婚葬祭等の諸會合にも利用せしむる公會堂の一種となさんと欲し」、「非常時においては避難所として、常時には共同作業場及び隣保扶助事業に使用する」本館と物置からなる記念館とした[2)]。

その後の実態を詳しく調べたのが白幡勝美[3)] である。当初 32 集落とあったが、実際には 16 町村 33 箇所に建設された。災害記念館、復興記念館などと称せられることもあった。竣工は 1935 ～ 1936 年ごろと見られ、階上村では 1937 年になって竣工している。昭和 30 年代以降は、幼稚園、保育園、公民館などとして使用されたところが多い。

屈曲に富んだリアス式海岸だけではない。仙台湾の南端に近い山元町坂元の磯崎山にも作られていた。磯崎公園内に震嘯記念館があったが昭和 60 年代に焼失した。今回の津波では 15、16 人の住民がそこへ避難し、さらに背後の少し高い所にある堂へ逃げて助かった。

この記念館の多くは、取り壊し、焼失、流失し、現在建設当時の姿を残しているのは気仙沼市唐桑町馬場にある宿海嘯記念館のみである。小学校教室、唐桑町立家政学院などとして使われ、現在は宿集会所となっている。

(7) 津波博物館

この種の博物館の最初のものは、気仙沼市唐桑町の津波体験館であろう。これは室内展示を主としたものであったが、これを参考にしながらハワイ島ヒロに出来た津波博物館はかなり違うものになった。1946 年アリューシャン津波、1960 年チリ津波で壊滅的な被害となったシンマチ（新町：かっての日本人街）に接する位置にある。いろいろな展示に加え、walking tsunami tour, driving tsunami tour を随時催している。参加者が集まれば、ボランティアが案内し、過去の津波被害の場所で備付けの写真を見ながら説明する。止まったままの時計、打ち上げられた大きなコンクリートブロックなどが記念として残されている。これらはグーグルアースでも見ることが出来る。

(8) 行事

1854 年安政南海地震津波で大被害となった和歌山県広村（現・広川町）では、1903 年に浜口悟陵ゆかりの堤防を維持するとともに犠牲者の冥福を祈る 50 回忌を行った。その後、毎年 11 月 5 日に津浪祭を行っている。小中学生が堤防の修復を行い、盛大な津浪パレードを行う。さらに 2003 年からは「いなむらの火祭り」も開催するようになった。

こうしたこともあって、和歌山県選出の議員らの提唱により 2012 年から 11 月 5 日が「津波の日」になった。

人間は忘れやすい。30 年も経過すると世代が変わる。こうして過去の経験や知識が伝わらない。宮崎県青島の近郊に位置する外所の西教寺では 1662 年の外所地震と津波をしのぶ法事を 50 年ごとに行い、そのたびに口絵 3 に示したように石碑を建てている。

3　東北地方太平洋沖地震津波の概要

(1) 地震と津波[4)]

2011年3月11日午後2時46分、三陸沖を震源とするマグニチュード9.0の巨大地震が発生した。宮城県栗原市で震度7、宮城、福島、茨城、栃木の4県37市町村で震度6強を観測したほか、東日本を中心に北海道から九州地方にかけての広い範囲で震度6弱から震度1を観測した。

国内観測史上最大規模のこの地震は、気象庁により「平成23年（2011年）東北地方太平洋沖地震」（英語名：The 2011 off the Pacific coast of Tohoku Earthquake）と命名された。また、この地震による災害については「東日本大震災」と呼ぶことが2011年4月1日に閣議決定された。

発震機構は、西北西—東南東方向に圧力軸を持つ逆断層型で、太平洋プレートと陸のプレートの境界の広い範囲で破壊が起きたことによると説明されている。断層の破壊は、破壊開始点付近で徐々に拡大した後、南北方向に分かれて進行した。最大で約30mの滑りが発生した領域もある。

この地震で発生した津波は東北地方から関東地方にかけての太平洋岸に甚大な被害をもたらした。直後に全国的に調査が始まり、その結果を共有するホームページがhttp://www.coastal.jp/ttjt/となっている。その調査結果と、1896年明治三陸大津波、1933年昭和三陸大津波の値を比べたものが口絵28である[4)]。最大遡上高については、今回と明治津波とはほぼ同等の40m近い値があるが、影響した範囲に関しては今回の津波の方が圧倒的に広い。北海道地方で5m強、関東地方で10m、四国地方で3m、九州地方でも1mを越える津波が来襲している。

被害状況は、2013年11月8日の警察庁緊急災害警備本部の発表によれば、死者15,883人、行方不明者2,651人、負傷者6,150人、建物被害は全壊126,602戸、半壊272,426戸、全半焼297戸、床上浸水3,352戸、床下浸水10,218戸、道路損壊4,198箇所、橋梁被害116箇所、山崖崩れ207箇所、堤防決壊45箇所、鉄軌道被害29箇所ときわめて大きなものであった。直後の救援活動はこうした被害のため、円滑には進行しなかった。

(2) 地震、津波、そして被害の特徴

①想定地震との大差[4)]

地震調査研究推進本部が日本海溝に沿って発生すると想定していた地震の分布は口絵 29 に示す通りであった。それぞれが独立で発生すると考えていたが、平成地震の震源とすべり量分布は口絵 30 のように広範囲に及ぶものであり、いくつもの区域が連動したと言わざるを得ない。

それまで 30 年近い観測結果からの推論では思いもよらぬ現象であった。

②鉄筋コンクリート造建物の倒壊

平成津波以前の実績では、浸水深 5 m までは鉄筋コンクリート造建物で壊れた例は全世界的に見て皆無であった。倒壊したたった 1 つの例は、1946 年アリューシャン津波で壊されたウニマック島の灯台であった。地盤高 10 m に建てられた高さ 18 m の灯台は、30 m と推定される砕波段波として来襲した津波の 1 撃で倒された。残された基礎部分から見ると、灯台本体は基礎に 8 箇所で結合されていたに過ぎなかった。これを 20 m の浸水深で倒されたとすると、5 m までは大丈夫、それから 20 m までは事例がないというのが、平成津波以前の実績であった。

そして 2011 年 3 月 11 日、宮城県女川町で鉄筋コンクリート造建物 5 棟、鉄骨構造ビル 1 棟および岩手県宮古市東赤前で鉄筋コンクリート造建物 2 棟の計 8 棟が津波で倒壊し、さらに原位置から 50 m 近く運搬されたものもあった。これらに共通するのは、埋立地に建てられた昭和 40 年代の建物だという点である。

同規模の津波に襲われて、窓などは破られても残った鉄筋コンクリート造建物の方が多数である。中でも注目すべきは、女川町の生涯教育センターであろう。鉄筋コンクリート造 5 階建てのこの建物は屋根まで水没し、窓は全て破られたが、転倒もせず、28 人の命を救った。普通なら地下にあるはずのボイラー室が 5 階にあり、この窓のない部屋に逃げ込んだ人々が救われたのである（朝日新聞デジタル 2012 年 2 月 17 日）。こうした例は、今後多数作られるであろう津波避難ビルの備えるべき条件を示唆している。ただし、生涯教育センターはすでに解体されてしまった。

③津波ハザードマップの効用

2004年以降、過去の実績および近い将来に発生すると想定される津波の浸水予想図が地方行政によって作成され、広く配布されていた。これを上回ることもあると付記されてはいたが、これはほとんど注意を引かなかったようである。

たとえば、岩手県大槌町吉里吉里では、行政作成の想定浸水域の外側で、しかも昭和津波以降に高地移転した場所で最も死亡率が高かった。

住民主体で避難地図を作り、それにしたがって避難訓練を繰り返し、移動難点の解消を行政に注文していたのは宮古市鍬が崎角力浜である。4割が65歳以上の高齢化集落であった。発震当時110人の住民がすぐ予定の場所に避難した。第1波のあとで船を心配して模様を見に下がった1人を除き、皆無事であった。

過去の津波を記録するための一手段ではあったが、あてがわれた情報の弱点が明らかになったと言わなくてはなるまい。

④津波防災構造物

1960年以前に津波対策として防潮堤などが作られることはきわめてまれであり、対策の主流は高地移転であった。昭和津波の後では、釜石の防波堤、田老・山田・吉浜の防潮堤、長部の地盤かさ上げなど、数箇所でしか構造物は作られなかった。当時としては、高価に過ぎたからである。

1960年チリ津波は、高い所で6 m程度、ほとんどが4～5 m程度であり、構造物で対処しやすいものであった。さらに、所得倍増計画により経済的にも可能となっていたから、チリ津波特別措置法には、「津波対策とは構造物の新設および改造」と明記されたのである。構造物の高さは津波が越えない高さとされた。チリ津波対策緊急事業が終了した直後、1968年十勝沖地震津波が襲来し、八戸港河原木防波堤が損傷した以外は、構造物が完全に効果を発揮した。

それ以降、岩手県のみが昭和や明治の津波を対象として堤防のかさ上げを継続していたが、平成津波襲来時にはまだすべては完了していなかった。それにしても構造物は想定津波が上回ることのない高さとしていたのである。

平成津波は、若干の例外を除き、堤防を乗り越えた。完全に破壊されたもの、破壊は部分的なもの、残って僅かでも津波被害を軽減したものに分かれた。
いずれにしても、港湾区域、漁港区域のものが多く、日常生活に直結しているため、震災遺構として残そうとしているものは田野畑村の明戸防潮堤などを除いてほとんどない。

4　東日本大震災遺構保存への動き

(1) 三陸ジオパーク

東日本大震災前から、三陸海岸のジオパーク構想が始まっていた。三陸海岸は、プレート沈み込み帯の島弧－海溝系が世界的にみても典型的に発達する東北日本弧と日本海溝にわたる領域の中に位置し、その中の非火山性外弧である北上山地の海岸部に当たる。北上山地は、約５億年前以降現在に至るまでの「紀」の単位ですべての年代を網羅する地質学的に多様性を有する地域であり、ここでは地質時代から現代に至る地球の活動を読み取ることができる。

こうした見地から「三陸ジオパーク」を設立しようとの検討は 2009 年後半から始まり、2010 年３月 16 日に県主導で「いわて三陸ジオパーク研究会」が始動し、その年度中に４度の研究会、「三陸海岸地質・地形調査研究事業」などが実施された。そして、2011 年２月２日には宮古市で岩手県沿岸市町村（住田町を含む）と県国の機関を合わせた 23 団体により「いわて三陸ジオパーク推進協議会」が設立され、「いわて三陸ジオパークシンポジウム」が開催された。ジオパークのテーマとして９つが挙げられたが、「繰り返される津波災害との闘い」も１つのテーマであった。

しかし、１ヶ月あまり後、東日本大震災の発生により「いわて三陸ジオパーク」構想は活動の中断を余儀なくされた。ところが災害の発生直後から、いわて三陸ジオパーク研究会委員（2011 年度から学術専門部会委員）や外部研究者の有志の間で被災遺構保存に関する電子メールによる議論が盛んに行われるようになり、これが７月以降の学術専門部会委員による被災遺構の現地調査につながった。そして東日本大震災を踏まえた「いわて三陸ジオパーク」構想の再検討案に基づき、11 月 25 日と 26 日に「いわて三陸ジオパーク震災復興シンポジウム」と「被災地巡検（北部コースと南部コース）」が開催され、「いわて三陸ジオパーク推進協議会」の活動が再起動した。

2012 年２月６日の学術専門部会では、地元自治体が保存可能とする被災遺構候補12箇所と要検討5箇所が示された。2012年度からは専任の事務局員3人が配属され、学術専門部会の活動とともに各種研修会およびジオツアーが開催された。11月には青森県八戸市と階上町、宮城県気仙沼市も加わって「三陸ジオパーク」として2013年度認定を目指した準備が進められた。

このため、「三陸ジオパーク」は津波災害からの復興についても大きく情報発信することになったが、被災の程度により地元自治体の活動に温度差が出ていることはやむを得ない。しかし、田野畑村や久慈市などのように、地域で積極的に独自な活動を展開している例もある。

2013年9月24日、日本ジオパーク委員会は「三陸ジオパーク」を日本ジオパークに選定した。「三陸ジオパーク」のジオサイトの一覧には、明戸地区の防潮堤・島越駅の宮澤賢治詩碑（田野畑村）、たろう観光ホテル跡（宮古市）、大槌町役場跡・民宿あかぶ（観光船はまゆり）（大槌町）、門之浜の防潮堤（大船渡市）、高田松原の一本松・道の駅高田松原・陸前高田ユースホステル（陸前高田市）がリストアップされている。今回の津波で浸水を最小限に食い止めた普代水門と太田名部防潮堤（普代村）、過去の津波で内陸に運ばれた羅賀の津波石（田野畑村）、吉浜および合足の津波石（大船渡市）、今回の津波で運ばれた神の倉の津波石（気仙沼市）、そして各地の津波記念碑もジオポイントに選ばれている。

(2) 宮城震災伝承研究会

各地で被災地の片付けが進み、遺構も撤去されてしまうとの危機感から、2012年5月に宮城県内の防災研究者を中心に「3.11震災伝承研究会」が発足した。

まず遺構保存の意義、遺構の定義、保存すべき遺構のリストアップが行われた。

研究会のいう保存の意義は4つである。①津波の脅威を後世に伝える、②慰霊の場として、③生活の記憶、④大災害にも負けない復興の勇気と元気。

研究会では、次のように遺構を定義した。

①地震や津波の痕跡をとどめているものすべて。

②被災下の状況、避難生活、復興への営みを物語る実物資料。

そして不動産的なものを遺構、動産的なものを遺物とした。

また、東日本大震災では、ややもすると市街地に漂着した大型の船舶や被災した建築物だけが注目されがちであった。このため遺構（遺物を含む）の全体像を表 6.1、具体例を表 6.2 のように分類して示した。

表 6.1　遺構の全体像

構造物系	転倒建物、被災家屋、残された住宅の基礎群、防波堤、橋梁、など
交通系	船舶、自動車、鉄道敷、等
空間系	地盤沈下（災害前の地盤高）、痕跡（浸水域、浸水高）、津波湾、河川遡上痕跡、避難場所、焼失区域、など
その他	石油タンク、電柱、樹木、時計、漂流物（サッカーボールなど）、転倒石碑（明治、昭和津波）

表 6.2　遺構の具体例

・消えた住宅地（住宅の基礎群） ・消えた松原、切断された樹木 ・転倒したＲＣ建物群 ・内陸にまで到達した津波（最遠到達地点） ・高台被災区域 ・火災で焼失した区域 ・津波を食い止めた高速道路 ・流出した石油タンク ・多くの避難者が助かった場所、など

2012 年 9 月に行った提言では、被災建物や被災集落跡 22 件、大型船など 10 件、仮埋葬跡地 14 件、計 46 件が遺構候補として挙げられている。

また、311densyo@gmail.com を設け、意見や情報収集の窓口としている。

(3) その他の動き

①宮城県

宮城県は 2013 年 11 月 22 日、県内沿岸 15 市町の遺構を確認する会議を県庁内で開き、保存すべき遺構を検討する約 10 人からなる有識者会議の設置が了承された。この首長会議は、国が遺構保存の初期費用を負担する方針を受けて開催され、①有識者会議が保存すべき遺構をまとめる、②議論を踏まえ、県の考え方を市町に提示する、③県と市町の考え方が異なる場合、協議するの 3 点が示された（河北新報コルネット、2013 年 11 月 23 日）。

②仙台市

2013 年 6 月に、15 人からなる「震災復興メモリアル等検討委員会」を発足させた。検討する内容は、①震災メモリアルプロジェクトに関すること、②海辺の交流再生プロジェクトに関することとなっている。その中で、遺構とは、実際の災害の状況を伝える、震災から学んだことは何かを外の方たちに伝える、慰霊と鎮魂の場所、風化の防止と未来への発信のためと位置付けされている（仙台市ホームページ）。

③石巻市

宮城県石巻市は東日本大震災の記憶を引き継ぐ震災遺構の在り方を議論する「震災伝承検討委員会」を発足させた。委員は有識者ら 14 人からなり、遺構の候補を選定したり、保存手法を検討したりする。市民アンケートなどを踏まえ、2014 年 12 月には提言をまとめる予定でいる（河北新報コルネット、2013 年 11 月 9 日）。

④気仙沼市

鹿折地区に流されていた第 18 共徳丸が解体された後であったが、宮城県気仙沼市は 2013 年 11 月 2 日、東日本大震災の記憶を後世に伝える震災遺構の在り方などを考える「東日本大震災伝承検討会議」の初会合を市役所で開いた。12 人からなる委員会に、震災写真・映像の活用や震災遺構の保存など気仙沼市における震災伝承の在り方についての検討を依頼した（気仙沼市ホームページ）。

5　東日本大震災遺構各論

(1) たろう観光ホテル

宮古市田老（注：2005 年 6 月 5 日まで下閉伊郡田老町）は、別名「津波太郎」とも呼ばれ、何十回となく津波の洗礼を受けた町である。なかでも、慶長、明治、昭和の 3 回は全町全滅という悲惨な被害であったが、それから立ち上がってきた地域である。

旧田老町の地域ガイド「津波と防災〜語り継ぐ体験」によると次のようであった。

1896 年明治三陸大津波では、田老 242 戸、その東に隣接する乙部 94 戸は、高さ 15m の津波で全戸が微塵となった。当夜在住した約 2,000 人のうち、助かったのは 36 人のみ。夜のマグロ漁に出た舟 15 隻の乗組員 60 人と北海道に出稼ぎ中の漁夫若干名のみ無傷であった。

1933 年昭和三陸大津波では、全 834 戸中 505 戸が罹災、全人口 4,983 人中死者 548 人、行方不明者 368 人、罹災生存者 1,828 人、内負傷者 122 人

であった。昭和３～６年間の年間予算が３万５千円程度であった田老村にとって、被害総額約290万円は、目もくらむような数字であった。

約500戸を高地移転する適地が見当たらず、防潮堤を建設し、その陸側に県道およびこれに並行する市街地を造ることとなった。防潮堤々頂の高さは海面上10.60mで昭和津波を越えさせないものであった。これが口絵31で逆くの字型になっている旧堤防である[5]。

その後、昭和40年初めに、野原の堤防、野中の堤防が出来あがり、その前面の漁港区域の整備とともに、野原堤防の陸側乙部地区の市街地化が進んだ。

写真6.2　建設27年後の野原の堤防（首藤撮影）

しかし、問題がなかったわけではない。特に野原の堤防は、筆者が訪ねた時、完成から27年経っていたが、天端被覆にはひびが入り、覆いと堤体土との間に空隙が出来ていることは明らかであった（写真6.2）。その後、1999年、2000年に修復が行われたという。

1960年チリ津波、1968年十勝沖地震津波などに対して効果のあった防潮堤だが、1896年明治三陸大津波の再来に対しては無力である。こちらの津波高は15mと堤防の上を5mも上回る。これは、口絵34のように、大きな岩壁に設置された２つの津波高を示す２枚の良く目立つ表示板や、岩手県が防災用に作成した津波動画からでも明らかであった。

2011年３月11日、津波に乗り越えられた野原の堤防は壊れ、引き波で木造家屋と人が海に持って行かれた。一方、野中の堤防は残り、引き波も弱かったため、２階に避難した人は助かった。

全滅した野原地区に唯一残ったのが鉄筋コンクリート造６階建ての「たろう観光ホテル」である（口絵35、口絵31中赤丸印）。４階まで津波に襲われ、1、２階は骨組みだけになった。ホテルは高台に移転して再開の予定だが、松本勇毅社長は津波の恐ろしさや命を守る教訓を後世に伝える象徴として被災した建物を保存する考えである。2011年10月25日、震災後初めて、津波を受けたままの客室などホテル内部や、松本社長が最上階の6階から撮影した津波の映像を自治体職員らに公開した（岩手日報 2011 年 10 月 26 日）。

その後、宮古市も市の保存整備事業として一部負担することとなった。市の事業では6階建ての同ホテルのうち1～4階を閉鎖して土台とし、5、6階を展示・見学スペースにするという（岩手日報 2013 年 10 月 17 日）。

また、復興庁もこの保存のために資金を配分することとなった。遺構保存への支援の第1号である（産経速報ニュース 2013 年 11 月 29 日 11:22）。

(2) 陸前高田市

ここの浜は、もともと気仙川の砂が広田湾に堆積した、草のみの砂浜であった。これが名勝高田松原となったのは、1667（寛文 7）年に始まる植林、増林の結果である。それによって、クロマツとアカマツ合計 7 万本もの美林となった。1927 年に日本百景、1940 年には国（文部省）指定文化財、1983 年日本の名松 100 選、1987 年白砂青松 100 選に選ばれるなど、長らく岩手県を代表する景勝の 1 つであった。

津波にまつわる逸話も残している。1896 年明治三陸大津波の時、此処に住み着いて布袋とあだ名されていた無宿の徒が、引き潮を見て津波と知り、松の木に登って命拾いをしたと、巌手公報（1896 年 7 月 11 日）がその知恵を褒めている。

1933 年昭和三陸大津波では、林学者本多静六や地震学者今村明恒が防潮林の効果として例示したのが、高田松原にあった2つの保養所の被害程度である。展望の良さを図るために前面の松を伐採した方は津波の直撃を受けて全壊となり、伐採しなかった方は家がやや傾いたものの残ったからである[6]。

当時の評価は、「市街地は被害なし、日本百景の 1 つなる高田松原によりて今回の災害より免がるるを得たり、各罹災地より羨望の眼を以て見らるる所なり」[7]。なお、塩を被ったため、約3割が枯死したといわれている。

1960 年チリ津波では、浸水範囲は 1933 年昭和三陸大津波より大きかったが、「7 万本を数える高田松原の松が防波堤の役目を果たし水田に被害はあったが、高田町の中心商店街は救われた」（岩手日報 1960 年 5 月 31 日）。津波は最初に気仙川を遡上し、ついで防潮林の少ない部分から砂丘背後の古川沼、浜田川などに侵入したが、湛水時間が長く引き潮によって松原中央部に最深部5m、幅約240mの決壊流入海溝を生じた。約2,000本の松が根こそぎ倒された。冠水のため、枯死が5,000本を下らないのではと推測された。

この津波の後、2列の構造物が造られた。前面の階段式護岸と松林背後の海岸堤防である。年間15万人は海水浴に訪れる東北有数の海水浴場であったから、海側の第一線堤は風致を守り、海水浴に差し支えなく、しかも常時浸食されている前浜の保護を目指していた。

第二線堤は津波に対して背後地域を守る目的で設計、施工されたが、計画高T.P.+5.50 mはチリ津波高T.P.+4.50mに1.0mの余裕高をとったものである。ここへ2011年東北地方太平洋沖地震津波が襲来した。砂丘は削られ、その上の松林が全滅し、残ったのはユースホステル脇の1本のみとなった。この松は「奇跡の一本松」と呼ばれ、未来への希望の象徴となった。

写真6.3　バンダアチェの1本松（グーグルアース）

似たような状況は2004年インド洋大津波時に、インドネシア・バンダアチェ市のウレレ海岸でも生じていた。グーグルアースで現在でも見ることが出来る（写真6.3）。その場所には pohon kenangan（Memorial tree）との表題の下に20枚の写真があり、日本語の解説も付けられ、英語では「2004年12月26日の津波に生き残ったただ1本の木」とある。このバンダアチェから陸前高田市に苗木プレゼントがあった（毎日速報2012年6月30日12:01）。送り主サクラ・ゾフラ・ナルカヤ（「早春賦」作詞者吉丸一昌さんの孫）が、残った1本松に元気付けられたのを思い出してという。ただし、木麻黄は松に似た大木だが別種である。

福島県にも1本松があった。津波で、住民54人が亡くなるなどの被害が出た南相馬市鹿島区の南右田地区で、唯一残った松の木が元気な姿を見せている。防潮堤建設などの計画もあるが、地元では岩手県陸前高田市に続くもう1つの「奇跡の一本松」として、保存しようという動きがある（産経速報、2013年10月10日、7:55）。

一本松の接ぎ木から3本のクローン苗を、枝に残った松ぼっくりから採取した種子から18本の苗を育てることに成功した（産経速報2011年12月18日 7:18）ほか、震災前に高田松原で拾われた松ぼっくりからの種で育成した苗木300本を「松原再生を願う守る会」が植樹する（岩手日報2012年5月13日）などの動きがあった。

しかし、「奇跡の一本松」そのものは勢いが衰えてゆく。地盤沈下のため、根が海水に浸かり、衰弱しつつあった。周囲に鉄板を打ち込むなどの対策をしており、一時は元気を取り戻したのだが、2011年夏の高温と少雨が影響し、新芽の多くが9月初めには茶色に変色していた（読売速報2011年9月12日10:14）。

生木としての保存は難しく、他の形でということになり、2012年9月12日に伐採された。幹は9分割して内部をくりぬき防腐処理がなされた。上部の枝や葉はプラスチックのレプリカで複製された。コンクリートの基礎に、カーボン製の心棒を通して組み立てられ、2013年7月3日に保存事業完成式が挙行された（岩手日報2012年9月13日陸前高田市HP）。

そのほか、この松原に関係する他の動きとして、長野善光寺企画の親子地蔵制作（河北新報2012年1月5日）、伝統工芸職人を育成する二本松学院制作の清水寺所蔵大日如来坐像の複製（産経速報2011年12月13日16:47）や、処理されそうになっていた流木を活用した「希望の炭」、被災松を使った「いのちを運ぶ」仏像と命名された仏像の開眼法要が陸前高田市竹駒町の無極寺で行われた（岩手日報2013年10月22日および24日）などがある。

また、造幣局が「平成」25周年記念の貨幣セットを販売するが、その年銘板は表が鳳凰、裏には一本松が刻まれている（岩手日報、2013年11月7日）。

その他の動きとして、津波到達地点に17,000本の桜を植えることを目指したNPO法人桜ライン311の活動がある。完成までには20年はかかると推定される、息の長い事業である。

岩手県陸前高田市としては、4つの震災遺構を残す予定である。①道の駅陸前高田「タピック45」、②「奇跡の一本松」近くにある陸前高田ユースホステルに加え、津波で被災し解体する予定だった③同市気仙中校舎と④定住促進住宅２戸のうちの１戸である。いずれも市が誘致を進めている国営防災メモリアル公園の予定地内にある。

市などによると､気仙中学校校舎は津波で３階建ての最上階まで浸水したが、生徒は避難し無事だった。５階建てのうち４階まで水没した定住促進住宅も犠牲者はいなかった。

市は被災建物の保存方針として（１）犠牲者がいない、（２）土地のかさ上げに支障がないことを条件としている（河北新報 2012 年 12 月 25 日）。

(3) 南三陸町

①津波の歴史

南三陸町は、志津川湾周辺の志津川町と太平洋に面した歌津町が合併して出来た町である。

志津川湾は水産養殖が盛んで、特に銀鮭はここが発祥の地であるといえるほど有名であった。こうした養殖技術はチリに伝えられ、彼の地の水産養殖の基礎となったという。

1896 年明治三陸大津波に襲われた当時、志津川町は志津川湾北岸、南岸は戸倉村であった。湾奥は志津川町にあり、ここで 4m 弱の津波で、高地にあった古町、新町は床下浸水程度で済んだが、海岸の沖須賀、埋地ではほぼ全滅した。町全体で 298 戸のうち流失全壊 203 戸、

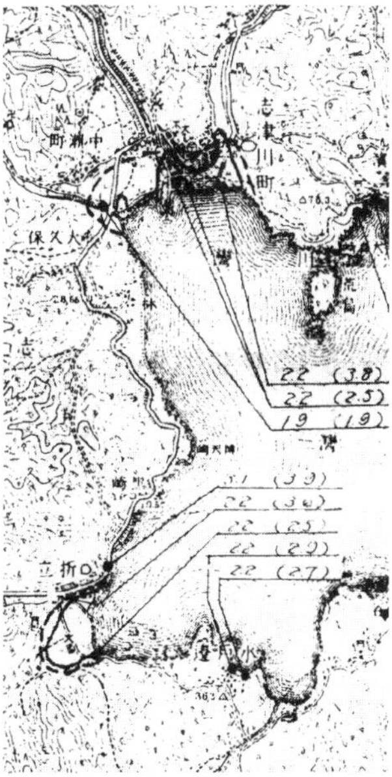
図 6.1　昭和痕跡高（松尾春雄[9]）

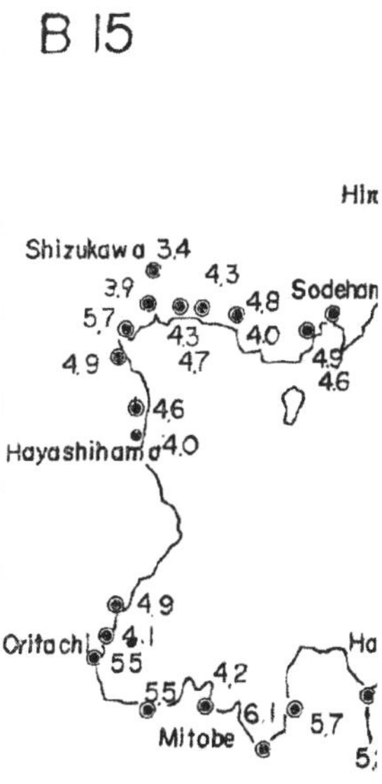

図 6.2　チリ津波痕跡高
（チリ津波合同調査班[10]）

半壊31戸。全人口1,820人中、死者375人、負傷者165人であった[8)]。

1933年昭和三陸大津波では、強震の前触れがあり、しかも津波高が2m強とやや小さかったためか（図6.1)、7,442人中軽傷者3人と軽微であった。家屋被害は、1,279戸中、流失2戸、全壊2戸、半壊1戸、床上浸水62戸、床下浸水134戸との記録が残っている[2)]。

1960年チリ津波の頃は、北岸の志津川町と南岸の戸倉村が合併して志津川町となっていた。湾奥に注目すると、6mに近い値になるなど（図6.2)、明治津波や昭和津波に比べて大きい津波となった。しかも地震を伴わない遠地津波であったから、死者34人、行方不明者4人、負傷者60人、流失家屋186戸、倒壊986戸、半壊364戸、床上浸水1,500戸などの被害となった[11)]。

そののち、DL5.5mの高さの防潮壁がめぐらされ、チリ津波までは防御出来ることになった。

さらに、2005年には南三陸町災害危険区域設定条例により津波、高潮、出水による危険の著しい区域を定め、そこでの住居に供する建築物の建築を禁止した。津波対策として土地利用に規制をかけたのは、北海道浜中町とここ志津川町だけであるように、津波対策では先進的なところであった。

東日本大震災から間もない2011年3月26日に同地を訪れた港湾空港技術研究所グループの作業報告[12)]によると、

・「海岸沿いの公営住宅（18年3月地区の4階建て鉄筋コンクリート造)：4階の天井下で15.87mの痕跡。
・志津川病院：15.03mの痕跡。最上階の窓の横。
・町役場：13.92mの痕跡。町役場の人が屋上のアンテナみたいなところに捕まって助かったということやフェンスにいた人が流されていることから、町役場のフェンス 上部を測定。」であり、

浸水深として14m近くもあって前3者に比べて非常に大きなものであった。

しかし、国土地理院浸水範囲概況図によると、水尻川の保呂毛まで来た伝説の津波に比べると、まだ小さいものであった。

②高野会館

高野会館は海岸から約200mの場所にある4階建ての鉄筋コンクリート造建物で、志津川病院のそばにある。震災当時は高齢者の芸能発表会が行われて

写真 6.4 高野会館（グーグルアース）

いた（写真 6.4）。津波は屋上まで押し寄せたが、利用客や従業員は最上部のエレベーター室や高架水槽に避難し、327 人全員が救助された。

この会館は水産加工、観光業を展開する阿部長商店（同県気仙沼市）が所有している。創業者である阿部泰児氏は 1960 年のチリ地震津波で全財産を失い、そこからの再出発で、水産観光業を築いた人である。2007 年に気仙沼市の自宅を改築した際、家の外に 3 階の屋上に上がる螺旋階段を家族の反対を押し切って取り付けた。あの日、自宅近くにいた阿部さんと住民 20 人の命はこれで救われた。所有する 3 つのホテルは、宿泊者を守れるようにとすべて高台に建てられており、無事であった（朝日新聞 2012 年 2 年 12 日）。

震災で被災した建物は、公費で解体撤去できる。同商店は町から、2013 年 5 月末をめどに高野会館を解体するかどうか回答を要請されていたが「慎重に検討したい」と決定を先延ばししてきた。解体の見送りで将来、撤去する場合は自費負担の可能性が大きくなった。当面の保存を選んだ理由には、現存する被災建物が少なくなったことと風化の防止がある。会館の周囲の公立志津川病院や商業ビルは既に解体され更地となった。志津川中心部全体でも被災建物はほとんど撤去され、数棟しか現存しない。

同商店グループの「南三陸ホテル観洋」は語り部バスを運行している。おかみの阿部憲子取締役は「被災地への共感が復興を後押しする。教訓を語り継ぐ場として、被災建物は大切。解体すると取り返しがつかない」と話す。会館で救助された町民からも保存を望む声が寄せられているという。

恒久保存に向けては管理と保存経費が課題となる。同商店は公的機関に管理と保存を委ねたい考えだが、町は引受けには否定的だ。津波避難ビルとして活用するには浸水しなかった階が 2 階以上必要で、屋上まで波が押し寄せた会館は条件を満たさない。

今後、会館には一切手を加えず、保存のための整備、補強などはしない方針。阿部隆二郎副社長は「震災遺構として恒久保存したいが、被災した民間企業の手には負えない。さまざまな方面に相談しながら保存の道を探りたい」と話した。(河北新報 2013 年 8 月 8 日)。

③防災対策庁舎

志津川町（現・南三陸町）の防災対策庁舎は、町役場の横に 1996 年に竣工した鉄骨 3 階建てで高さ 12m の建物であった。今回の津波は、チリ津波の浸水深に比べはるかに大きく、庁舎は骨組みを残すのみとなった。

2 階の危機管理課に災害対策本部が置かれ町長など約 30 人が庁舎内にいた。当初の 6m という津波予想のため、庁舎に留まり避難しなかったのが、犠牲者を多くする一因となった。2 階に危機管理課があり、町災害対策本部が置かれた。本庁舎では津波来襲の 15 時 25 分頃まで、防災無線放送で繰り返し住民に避難を呼びかけ続けた危機管理課の女性職員は犠牲になった。

職員約 30 人は屋上に避難したが、屋上の床上約 2m の高さまで津波が押し寄せ、度重なる津波によって庁舎は骨組みだけとなった。アンテナにしがみつくなどして波に耐えた佐藤仁町長ら 11 人は生還したものの、職員・住民合わせて 43 人が犠牲となった。

2012 年 8 ～ 9 月、住民から、①解体の一時延期、②保存、③早期解体という 3 つの異なる陳情が提出された。しかし、2013 年 9 月下旬、復興事業への影響や財政負担の懸念、国や県の支援がないことを理由に、年内に解体を完了させる方針を発表した。村井嘉浩宮城県知事は 10 月末、一転して「防災庁舎は震災遺構として非常にシンボリックな建物」と発言し、復興庁も 11 月中に遺構保存に対する支援の在り方を打ち出すとしたが間に合わなかった。

2013 年 11 月 2 日、解体を前にして、慰霊祭が営まれた（河北新報 2013 年 11 月 3 日)。

こうして、志津川町防災対策庁舎の被災の記憶は、最後まで職務を全うした女性職員の話が、埼玉県の道徳教科書掲載「天使の声」によってのみ伝えられることになった。

ところが、宮城県被災沿岸 15 市町村の首長会議で、保存遺構の選定を行う有識者会議の設置が決まり、解体の一時凍結に同意がなされた（朝日新聞 2013 年 11 月 23 日)。

実は、1933 年昭和三陸大津波の際にも、電話交換手が津波情報伝達に努めた例があり、4 人が津波警報伝達の殊勲に対し逓信大臣から表彰されている [13)]。

④モアイ像

1990 年、チリ地震津波災害 30 周年記念碑建立に際し、津波発生地チリ共和国から志津川へ友好のメッセージが送られた（志津川町チリ地震津波災害 30 周年記念誌）。その翌年、チリ人彫刻家に依頼して創ったイースター島のモアイが、志津川地区の松原公園に設置された。こうして、モアイ像は防災と、チリとの友好のシンボルとして町民に親しまれてきた。「モアイ」という名には「未来、生きる」との意味があるといわれている。

志津川湾は、銀鮭養殖の先進地でもある。1970 年代にここの鮭養殖の技術が渡って、チリの養殖産業が盛んになったという。津波だけでなく、チリと南三陸町とには、深い関わりがあった。

2010 年からは地元の志津川高等学校の生徒たちが、モアイ像をキャラクターに用いた町おこし「南三陸モアイ化計画」も始めていた。

東日本大震災の津波は、防災のシンボルであるモアイ像ものみ込んだ。頭部と胴体はバラバラとなり、がれきの中から発見された。志津川高校の生徒たちは町に要望し、頭部を同校の敷地内に運び入れた。

こうしたなか、11 月にチリの民間企業が被災地支援のために結成した「エスペランサ（希望）委員会」の関係者が、南三陸町を訪問した。町民や志津川高校の生徒たちがモアイ像を大切にしていたことを知っていたチリ側は、南三陸町に新しいモアイ像の寄贈を申し出た。というのも、チリでは震災後に民間企業が義援金を募り、政府とともに追悼式典を行うなど、被災地と日本への想いを強くしていたからだ。チリ国民の想いを形にしたいと考え、モアイ像が選ばれたのである。南三陸町は申し出を受け、ここに、イースター島で造られたモアイ像を日本とチリの友好と震災復興のシンボルとして南三陸町に寄贈する「モアイプロジェクト」が日本のチリ関係者も参画しスタートした。

寄贈されたモアイ像は、高さ約 3m、重さ約 2t。2013 年 5 月 29 日に、仮設商店街「南三陸さんさん商店街」で贈呈式が行われた。これは仮設置で、本設置は復興計画と合わせ今後検討される（三陸経済新聞 2013 年 5 月 29 日 http://sanriku.keizai.biz/headline/766/）。

⑤被災防潮堤「遺構に」　南三陸住民、町へ提言へ

「志津川地区まちづくり協会」は、八幡川右岸に造られる祈念公園の具体案を議論した。県が海岸を避けて防潮堤をより内陸に移す代替案を提示した。その外側に釣りや潮干狩をする松原公園の磯や干潟を残す。県は当初から津波で壊れた古い防潮堤や水門を解体する方針であった。住民は震災遺構として保存を主張している。公園部会長の佐藤伸治さん（50）は「海と親しむ場所をなくしたくない。震災前の町の姿や遺構を少しでも残したい」と語る（朝日新聞地方版 2013 年 10 月 7 月）。

(4) 女川町

1896 年明治三陸大津波での被害について、宮城県海嘯誌は次のように述べている。

「女川村郡中被害区域最も広きものを女川村とす即ち女川湾沿岸一帯の諸部落北は御前浜より南は飯子野々浜に至るまで皆多少の損害を被らざるはなし就中御前浜は湾の正面に当れるを以て潮勢直進し来り家屋二戸を流失せり其他鷲の神に於て一戸を流失せし外概ね半潰浸水に止まれり但女川に於て浸水六七尺に達せしは蓋し此辺の土地極めて低く僅に三四尺に過ぎざるが故なり。」

1933 年昭和三陸大津波の調査記録で図示されているのは地震研究所彙報[14]と松尾春雄による土木研究所報告[9]である（図 6.3）。特に松尾の図で括弧内の数値は当時聴き取った明治津波の痕跡高であり、明治の方がどの地点でもやや高い。

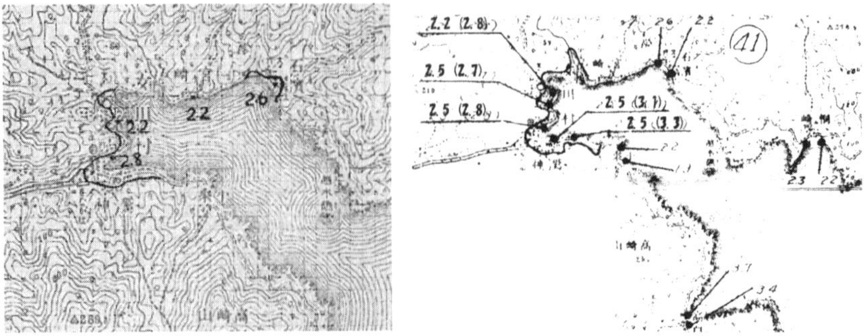

図 6.3　昭和津波の痕跡高（左：地震研究所、右：松尾春雄）

もう 1 つの注意点は湾奥で石巻に通ずる道路に沿った地形である。彙報の図から見られるように海が湾入してV字型になっていることが認められる。

1960 年チリ津波での調査記録[15] は図 6.4 のとおりである。湾奥の測点 17、18，19、20 で 4m 程度と、前 2 者より大きい。また、石巻へ通ずる辺りのV字型地形はなくなり、この付近が埋め立てられたことが判る。

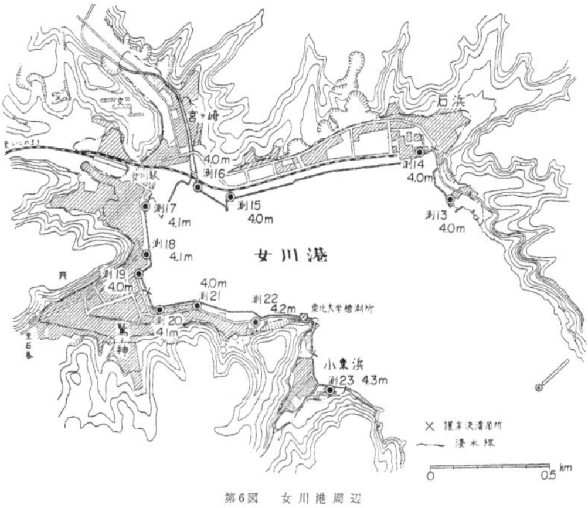

図 6.4　チリ津波の痕跡高[15] と津波痕跡高の変化

こうした場所へ 2011 年の津波が来襲したが、石巻への道路に沿った測線での地盤高と津波痕跡を比べたのが図 6.5 である（東北大学災害制御研究センター調査速報、2011 年 5 月 1 日）。連続線が地盤、4 つの横棒が津波痕跡高である。岸から 300m 位までの地盤高は 2m 程度、痕跡高は 16m 程度である。一点だけ 35m という値があるが、これはきわめて局所的な地形効果によるものである。

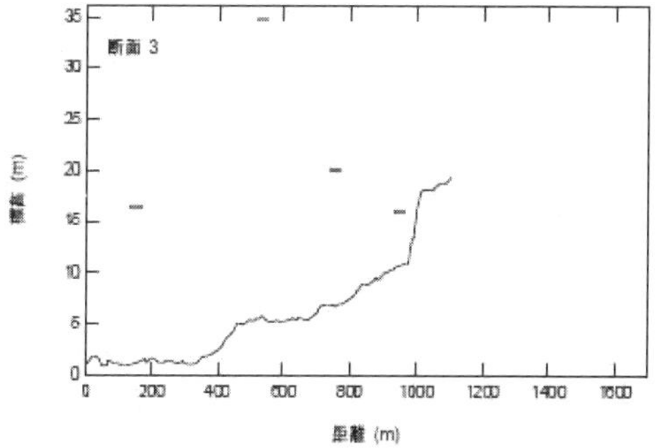

図 6.5 平成津波の谷筋に沿った地盤高

このように、岸近くで地盤上約 14 ～ 15m の浸水深の津波で、5 棟の鉄筋コンクリート造、1 棟の鉄骨造の建物が倒壊した。それも基礎杭まで引き抜かれ、1 棟は原位置から津波で 50m 近く運ばれていた。

女川町は 2011 年 6 月に復興計画策定に当たり、

(a) メモリアル公園などの整備

・町の要所に、津波浸水の到達標高表示などを行い、町民や観光客に津波浸水の事実を伝え、災害や防災意識の向上を図ります。

・被災者慰霊碑、メモリアル公園の整備を図ります。

(b) **災害遺構を生かしたフィールドミュージアムの実現**

・新田地区の町営住宅を津波遡上の痕跡をとどめる災害遺構として保存し、防災教育の場としても活用します。

・中心部においては、被災した施設を災害遺構として保存し、メモリアル公園の整備を図ります。

などの事業を提案したが、新田地区の町営住宅の保存は実現しなかった。

その時、写真 6.5 に示す 3 つの建物の保存を目指し、遺構保存のための基金募集を始めたが、順調とはいえないようである。

女川交番は 1980 年に建てられた 2 階建ての鉄筋コンクリート造、女川サプリメントは築年数不明の民間の薬局で 4 階建鉄筋コンクリート造、江島共済会館は 1983 年に建築された鉄骨造の 4 階建てで離島・江島の島民の宿泊施設であった。このうち、江島共済会館は、耐久性の点で長期間の保存は難しいと考えられている。

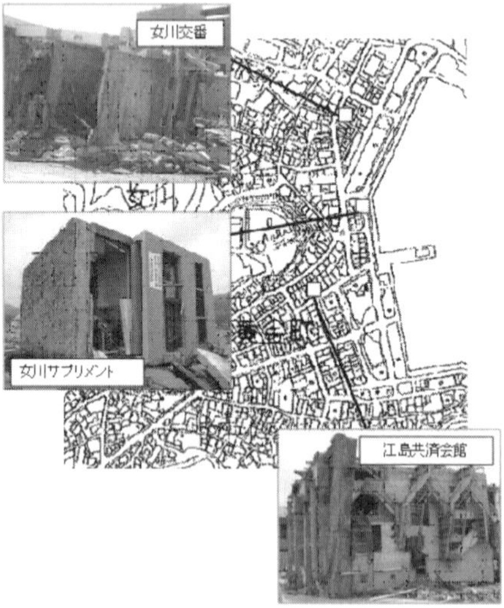

写真 6.5 女川での保存遺構候補（女川町）

他の 2 つも、保存のための補強や、復興計画での護岸工事や道路計画上、問題を抱えており、住民の意見も保存と解体で割れている。

しかし、この町では、中学生が将来の防災に対し積極的に行動している。彼らの行きついた結論は、①非常時に助け合うため普段から地域の絆を強くする、②高台にまちをつくり、避難路を整備する、③震災の記録を後世に残すの 3 つであった。

震災前に町内には、「大地震の後には津浪が来る　地震があったら津浪の用心」と記された昭和の記念碑が 9 箇所にあったが、石碑を思い出して逃げた人はほとんどいないとの反省から中学生たちは、千年後までも残る方法を考えようと動き始めた。2012 年 11 月に町に倒壊建物の保存を提案したほか、町内 21 ある全ての浜の津波到達地点に石碑を建て、その周辺で定期的に避難訓練を行おうとも提案した。「千年後、役立ってくれる」ことを目指している（河北新報 2013 年 7 月 8 日、8 月 19 日）。

石碑は縦 1 m、横 0.15m、高さ 2 m。中央に「女川いのちの石碑　千年後の命を守るために」と記し、「夢だけは　壊せなかった　大震災」と生徒が詠んだ句も刻まれた。

(5) 津波の記憶を残す他の方法

①津波記憶石

全国の墓石業者でつくる全国優良石材店の会（全優石）は震災の記憶を残すため、被災した岩手県、宮城県および福島県の 3 県の計 500 箇所に石碑を建立する「命の復幸計画」に取り組んでいる。2011 年 12 月に第 1 号として釜石市の根浜海岸に設置した。

第 2 号は、宮城県気仙沼市本吉町小泉の駐車場に、高さ 4.3m、幅 2.8m、厚さ 0.5m の御影石の石碑である。表面には「津波の教え」と大きく彫刻。後世へのメッセージとして「『地震があったら津波がくる』　ともかく上へ上へと逃げること。『てんでんこに逃げよ』」と記している（河北新報 2012 年 3 月 13 日）。

第 3 号は、岩手県釜石市唐丹町《とうにちょう》本郷で、石碑を囲む 4 つの石板の表裏に「100 回逃げて、100 回来なくても、101 回目も必ず逃げて」（中 2 女子）、「津波なんかに人は負けない。仲間がいるから、津波なんかに絶対に負けない」（小 6 男子）など、児童から募集した言葉を刻んでいる。石碑は明治と昭和の三陸津波記念碑と並んで建立された。津波の到達点を示す石柱も、唐丹町地区 22 箇所に設置された（河北新報 2012 年 7 月 2 日）。

②慰霊と記憶

久慈市湊町の水道工事店経営伊藤良一さん（67）は、「大海嘯至れり　古来より之をいりそという」と表に記した津波鎮魂の碑を、東日本大震災の津波が浸水した自宅敷地内に建立した。碑は高さ約 2 m で、建立した場所は堤防から約 50m の距離にあり、昨年の震災で１m 以上浸水した。

伊藤さんの先祖は家業で海運業をしており、1896 年明治三陸大津波で自宅が流され、家族に死者も出たが、すぐに同じ場所での生活を再開したという（岩手日報 2012 年 5 月 19 日）。

宮城県山元町の内陸部にある徳本寺が、津波で壊滅した中浜墓地跡に震災犠牲者を慰霊する「千年塔」を建立した。御影石でできた高さ 3.8m の五輪塔やお経が刻まれた石製の「摩尼車《まにぐるま》」などからなる。南隣には、地元の中浜行政区が震災で犠牲になった住民 137 人の名前を刻んだ慰霊碑も併設されている。塔の名前は「震災を千年先にも伝え続けられるよう願いを込めて付けた」という（河北新報 2013 年 2 月 28 日）。

③津波到達点

女川中学の中学生たちの運動は前述したが、そのほかにも同様の動きがある。宮城大学三橋勇教授（観光学）は宮城県沿岸に大震災の石碑 311 基を建てつつある。同大と石巻専修大の学生とともに 2012 年 2 月、仙台市宮城野区に第１号を設置した。石碑は高さ 0.8m で上面に「絆」、正面に「波来《はらい》の地」の文字で、災いを払い、復興支援者へ敬意を払い、津波に注意を払い続けるとの思いを込めた。津波到達点や人目につく場所などに置いている（産経速報 2012 年 3 月 18 日 10:06）。

(6) 新しい保存方法

①「ストリートビュー」

米グーグルは 2011 年 7 月、カメラを搭載した専用車から写した風景を、無料閲覧できる「ストリートビュー」（ＳＶ）のページに、被災地の街並みを載せる取組みを開始した（読売速報 2012 年 11 月 13 日 20 :46）。続いて東日本大震災で被災した市役所や小学校などの外観と内部を撮影した写真を、同社のサイト「未来へのキオク」で公開している。実際に建物内にいるような 360 度のパノラマ写真が見られる。アドレスは http://www.miraikioku.com/（岩手日報 2012 年 12 月 17 日）。

②「グーグルアース上で津波高実感」

東北大学災害科学国際研究所（佐藤翔輔助教；災害社会情報学）は、東日本

大震災の津波の浸水高を人の目の位置から見ることができるインターネットサイト「ヒトの目に映る 3.11 津波浸水」を開設した。土木学会などが、太平洋岸の 5,000 地点以上で調査した津波浸水高のデータを基に作成した。衛星写真閲覧サービス「グーグルアース」の画面上で、地点ごとの津波の高さをグラフィックで示している。

詳しく見たい場所をクリックすると、大きな津波を記録した地域の場合、地面に立って津波を見上げるような画像に切り替わる（河北新報 2013 年 7 月 21 日）。

③「デジタルモニュメント」

東京大学生産技術研究所の池内克史教授（情報工学）らは、東日本大震災の震災遺構として岩手県大槌町が一部保存の方針を決めた旧役場庁舎を精密に測定し、立体画像の「デジタルモニュメント」として再現する取組みを始めた。照射したレーザー光線の反射時間から距離を測定するセンサー３台を使用し、旧庁舎とその周辺を測定した。得られたデータを独自開発したソフトで統合し、色彩も再現して 360 度立体的に見られる画像を作成する。経済産業省の補助事業として行われ、画像は町に提供される予定である（河北新報 2013 年 4 月 24 日）。

同様に、東北大学総合学術博物館の佐々木理准教授（古生物学）らの「３次元デジタルモニュメント」事業では、宮城県気仙沼市で陸に打ち上げられた大型漁船「第 18 共徳丸」と宮城県南三陸町の「防災対策庁舎」、宮城県石巻市の「門脇小」、仙台市の「中野小」、「荒浜小」の５つの震災遺構を 3D 画像化する。

ゴーグル型の「ヘッドマウントディスプレー」を装着すると、目の前に３Ｄ画像となった共徳丸や防災対策庁舎が姿を現す。装着したまま前後左右に進んだり、コントローラーを手で操作したりすれば、実際に遺構の内部を歩いているように仮想体験できる（河北新報 2013 年 5 月 20 日）。

(7) その他

①止まった時計

名取市にある閖上《ゆりあげ》中学校の時計は、地震があった 14 時 46 分を示して止まっている。新たに小中学校の建設が決まっており、現在は避難場所として残されている校舎もそれに合わせて取り壊される予定でいる。時計は場所を移して保存されることになるという（週刊ポスト 2013 年 10 月 18 日号）。

②津波湾（人為と自然の合作）

仙台湾の沿岸で写真 6.6 のような地形が津波で出来上がった。

ここには長く続く防潮堤があり、それが津波で破壊された場所に浸入した津波の引き潮が集中したために出来上がったもので、海岸防御工事が進んでいる日本でしか見られない地形である。

写真 6.6　平成津波で生じた津波湾（グーグルアース）

6　おわりに

東北地方太平洋沿岸は、昔から津波に襲われて来た地域の 1 つである。2011 年の津波は、歴史上最大の津波といわれ、その経験を将来の被害経験につなげようとの動きが盛んである。

しかし、人間は忘れ易い。8 年も経つと忘れ始める。あのスマトラ津波から 7、8 年経つと、折角高地へ上ったバンダアチェの漁民も下へ降り始めている。日本でも同じである。明治・昭和三陸大津波で高地移転したその後を詳しく調べた山口弥一郎も、10 年もすれば原地に戻って行ったと嘆いている。15 年も経つと、被災した人も被害に遭わなかった人も、次の災害への備えには違いがない。しかも 30 ～ 40 年で世代が変わる。次の津波発生時に身を守る知恵として活かすのは簡単なことではない。

遺構が、その役割を果たしてくれるかどうかは、結局人間がどう維持するかが決めることである。

参考文献

1）八木下晃司：津波による礫堆積物の運搬および堆積、－岩手県合足海岸の例，地学雑誌，110（5），pp.689-697，2001

2）宮城県：宮城県昭和震嘯誌，1985

3）白幡勝美：昭和三陸津波後建設された宮城県の震嘯記念館について，津波工学研究報告，第 29 号，pp.93-120，2012

4）土木学会：津波推計・減災検討委員会報告書，103p.，2012，（http://committees.jsce.or.jp/2011quake/node/134）

5）田老町地域ガイド（1995）版、102p.，1995

6）農林省山林局：三陸地方防潮林造成調査報告書，140p.，1934

7）岩手県立盛農学校：気仙郡海嘯誌，1933

8）宮城県：宮城県海嘯誌，1903

9）松尾春雄：三陸津浪調査報告，土木試験所報告，第 9 号，pp.1-30，1933

10）チリ津波合同調査班：1960 年 5 月 24 日チリ地震津波に関する論文及び報告，図版 B15，1961

11）気象庁技術報告，第 8 号，1960

12）www.coastal.jp/ttjt/index.php? 現地調査結果％ 2F 宮城県

13）岩手県：岩手県昭和震災誌，1934

14）東京帝国大学地震研究所：東京帝国大学地震研究所彙報別冊第 1 号，1934

15）相田勇・影山正樹：女川・石巻間，1960 年 5 月 24 日チリ地震津波に関する論文及び報告，チリ津波合同調査班，pp.289-301，1961

付録 6．1　津波年表

発生日（西暦）	発生日（和暦）	波源域	m＊	影響を受けた地域	備考
1498 年 9 月 20 日	明応 7 年 8 月 25 日	遠州灘	3	紀伊から房総まで	明応地震津波
1611 年 12 月 2 日	慶長 16 年 10 月 28 日	三陸	4	北海道、青森、岩手、宮城、福島まで	慶長三陸津波
1662 年 10 月 31 日	寛文 2 年 9 月 20 日	日向灘	2	大分、宮崎	
1707 年 10 月 28 日	宝永 4 年 10 月 4 日	南海道	4	伊豆半島から九州までの太平洋沿岸、大阪湾、兵庫・愛媛・山口など瀬戸内海や八丈島も	宝永地震津波
1741 年		北海道南西沖	3	北海道、青森、佐渡、石川、島根などにも	渡島大島の火山活動による
1854 年 12 月 23 日	嘉永 7 年 11 月 4 日	遠州灘	3	房総から高知まで	安政東海地震津波
1854 年 12 月 24 日	嘉永 7 年 11 月 5 日	南海道	3	前日の安政東海地震津波による被害と区別がつかない場合が多い	安政南海地震津波
1896 年 6 月 15 日	明治 29 年	三陸はるか沖	4	岩手を中心として北海道、青森、宮城	明治三陸地震津波
1933 年 3 月 3 日	昭和 8 年	三陸はるか沖	3	北海道、青森、岩手、宮城	昭和三陸地震津波
1960 年 5 月 22 日	昭和 35 年	チリ沖（遠地津波）	4	北海道から沖縄までの太平洋沿岸	チリ地震津波
1968 年 5 月 16 日	昭和 43 年	十勝沖	2	北海道、青森、岩手、宮城	十勝沖地震津波
1983 年 5 月 26 日	昭和 58 年	秋田・青森県沖	3	北海道、青森、秋田、山形、能登半島、隠岐の島など	日本海中部地震津波
1993 年 7 月 12 日	平成 5 年	北海道南西沖	3	北海道、青森、秋田、山形、新潟、石川、島根でも漁船被害	北海道南西沖地震津波
2011 年 3 月 11 日	平成 23 年	三陸沖	4	北海道から九州までの太平洋沿岸	東北地方太平洋沖地震津波

＊mは津波マグニチュード

第 7 章
災害伝承の活用・災害遺構の保存に向けて

1　地震防災と地震歴

原田隆典

防災を含め人類の歴史は「忘却との戦い」であろう。2013 年は古事記編纂 1,300 年の節目ということで、宮崎県や島根県では観光イベントが行われていた。同時期に編纂された日本書記も、今から 1,300 年以前の日本の文化や各地に伝わる逸話や神話を編者のもとに体系的に文字として残した最古の歴史書籍である。文字としての記録や遺跡が残されていにしえの日本がどのような文化であったのかがわかるように、自然災害の脅威が厳しい我が国では、災害の記録を残すことは当然である。国立博物館など国が積極的に防災分野の災害史の編纂と同時に災害遺構の保存にもっと力を入れてもよい。

地震災害に関して最古の記録は、日本書記の中に 416 年に大和付近に「地震」ありとの記述が残っているが、被害の程度は不明である。過去 1,600 年程度の間の記録しかないのが現状である。第 1 章の図 1.1 のような地震・津波による死者・行方不明者数の記録は、1600 年以降から現在までの 400 年程度にとどまり、地震・津波の被害の全体像は見えていない。

地震は同じ場所でくり返し起こるものと考えられるが、被害記録の時空間的記録が残っている場合は少なく、点在する被害の記録をつなぎ合わせる解釈が必要になり、過去の記録のみからは地震・津波の規模や断層の大きさはわからない。事実、2011 年 3 月 11 日の M9 クラスの東北地方太平洋沖地震が過去に起きていたかについては、まとまった見解はない。また、南海トラフで起きた 1707 年 10 月 28 日の宝永地震、1854 年 12 月 23 日、24 日の安政東海・南海地震、1944 年 12 月 7 日、1946 年 12 月 21 日の昭和東海地震・南海地震に関してもその規模や断層の大きさは、未だ不明確である。新たな被害記録がある場所で見つかると、これらの地震・津波の規模や断層の大きさが見直されるのが現状である。

海溝型の巨大地震は、津波を発生させるため、津波により運ばれた海の土が陸地に分布する記録を調べる津波堆積物調査により、より詳しく津波の起こった時期や津波の浸水域がわかる可能性があるものの、沖積平野は風水害などにより侵食・堆積がくり返されているため、この津波堆積物が保存されている場所は限られた条件の場所となる。したがって、この場合も点在する記録を面的につなぎ合わせる解釈が必要となり、全体像が見えるか不明である。

海溝型地震と内陸型地震（直下（型）地震ともいう）では、地盤の液状化現象が起こるため、この痕跡を調べることも地震の規模や起きた時期を特定する情報の１つである。この場合も、津波堆積物調査と同じである。

このように地震・津波の痕跡や記録からでは、ぼんやりとした地震像しか見えてこないと考えられるものの、このような調査研究は今後も粘り強くやっていく必要がある。

地震発生に関する力学モデルの提案はある。しかしまずは、陸域・海域の地殻の動きを精度良く観測する体制が必要である。ニュートン力学が完成するまでには、ガリレオやケプラー、ティコ・ブラーエなどによる物体や惑星の動きの正確な観測記録があり（「物体の運動学」という）、この運動を説明するためにはどのような力が作用しているかを考え、ニュートンが力学を完成させた（物体に作用している力から運動を説明するための力学）。このような力学の完成までの歴史を見れば、断層や地殻の運動学（どのように動いているかを観測して調べる）を確立し、それを説明するための断層運動力学を作り上げるのは当然だと思われるが、地震学は断層や地殻の運動学さえ手にしていない。物理・化学の法則に基づいて現象を説明するまでには至っていない。

冒頭に述べたように「防災は忘却との戦いである」ため、災害の記録を残すことは当然であるが、地震・津波防災の視点から災害史のみに頼るのは危険であることを強調しておきたい。被害記録の時空間的記録が残っている場合は少なく、また、その災害記録が限られた郷土史家、専門家、そして図書館の書庫に埋もれて、地域全体で共有されていないことが多い。そして、次の地震・津波発生までの間に社会環境が大きく変わる。したがって、過去の災害時に比べると、災害に対する地域の弱点や強みが変わる。しかし、その点の見極めが不十分となり、現実の防災対策まで踏み込めず、被害が起こってから対策をするのが一般的な現状であろう。

地域の弱点や強みが事前に地域社会全体で共有できれば、事前防災対策が日常の行政機構や市民生活、企業活動の中に組み込まれる可能性は高い。この情報共有を推進できる１つの道具として、物理・化学の法則に基づくコンピュータシミュレーション（CS）技術の活用が考えられる。数百回のいろいろな地震をコンピュータ内で起こして、それぞれの被害状況を視覚化し観察することにより、地域の弱点や強みを全員で共有する。さらに、対策案を考慮したＣＳを繰り返して、最善の対策案が抽出できる。地震防災においては、今後もっとこのようなCS技術に基づいた事前防災の仕組みを取り入れて「常在防災」が当たり前になる社会になれば、地震災害は怖いものではなくなる。

２　災害伝承（島原大変肥後迷惑）

井上公夫

筆者は民間コンサルタントで各地の防災関連の調査業務を実施しながら、旅館などで関連した市町村史や関連文献を読み、歴史的大規模土砂災害について調査・研究を進めてきた[1) 2)]。第２章については、1999年に『1792年の島原四月朔地震と島原大変後の地形変化』（砂防学会誌52巻４号）[3)]の論文を提出し、2001年度の砂防学会賞を受賞した。島原城キリシタン史料館の松尾卓次館長から『大岳地獄物語』[4)]などの史料を教えて頂き、島原大変以後の地形変化と島原城下での被災者などの動向を記載することができた。

第２章で詳述したように、「島原大変肥後迷惑」は、非常に大規模で激甚な災害であったため、島原地方だけでなく、全国に多くの記録や絵図が残されている。現地調査に基づき、災害の状況を詳しく描いた藩の公式記録に加え、民間でもさまざまな関心から多彩な記録が作成された。中には写しが重ねられて、広く流布したものが多く見られる。前者は雲仙・普賢岳の噴火や眉山崩壊の研究資料として、後者は人々と災害の関わりを知る上で貴重な史料である。この中には災害の実情を必ずしも正確に伝えていないものも見られるが、マスコミが発達していない当時、人々の災害イメージをつくったものとして注目される。

「島原大変肥後迷惑」は日本各地に絵図などの史料が多く残されている。2003 年 7 月～ 9 月に国立歴史民俗博物館（千葉県佐倉市）で開催された「ドキュメント災害史 1703-2003　地震・噴火・津波、そして復興」[5) 6)] の準備のために、北原糸子東洋大学講師が長野市の真田宝物館の絵図を調査した際に、島原大変に関する 4 枚の絵図が偶然発見された。図 2.3 および図 2.4 は、地元島原にも残っていない初期の噴火の状態や溶岩流の様子を詳細に描いていた。これらは松代藩 6 代藩主真田幸弘の所持品として「寛政四年壬子春肥前国島原山焼・山崩・高波絵図面四枚」と記された袋に収められていた。これらの絵図が存在した理由は、松代藩と島原藩の姻戚関係にあったことによる。島原大変時に 5 代藩主であった松平忠恕《ただひろ》の正妻は松代藩主真田幸弘の妹であった。2 人の間にできた子供が島原大変後急逝した忠恕の後を継いだ 6 代藩主・忠馮《ただより》であった。こういった関係で、松代藩主が島原で起きた地震や噴火の様子を描く貴重な絵図を入手できたと考えられる。入手した絵図などの情報を松代藩では代々引き継いでいたため、弘化四（1847）年の善光寺地震の際の松代藩の復興・復旧対策に役立ったのであろう。

2007 年 11 月に第 5 回国際火山都市会議（City on Volcanoes）が開催された。その際に、11 月 18 日（日）の現地見学会 A8「1792 年の島原大変による地形変化と被災状況，災害復興の経緯を見学する」[7)] が行われた。多くの海外からの参加者に、「島原大変肥後迷惑」の実情を伝えられたと思われる。

1991 年の平成噴火から 20 年以上が経過し、平成噴火の教訓も風化しつつあると聞く。島原半島で 1792 年の寛政噴火で起こった「島原大変肥後迷惑」の経験・教訓が 200 年後に起こった平成噴火でどの程度活用されたのであろうか。

今後のためにも、1792 年と 1991 年の噴火に関連した大規模土砂災害の比較検証を行っていく必要がある。

参考文献

1）中央防災会議災害教訓の継承に関する専門調査会：「1707 富士山宝永噴火」（2006）、「1847 善光寺地震」（2007）、「1858 飛越地震」（2008）、「1923 関東大震災」（2006）、

「1947 カスリーン台風」（2010）報告書
2）井上公夫：建設技術者のための土砂災害の地形判読　実例問題，中・上級編，古今書院，143p.，2006
3）井上公夫：1792 年の島原四月朔地震と島原大変後の地形変化，砂防学会誌，52 巻 4 号，pp.45-54，1999
4）神代古文書勉強会：大岳地獄物語，国見町教育委員会，171p.，1989
5）太田一也：寛政四年肥前島原山焼図，予報時報，210 号，口絵と解説，2002
6）井上公夫・小林茂：2.2　雲仙普賢岳の寛政噴火と島原大変肥後迷惑，ドキュメント災害史 1703-2003，―地震・噴火・津波，そして復興―，国立歴史民俗博物館，pp.73-82，2003
7）井上公夫・松尾卓次・北原糸子・杉本伸一：現地見学会 A8　1792 年の島原大変による地形変化と被災状況，災害復興の巡検資料（2007 年 11 月 18 日（日）実施），City on Volcanoes 5，pp.1-25，2007

3　災害遺構の保存と活用

杉本伸一

最近、災害の記憶を継承する方法の 1 つに災害遺構の保存が注目されており、国内外を問わず、災害遺構を保存しようとする地域が増えつつある。災害遺構を保存する意義として、自然災害の恐ろしさについてリアリテイを持って訴えられること、鎮魂の場や亡くなった方を偲ぶ場として機能できること、復興のシンボルになること、そこにあった生活の記憶を継承することなどが言われている。

この他にも、多くの観光客や修学旅行生が災害遺構を見学・学習するために訪れることから、災害遺構の保存と活用を通して地域活性化につながる可能性があると考える。実際、雲仙普賢岳の火山災害の被災地では災害遺構を積極的に保存し、それを基盤として防災教育やジオツアーに活用している。

火山が噴火した場合には、それまで何もなかった場所に火口や溶岩台地ができたり、溶岩流が川をせき止めて湖ができたり、あるいは海だった場所に新しい陸地ができたりして地形が大きく変化するから、それらを元に戻すことは困難であり、その痕跡は地形として残される。では、地震や津波の場合はどうだろうか。地震に伴って広い範囲の土地が隆起・沈降することがある。また、内陸で起きる地震は、地盤をずらして地震断層を出現させることがあり、それをくり返せば大きな地形の段差や谷となる。こうした地形は、やはり復旧することは困難なため、後世の人々には火山地形と同様に、その痕跡が地形として残される。しかし、津波の場合は、建物が大きな被害を受けても地形自体が変わるということはめったにないから、意識して残さない限りは、津波の痕跡は地表にほとんど残らないことが普通である。

津波で被害を受けた建物はやがて解体・修復され、森や草地もよみがえり、そこが津波の被災地であったことを知る手掛りはほとんど見つけられなくなる。

火山噴火やくり返す地震は地形そのものを大きく変えることが多いため、風景を読み解くことができれば過去の災害履歴も知ることができる。しかし、津波の場合は、被災から長い時間が経過すると、その事実を風景から読み取ることは、まず不可能となる。つまり、後世の人々は、古老から教わったり書物で勉強したりしない限り、そこが津波の常襲地帯であることに気づくことができない。何らかの工夫をしない限りは、津波被災の経験と教訓は後世に伝わらないのである。

このことに危惧を感じた人々は、自ら風景にそれを刻む術を考え出した。津波碑である。そのほとんどは石造物であり、石塔・石板・石仏などの場合が多いが、祠や神社を新たに置く場合もある。一方で、津波によって被災した建造物や物体を、そのまま保存して子孫へのメッセージとする考え方も成り立つ。この方が、石造物に書かれた文章よりも視覚的・効果的に津波の脅威を伝えることが可能である。

東日本大震災で被災した多くの地域においても、震災の遺構の保存が検討されていて、保存について既に復興計画で位置付けられている自治体も見られるが、東日本大震災の被災地に現存する災害遺構の多くが急激に消えつつある。この震災では多くの人が亡くなっていることから、被災地には遺族をはじめとして犠牲者の関係者が非常に多く、多くの人が早く撤去してほしいと願っている。一方で被災者の中には、この震災の教訓を後世に伝えるためには遺構を保存すべきだとの声もあり、住民の意見は二分されている。地元自治体もこのような状況の中で、明確な方針が出せないでいるところもあると聞く。さらに問題なのが、公費解体の期限である。震災で被災した建物や漂流物などの解体・撤去は 2013 年度までであり、この期限を過ぎると地元自治体の負担となってしまう[1)]。このような状況の中で、遺構保存の論議が決着しないままに、次々に災害遺構が消えてしまっている。

しかし、復興庁は2013年11月15日、震災遺構の保存に関する支援について次のような発表を行なった。

「(a) 趣旨

震災遺構は、東日本大震災の津波による惨禍を語り継ぎ、自然災害に対する危機意識や防災意識を醸成する上で一定の意義があるほか、今後のまちづくりに活かしたいとの要望も強い。

復興庁においては、震災遺構の保存に向けた調査に対し復興交付金等により支援をしてきたところである。これまで、市町村においては、インフラ復旧や住宅の供給等に優先的に対処してきたところであるが、復興は新たなステージに移行してきており、一部では震災遺構についての議論が進んできている。

こうしたことから、以下の通り、津波による震災遺構の保存に向けた支援の方針を示す。

(b) 対応方針

震災遺構の所在する市町村において、課題を整理の上、①復興まちづくりとの関連性、②維持管理費を含めた適切な費用負担のあり方、③住民・関係者間の合意が確認されるものに対して、復興交付金を活用して以下の通り支援する。

① 各市町村につき、1箇所までを対象とする。

② 保存のために必要な初期費用を対象とする（目安として、当該対象物の撤去に要する費用と比べ過大とならない程度を限度とする）。

③ 維持管理費については、対象としない。

④ なお、住民意向を集約し、震災遺構として保存するかどうか判断するまでに時間を要する場合、その間必要となる応急的な修理などに係る費用や結果的に保存しないこととした場合の撤去費用については、復興交付金で対応する。」

遅きに失した感はあるものの、このような新たな取組みが始まった。

被災地においては、復旧・復興に全力を注いでいるときであり、被災者の生活再建が最優先の課題であることは十分理解している。そのような中で、更地に異様な姿を晒す遺構は、今は目障りであろう。しかし、遺構は公園化され、徐々に風景の中に溶け込んでいくと考えられる。

確かに維持管理費は、被災自治体にとって大きな問題である。そのような費用があれば、復旧・復興に回したいのが本音であろう。だが、現実には、日本各地の地震・火山災害の被災地で、数々の遺構が保存されている。要は、子孫を同じ惨禍から守ろうという決意と、復興資金の一部を遺構保存に活用したり、住民の合意を得たりするなどの調整努力の問題である。

災害からの復興には、長期にわたる年月が必要である。住宅の再建やライフラインが復旧しても、人々の精神的な傷は残る。被災体験は確かにつらいものであるが、それを機にまちづくりを考え直し、地域をよりよいものに再構築していくチャンスとなり得る側面も持っている。被災したことで地域がメディアによって有名になるということもある[2)]。これまで観光開発されてこなかった地域に、災害発生後に観光客を引き付けるためには仕掛けが必要である。この仕掛けの１つとしては、災害の発生過程と復興過程を見せるための遺構や資料館がある。広島の原爆ドームなどは、このような「負」の側面を持つ展示物の一例である。このことは雲仙普賢岳の災害においても、土石流で埋まった家屋をそのまま保存した土石流被災家屋保存公園や火砕流で焼失した旧大野木場小学校被災校舎に多くの観光客が訪れていることで立証されている。

しかし、被災遺構などの保存には地域住民の同意と協力が欠かせない。被災遺構を見るたびに心痛む人もいることを忘れてはならない。土石に埋まった自宅を多くの人の目に晒すには、大きな決断が必要だったはずである。また、地域のシンボルであった小学校校舎の焼失は、地域住民に大きな衝撃を与えた。この被災校舎をモニュメントとして保存し、火山観光の資源にしようと考えたのは、地域住民や被災者団体である。決して、外部からの一方的な計画ではない。そして被災者の皆さんが、遺構を訪れた方々に伝えたいのは、災害の起きた事実に加えて、被災者の思いなのである。

災害遺構を保存することは、災害を後世に伝え、防災を考えるモニュメントとして大変重要であるが、そこで大事なのは遺族や地域住民の意向と連携である。地域が受け入れないモニュメントは何の意味もなさないからである。

2012年5月に島原半島ジオパークで開催された「第5回ジオパーク国際ユネスコ会議」の島原宣言では、1番目に東日本大震災とジオパークが掲げられた。その内容は、「2011年3月11日、マグニチュード9.0の地震によって引き起こされた津波により、東北地方で甚大な災害が起きたことに鑑み、ジオの脅威によって引き起こされる災害を軽減するために、ジオパークの仲間は、この被災体験を、ジオの脅威がある地域に住んでいる人々に対する教育の1つの手段として、有効に活用しなければならない。」とされている（第3章の文献7）参照）。

2013年9月24日に三陸ジオパークは日本ジオパークとして認定された。ジオパークの役目には、地震・津波などの体験や教訓を世界に情報発信することも含まれている。

くり返すが、災害遺構の保存は、被災者の気持ちに十分配慮することが大切である。まず保存して、住宅や仕事などの個人の生活再建を待ってから活用するなどの工夫が必要である。

参考文献
1）木村拓郎・宮下加奈：東日本大震災の震災遺構保存, 西部地区自然災害資料センターニュース No49，九州大学西部地区自然災害資料センター，pp.38-42，2013.9
2）深見聡・井出明：観光とまちづくり，古今書院，247p., 2010.4

4　災害遺構の保存支援と公開

高橋和雄

(1) 災害遺構の保存の経験から

私の災害伝承とのかかわりは、1991年9月15日に雲仙普賢岳の火砕流で焼失した深江町立大野木場小学校被災校舎の現地保存からである（第3章第5節参照）。大野木場地区住民から地区住民のよりどころであった被災校舎保存の要望が提出され、深江町の復興計画において災害メモリアル施設の活用として被災校舎の保存が位置付けられていた。また、被災校舎はコンクリート造りで耐久性が期待できることから、火砕流で被災した公共施設のうち遺構として保存可能な唯一の建物であった。復興計画に挙げられたことから、この保存構想は一部では既定方針と受け取られた。しかし、復興計画の策定時には大野木場地区は警戒区域に含まれていたために現地調査ができない状況で、保存の範囲、利活用、保存の主体などの合意形成はなされていなかった。さらに、小学校の敷地は、建設省（当時）が用地買収する砂防事業用地である砂防指定地に含まれていた。このようなことから復興計画における被災校舎の保存は深江町としての考えや復興事業を勘案してまとめられたものであった。その後、施設計画で小学校の敷地は計画中の水無川２号砂防ダムの袖部に含まれることが判明した。

当時は国の砂防事業などの復興事業が始まった直後で、被災校舎の保存に当たっては砂防指定地の用地買収への波及の懸念や砂防施設計画に関係があることに加え、長崎県では別の場所での学校再建への波及、深江町では維持管理方策と財源、利活用方針、交通アクセス・駐車場、周辺の将来計画との整合性などの課題を解決する必要があった。つまり、建設省、長崎県および深江町間の役割分担と相互の協力なしでは被災校舎の保存は実現し得なかった。

筆者はこの被災校舎保存の課題の解決に第三者として終始かかわり、数多くの委員会や専門部会の審議を重ねて関係機関の合意形成を支援した。今思えば、相当のストレスを抱えた調整作業の連続であった。議論の結果、被災校舎の保存を特例とせずに、雲仙普賢岳の砂防指定地利活用構想で利活用のルールを決めて、これと整合性を図りながら被災校舎の保存計画がまとめられた。被災校舎の耐久性を検討するために火砕流による熱の影響を受けた校舎の鉄筋コンクリートの耐久性の調査を実施した。これによって、保存が可能なことと保存には雨漏りなどの当初の補修工事と５年ごとの定期的な補修工事が必要なことが明らかにされ、議論の内容が絞り込まれた。また、ある程度議論が進んで、方向性が見え出した段階で保存の検討委員会の審議を公開にしたことも合意形成に有効であった。

さらに、水無川２号砂防ダムの詳細設計が進み、校舎の敷地を使用しなくても砂防ダムの建設ができることも判明した。

最終的に建設省は校舎を含めた場所の提供、深江町は校舎の維持管理、長崎県は維持管理や利活用の支援というように役割分担と協力体制を前提に保存が決まった。深江町は維持管理を行う保存の主体で、建設省は場所の提供であるが、深江町が校舎の保存と維持管理の両方を建設省に要望してきたことから保存の実現までに時間を要した。国による砂防事業は工事のみで、維持管理の主体は、長崎県であることが周知されていなかったことも議論の長期化の一因となった。

当時、私たちが知っていた遺構の保存は広島の原爆ドームのみで、前例のない中での保存方策の検討であった。日本で唯一の火砕流遺構を文化財に登録できないかを考えたが、建設後50年、この場合は被災後50年と想定されたことから検討はできなかった。

筆者がコーディネーターを務めた「復興シンポジウム」で、被災地の自治会長に災害遺構の保存と活用について意見を求めたところ、「とんでもない」と拒否反応を受けたこともある。土石流被災家屋などに接した旅行者や観光客などの中には「災害を見世物にしている、金もうけの道具にしているのではないか」という戸惑いと批判の声が当初にあったのも事実であった。被災者は別の場所で生活再建をしたことを説明し、持ち主の了解を得て災害学習や地域の活性化に活用していることを理解してもらう必要があった。

災害遺構を保存した当時は、被災家屋や被災の爪痕は各所で見受けられたが、災害後20年が経過すると緑が回復し、復興した街中から災害があったことを知ることはできない。今となっては、火山災害の被災を伝える災害遺構は災害伝承、防災教育および学習体験の場として貴重な存在である。

(2) 災害遺構さるくマップの作成

長崎大学工学部では企業から課題の提供を受けて、学生が自主的に課題解決に取り組むPBL教育科目として「創成プロジェクト」が開設されている。2013年度には長崎県危機管理防災課から「災害遺構の調査」の課題が提出された。2013年4月に制定された長崎県防災基本条例「みんなで取り組む災害に強い長崎県づくり」に災害伝承が盛り込まれたことと、県内でも1982年長崎豪雨災害などの災害の体験が風化している現状の反省があったことによるものである。

工学部3年生3人とミャンマーから留学中の大学院2年生の計4人がこの課題を選び、筆者がアドバイザー教員を務めた。1982年長崎豪雨災害の被災地長崎市、1957 年諫早豪雨災害の被災地諫早市、1990-95 年雲仙普賢岳の噴火災害の被災地島原市・南島原市の災害遺構（石碑、水位標、被災建物など）の現地調査を実施した。本書の第 3 章や第 4 章で紹介した災害遺構も含まれている。災害遺構の管理をしている地域住民や河川管理者などから現地で説明を受けた。調査に参加した学生たちは、普段歩いている道路脇に記念碑や水位標などの災害遺構があることや地域の人が災害遺構を大切に管理していることに初めて気付いた。また、建物の 1 階部分を水没させるような洪水が長崎市や諫早市で発生していたことも実感した。

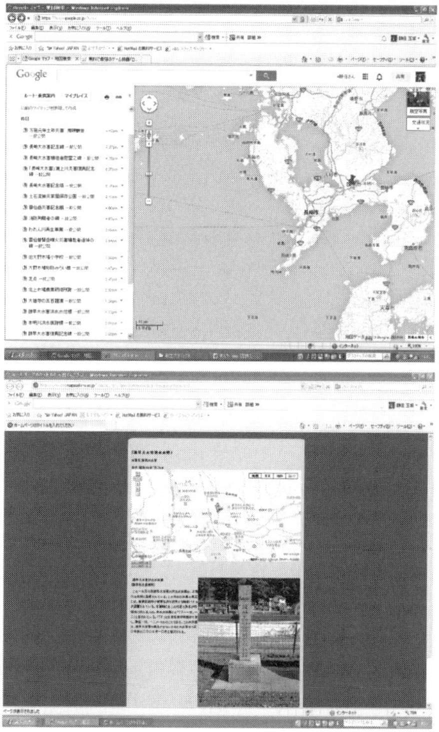

図 7.1　IKOU さるくマップの試作

次に収集した災害遺構を一般に公開するために、デジタルコンテンツを作成した。ホームページ作成ソフト Dreamweaver を用いて Google map 上で地図上のマーカーをクリックすると災害遺構周辺の詳しい地図、災害遺構の写真、解説文が閲覧できる「IKOU! さるくマップ」（長崎災害遺構マップ、「さるく」: 街めぐり）を試作した（図 7.1）。1 年目はここまでであったが、担当した学生たちは災害遺構の 3 次元表示や雲仙普賢岳の立入制限区域内で通常一般に開放されていない場所にある北上木場農業研修所跡や定点などの災害遺構のパラノマ表示などもしたいとしている。

さらに、災害遺構の調査を進め、災害遺構の数を充実させて、インターネット上で災害遺構を探訪できるようしたいと考えている。携帯用アプリの開発も可能である。このようにすれば、普段は人目を引きにくい災害遺構を地域住民や観光客のさるくや小中学校の防災教育に活用できると期待している。

5　被災遺構の保全を

岩松　暉

第５章で述べたように、災害の教訓を後世に伝えたいと思って石碑に刻んでも、結局、寺田寅彦の喝破《かっぱ》したとおり、八重葎《やえむぐら》の中に埋もれてしまうのが落ちである。

では映像をアーカイブするのはどうだろうか。実際、東日本大震災では、そのようなプロジェクトが進んでいる。筆者自身の経験を述べてみたい。３月11日当日、鹿児島県立博物館の方と姶良市で桜島爆発記念碑の拓本を取っていた。取材していた新聞記者の携帯電話に第一報が入った。そのうちに、津波警戒警報のアナウンスが流れ、博物館からは海沿いの国道ではなく、山側の県道を通って帰ってくるよう指示があった。何事かと帰宅してテレビをつけた。仙台空港で飛行機が流されている衝撃的な映像だった。その後、あちこちの様子が繰り返し報道された。しかし、映像ではどこか絵空事のように思えた。話はそれるが、イラク戦争で無人機を操る米兵の姿をテレビで見たことがある。Tシャツにサンダル履き、片手にコーヒーカップと、まさにゲーム感覚である。唖然とした。ボタンを押したその瞬間、現地では多くの人の血が流され、無惨な死体が転がっていることなど思い至らないだろう。アメリカ本土にいるこの米兵は絶対に安全であり、モニターに映る映像は仮想空間なのである。バーチャルな映像は、これと同じなのではなかろうか。

半年後、自分の著書『東日本大震災津波詳細地図』[1] を献本するため、下北半島から南相馬まで、各市町村の防災担当者を訪ね歩いた。被災地は既に更地になっていたが、所どころ被災した大きなビルや陸に乗り上げた大型船など、生々しい被災の爪痕が各地に残っていた。気仙沼市鹿折の第十八共徳丸、宮古市のたろう観光ホテル、南三陸町の防災対策庁舎、大型バスが屋上に載っている雄勝公民館などである。改めて津波の破壊力を実感し、呆然とした。現地にある現物ほど説得力のあるものはない。遺族の方々にとっては１日も早く撤去して欲しい、見たくないものであろう。しかし、広島の原爆ドームも反対があったが残され、今では世界遺産となり、原爆の悲惨さと戦争の愚かさを伝えている。平和修学旅行の中心施設ともなった。

東北の被災した建造物なども適当な耐震補強と防錆塗装を施して、被災遺構として残せないものだろうか。100 年後の子孫の命を守るために、今の感情を抑えていただけないものだろうか、と強く思った。単なる観光施設としてではなく、祭壇や献花台を設け、鎮魂の場とするのである。沖縄の「平和の礎《いしじ》」のように犠牲者の方々のご氏名を列挙してもよい。やがて時が経てば、亡くなった肉親の思い出の場となるのではないだろうか。なお、メンテナンス費用の問題も障害になっているらしい。三陸復興国立公園の中核施設の 1 つとして、国費を当てる方法もあるのではないだろうか。

参考文献
1）原口強・岩松暉：東日本大震災津波詳細地図（上・下），古今書院，2011

6　記憶の継続に向けて

首藤伸夫

(1) 基本的な考え方

日本は自然の豊かな国である。国土面積は 38 万 km^2 だが、海岸線の長さは 3 万 km と細長い形状をしている。ごく単純化すれば、平均幅は 30km そこそこでしかない。その中心には高さ 3km の脊梁山脈が走っている。そこへ降った雨は、世界平均の 10 倍ともいわれる速度で山を削り、運び、山地を出た所へおいて行く。こうしてできた平野は、国土面積の 1/4 の広さしかなく、そこに我々は住んでいる。いくら 100 年に一度の洪水への対策をしても、この沖積平野をつくってくれた洪水が明日来ないという保証はない。

日本とその周辺海域は、世界平均の 100 倍地震が起こりやすい所だとも言われている。地震や火山の影響も、普段は温泉に恵まれるという反面を享受している。

このように自然が常に動いている場所に、我々が生きている。人間の住み着き方が違ってくると、自然災害の種類・規模も違ってくる。

遠くない昔、人間活動がそれほど盛んでない頃には、地域の特性を言い伝

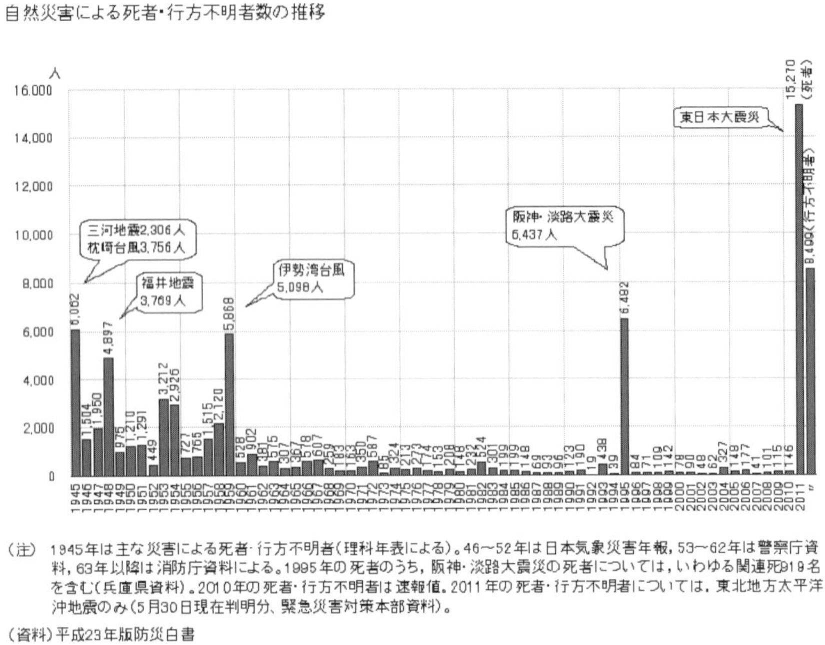

（注）1945年は主な災害による死者・行方不明者（理科年表による）。46〜52年は日本気象災害年報，53〜62年は警察庁資料，63年以降は消防庁資料による。1995年の死者のうち，阪神・淡路大震災の死者については，いわゆる関連死919名を含む（兵庫県資料）。2010年の死者・行方不明者は速報値。2011年の死者・行方不明者については，東北地方太平洋沖地震のみ（5月30日現在判明分、緊急災害対策本部資料）。
（資料）平成23年版防災白書

図 7.2　自然災害による死者・行方不明者数の推移
（社会実情データ図録（http://www2.ttcn.ne.jp/honkawa/4365.html）より）

えて、大規模な災害の起こり得る場所への進出は控えていた。こうした状況は、1960年を境として大きく変わる。所得倍増計画で経済的に豊かになった。エネルギー源が石炭から石油に変わる。土木材料が、土・木・石から鉄・コンクリートになる。機械力での大土木工事が可能になり、丈夫な対策構造物が出現する。そして、図7.2のように、1960年を境として、自然災害による犠牲者数は激減した。ある程度までの自然外力を抑え込むのに成功したからである。

こういう状況が30年以上も続いた結果、どのような外力が来ても安全であると勘違いしてしまったのだが、阪神・淡路大震災、そして東日本大震災で、そうではないことを確認させられた。こうした大災害発生時に人命を守るために必要な事柄を、未来へつないで行かなければならない。それに役立つのが災害遺構である。

(2) 忘れやすさとの戦い

東日本大震災2年後、震災の風化を感じる岩手県民は40.3%、やや感じる人は43.8%と圧倒的であった（岩手日報2012年12月31日）。

災害から8年も経つと忘れ始める。インド洋大津波で高所に上がったバンダアチェの漁民は、7年も経つと多くが海岸近くの集落に戻って来た（読売新聞2011年9月28日）。

まさに十年一昔である。

1983年日本海中部地震津波から15年目に能代で行われたアンケート結果[1)]では、非常持ち出しを準備している（被災者25%、無被害者20%）、家族がバラバラになったとき再会場所を決めているか（被災者11%、無被害者12%）と、15年前の災害は普段の備えに影響していなかった。

阪神・淡路大震災から18年後の神戸市では、震災後に誕生、転入した市民が2012年11月現在で人口の約41%となり、震災の風化も懸念されている（毎日新聞、2013年1月16日）。

こうして人は忘れていく。30～40年経つと世代が変わる。ますます前の災害の記憶は繋がれなくなる。

大災害の発生間隔が人間の一生より長いため、前の経験が簡単には次世代に伝わらない。

(3) 防災減災上の活用と問題

a) 地域危険度の記憶継承

1933年3月3日に発生した昭和三陸大津波の後、宮城県は土地利用に規制をかけた。「県令第33号海嘯被災地建築取締規則」である。居住してはならない区域を指定し、違反したときは拘留または科料に処すという罰則付きのものであった。発令は津波後僅か4箇月後の6月30日という早さであった。

ところが、戦争のどさくさも影響したのであろうが、1954年に初めて編集された宮城県例規集には記載されておらず、廃棄したとの記述もない。

こうして津波危険地帯に住居が建てられ、平成津波で壊滅した。危険地帯の中に遺構が残され、それに関する言い伝えが継承されたならば、危険地の再開発に歯止めがかかったのではなかろうか。

b）危険時の対応教育

津波対策としては、「海辺に居て地震を感じたらすぐ高台へ」というのが身を守る第1鉄則である。遺構を事例として行うと単なる知識ではなく、知恵として身に付くであろう。ただし、良い教育プログラムと組み合わせる必要がある。

c）ビル構造の見直し

女川町で鉄筋コンクリート構造5棟、鉄骨構造1棟、宮古市東赤前で鉄筋コンクリート構造2棟の倒壊は、これまでに例のない事態であった。しかし倒されなかったビルも数多い。

なぜ倒れたのか、なぜ倒れなかったのかを解明する必要がある。それなくしては、安易に津波避難ビルを指定することができない。避難したが故の被災では困る。また、女川生涯教育センターのように、窓のない部屋が人命を救ったことは、十分取り入れられなくてはなるまい。

d）危うい誤解が生じないために

昭和三陸大津波の後、教訓を未来へ伝える目的で数多くの石碑が建立された。一番多かったのが、「地震の後には津波の用心」であった。これを毎日見ていた人々は、1960年チリ津波で驚かされた。この驚きを三陸沿岸の住民は、「自然の掟と世間の掟の差」、「自然の掟には前例も何もありません」と表現した。

実は、平成津波は岩手県の北部では、明治三陸大津波より大きくはない。例えば、防潮堤と水門で被害が食い止められた普代村である。ここの太田名部漁港の防潮堤は津波を完全に防いだ。しかし、明治津波級の津波が来るとそうはいかない。平成津波が千年に一度だなどという評価に惑わされて、備えが疎かにならないようにしなくてはなるまい。

（4）遺構の保存

a）維持の費用

遺構は時間とともに劣化が進む。その維持運営費用をどうするか。

ハワイの太平洋津波博物館（入場有料）は遺構ではない。元銀行の支店の後に開設し、当初は連邦政府からの補助金もあったかに聞くが、現在は支持会員を募集して資金の調達もしている。年会費にはいろんなランクがあるが、その会費は税金控除の対象となっている。

b）関心の継続

災害直後には関心が高くても、次第に衰えていくのは間違いない。広島原爆ドームのようにアクセスの良い所ならともかく、わざわざ出かけなくてはならない場所に人をどのように引き付ければよいのだろうか。

特に、平成津波の災害遺構の場合、近付きにくい沿岸にある。1 箇所だけでなく、数箇所で連携することが必要となろう。

c）変質への警戒

昭和三陸大津波の後、宮城県は32集落に復興記念館を建設した。その意図は、「災害を永久に追憶し、……天災に對する知識を獲得」させることであったが、いつの間にか取り壊され、焼失してなくなってしまった。

(5) おわりに

自然を享受するだけでなく、万一に備える知恵を災害遺構に学びたいものである。

参考文献
1）首藤伸夫：記憶の持続性―災害文化の継承に関連して―，津波工学研究報告、第 25 号，pp.175-184，2008

7　被災遺構の保存と三陸ジオパーク

大石雅之

(1) はじめに

低頻度大規模災害を軽減するためには、どのような対処をすればよいのか。このことについて、一定の常識に基づいた判断は必ずしも充分とはいえないと思われる。災害報道では、次のような住民の言葉が毎回のように聞かれる。「この土地に 50 年（ないしはそれ以上）暮らしてきたが、こんなことは初めてだ」。経験値だけでは対処しきれないのが低頻度大規模災害の特徴だが、2011 年 3 月 11 日の東日本大震災では近代科学による観測値もほとんど無力であった。

近代科学の時代以前の事象に対しても想像力を働かせる必要があるが、それは当然科学的知識に基づかなければならない。

現代に起きた大規模災害は、後世に繰り返される同様な大規模災害を軽減するための教訓とする必要がある。そのための有効な手段として、被災遺構の保存が論議されている。しかし、被災遺構は忌まわしい記憶を呼び起こすものとして、被災地の多くの住民の意見などにより、次々と撤去されている。被災遺構保存の議論で基本的に考慮しておかなければならないのが、「天災は忘れた頃にやってくる」の警句で有名な寺田寅彦のいう「人間界の人間的自然現象」[1]に判断を任せてよいのか、ということである。それは、大規模災害であっても時が経てば人間は忘れやすいので、災害を未然に防ぐことがままならないということだが、一定の常識的な判断や感覚的判断もこれに含まれるかもしれない。

ここでは被災遺構の保存とその背景にある考え方について若干の考察を進めるが、「被災遺構」以外の同様な用語として「災害遺構」や「震災遺構」がある。「災害遺構」は災害そのものの実態を表し、「震災遺構」は地震動による破壊に重点が置かれるように思われる。「被災遺構」は災害を被った人工構造物という意味合いが強く、地震災害、津波災害、火山災害による遺構として、より普遍的に用いやすい[2]。また、戦争という人災についても敷衍《ふえん》しやすい。実際は「被災遺構」などの用語はなかなか定着していないようだが、これはこの種の議論が成熟していないことの現れであるように思われる。

(2) 被災遺構保存の意義

火山災害や土砂災害では多量の堆積物が遺されるが、地震動や津波では復旧が進めばその実体はほとんど遺されず、復興後は被災遺構のみがその時の出来事を記録する実物となる。被災遺構以外に遺される記録などはすべてメディア（媒体）である。大量の写真や動画などの映像、そして書籍の中の文字情報は、後世への教訓のために一見有効であるかのように思われがちだが、将来興味を持った人がそこへアクセスしない限り必要な情報は得られないので、効果は期待より大きくないと思われる。最先端の情報工学を駆使した記録も、次の大災害が起こる頃はどのように役に立つのかは不明である。石碑の文字も読まれなければ意味がない。口承もメディアといえるだろう。こうしたメディアよりも現場に遺された実物の方が、防災意識を高めるための効果が大きいことは明らかであろう。

そのために、被災遺構として重要な要件は、説明なしで過去に何が起きたかがわかることである。本来海上にあるはずの船舶が内陸に置き去りにされていたり、ビルの下半部の階が破損していれば、何が起きたのかは明白である。被災遺構は現場に保存されていることで、過去にその場所で起きたことがわかる。被災遺構が保存されるにあたっては、少なくとも次の災害まで保存される耐久性が要求される。

(3) 被災遺構保存の議論と効用

低頻度大規模災害による被災遺構を保存するか否かの議論は、実際に利害にかかわる人々、つまりまだ生まれていない未来の人々の意見が反映されないという側面がある。このため、現存の住民の多数決による保存の可否の決定がベストの方法かどうかについては議論の余地があると思われる。これは民主主義が想定していないテーマの可能性があり、その解決には相当な工夫が必要であろう。議論に説得性があれば多くの人々が納得するというものでもない。

しかし、有効な被災遺構が保存され、これを活用した効果的な防災教育が継続されれば、高台が海岸から近い三陸海岸地域では、次の大津波による死者をゼロとすることは夢ではないと思われる。ただし、復興を優先することが次の災害の減災の優先順位を下げることになるかどうかについては充分注意する必要がある。これは、「人間界の人間的自然現象」への対処ということになる。

(4) ジオ的自然観

東日本大震災で大きな津波災害を被った三陸海岸地域では、2013 年 9 月に「三陸ジオパーク」が認定された。この地域のジオパーク構想は 2009 年から検討が進められ、東日本大震災でその活動の中断を余儀なくされたが、その後の再起動があって[3] 認定に至った。「三陸ジオパーク」ではこの地域特有の 5 億年に及ぶ自然界の歴史に加えて、脈々と続く現代の地球活動で生じた津波による被災遺構もジオサイトに含めている。「三陸ジオパーク」では、この地域の大地を形成した地質学的事象が現代も継続していることをトータルで理解しようとしていることになる。この理解は、いわば「ジオ的自然観」というようなものに通ずる。

「ジオ的自然観」は地質学的観点で自然を見ようとすることだが、長いタイムスケールの中で起こる不思議な出来事は地質学者にとっては普通のことであっても、一般の人々の日常的感覚では理解されにくいようだ。1,000 年前は、日常的感覚ではかなり昔だが、地質学の世界ではほとんど現代である。1,000 年に一度の規模の津波は、地質時代で最も新しい時代である第四紀（約 258 万年前〜現在）の間に、単純計算すると 2,500 回以上起きていることになる。これは第四紀になって現在まで、日本列島が東西に強く圧縮され続けているためだが、陸地の地盤が 4,000 年に一度の割合で 2m ずつ上昇すれば、300 万年もかからずに標高 1,400m の奥羽山脈はできてしまう。こうした美しい風景をつくる山々は、山頂部分だけが盛り上がってできたのではなく、谷が侵食されてできたものである。谷の斜面は、過去に崩れたからそこにある。北上山地の大部分の花崗岩は、約 1 億 2,000 万年前には地下深部にあったが、地盤が上昇して花崗岩を覆う数千メートル分の膨大な量の地層が侵食されて除去された結果、今では地表で見ることができる。

（5）災害の科学的理解

現在の景観をつくった過去の事象は、もし現代の人々が居住する空間で起これば大災害になるが、それはしかし地球の歴史の中ではごく普通に起きてきたことである。ということは、今後もそのような自然現象は起こり得るわけである。ジオパークではこうした地球の歴史の中ではごく当たり前に起きてきたことを人々が科学的に読み取る必要がある。こうした災害に関する科学的知識の水準を高めることが災害の予防になるといえるが、このこともすでに寺田寅彦が言っている [1)]。ところが、地震の名称である「東北地方太平洋沖地震」と災害の名称である「東日本大震災」の違いを多くの報道機関では峻別していないが、これは寺田寅彦の危惧が現在も解消されていないことを示している。

科学的理解については、その対極にある例を見てみればわかりやすい。平安時代に東北地方太平洋沖地震と同じような地震が起きたことは、皮肉にも東日本大震災後によく知られるようになった。当時大きな津波災害が起きたことは直ちに京都に伝えられ、悪霊を鎮めるために祇園祭が始まった[4)]。祭りは現代に伝わったが、しかし防災上必要な知識は当然伝わらなかった。現代でも「人間界の人間的自然現象」にとどまる判断だけでは、平安時代とあまり変わらないかもしれない。

多くの人々の科学的知識の水準を高めることは、科学者が机上で想像するより容易ではない。筆者は地方博物館で地質部門を担当しているが、いかに科学的知識が伝わりにくいものであるのかは、日常的に感じている。そのため、地質部門では災害をテーマにした展示会を実施する必要があると考え、2006 年に「ハザードマップ～減災から共生へ～」展を開催した[5)]。その中で火山、地震、津波、洪水などを扱い、岩手県が作成した津波のハザードマップを展示し、津波シミュレーションの動画を放映した。2008 年には小規模な津波展示コーナーを設置した。

東日本大震災による 2 日間の停電が復旧した直後、これらの展示のことを知ったある火山学者から三陸海岸で被災遺構保存を進めるべきだとの強い進言を筆者は電子メールで受け取った。自力で何かができるわけではないと思いつつも、何人かの識者に意見を求め、3 月 24 日に A4 判 1 枚の文書「2011 年東北地方太平洋沖地震による津波災害の被災遺構の保存について」を作成して館長にそれを託した。そして、ガソリン事情が回復した 3 月 25 日に陸前高田市と大船渡市の被災地を初めて訪れて強い衝撃を受けた。その後、ジオパークの関係者が立ち上げた被災遺構保存のメーリングリストでおそらく世界でも類を見ないような議論が交わされ、それが三陸ジオパークの被災遺構の調査につながった。

(6) おわりに

三陸ジオパークのジオサイトとしての被災遺構は、リストアップされただけで、そのほとんどは保存方法が具体化されているわけではない。しかし、公的に認知されただけでも大きな前進であろう。保存された被災遺構をよりどころに防災教育が継続される必要があるが、そのためには科学的知識の水準を高めることが重要であり、専門的研究教育機関としての津波博物館の設置が求められる[6)]。今後、地学教育が重要視され、義務教育でプレートテクトニクスが教えられれば、防災にかかわる科学的知識の水準が向上すると思われる[7]。

参考文献

1）寺田寅彦：天災と国防．講談社学術文庫，2057, 204p.，講談社，2011
2）大石雅之：津波災害の被災遺構の保存について．岩手の地学 42，pp. 49-56，2012
3）大石雅之・吉田充・永広昌之・真鍋真：陸前高田市立博物館地質標本救済事業と岩手県における博物館の災害復興とそれに関連する諸事情．化石 93，pp. 59-74，2013
4）保立道久：地震神の神話「素戔嗚尊・大国主命と祇園御霊会」．保立道久・成田龍一（監修）津波・噴火…日本列島地震の 2000 年史，pp. 137-139，朝日新聞出版，2013
5）大石雅之：ハザードマップをとおして自然災害について考える．岩手の地学 35, 36，pp. 40-56, 2006
6）山下文男：津波と防災―三陸津波始末―．シリーズ繰り返す自然災害を知る・防ぐ 第 2 巻，158p., 古今書院，2008
7）Oishi, M., Obata, F. and Tohyama, K.：Cultural recovery – How Japanese museums were affected by the tsunami disaster –. PULSE, News from the Linnean Society of London – A living forum for biology 19，pp. 4-5，2013

あとがき

本書では主として、火山災害、土砂災害および津波に関する災害伝承や災害遺構の保存を取り扱った。これらはほんの数例で、さらに水害常襲地帯や雪国などではさまざまな災害伝承があり、それが生かされている例もあると考えられる。まだ一般に知られていない災害伝承は多いと見ており、災害遺構の調査や災害伝承の掘り起こしを組織的に行うことが必要と考えている。そのためには、防災研究者だけでなく、全国の図書館や博物館などの学芸員、郷土史の専門家の協力を得ることが不可欠である。

石碑は耐久性があることから伝承の有力な媒体であるが、地域の人が管理しないとその存在すら忘れ去られ、放置されることがあり得る。第 1 章で示した 1662 年外所地震の被災地のように 50 年に一度石碑をつくり直すことも 1 つの忘れない知恵と考えられる。また、第 4 章で示した長崎市山川河内地区では、毎月の念仏講まんじゅう配りの他に、被災者の慰霊碑をつくらずに、墓地に卒塔婆を定期的につくり直している。木の卒塔婆が傷んでくると、地区が総出で木を切り出して四角柱を造り、お寺の住職を呼んで卒塔婆に由来を書いてもらい、法要をしている。これも忘れないための地区の知恵の 1 つと言える。第 6 章で示したように、岩手県や宮城県では東日本大震災を忘れないためのさまざまな取組みが始まっている。今を生きる私たちに災害遺構や災害の記録を後世に残すための英知が求められている。

第 6 章で示した東日本大震災の震災遺構保存については、現在も事態は進行中で、2013 年 12 月の時点での記述である。第 6 章に書かれている課題について今後、議論が深まることを切望している。東日本大震災の復興では、2011 年 5 月 10 日に東日本大震災復興構想会議が決定した「復興構想 7 原則」の原則 1 で「鎮魂の森やモニュメントを含め、大震災の記録を永遠に残し、広く学術関係者により科学的に分析し、その教訓を次世代に伝承し、国内外に発信する。」とされた。筆者は三陸復興国立公園や三陸ジオパークが議論されており、これらが災害遺構の保存の受け皿になると想定したが、関連した議論は少なかったようである。残念ながら、災害遺構の保存の意義と効果が被災地に十分説明できずに、被災地の意見がまとまらず、混乱が見受けられた。

雲仙普賢岳の火山災害で保存した建物では人的被害がなかったが、東日本大震災では人的被害があったことから、災害遺構の保存に当たってこの点に強く配慮した保存と活用の方策が求められることはもちろんである。災害を受けた地域住民が、災害遺構を見たくないとする思いは、災害遺構にそれだけインパクトがあることを示唆している。このインパクトが将来自分たちの子孫の命を守ることになるとの認識も必要ではないだろうか。被災地責任の１つともいえよう。

復興庁による災害遺構の保存の支援によって、遅まきながら保存の検討が具体的に始まったことを第６章と第７章第３節で紹介したが、これを特例とせずに、保存を巡る経緯で論点が整理できたことを基に災害遺構の保存の目的とその効果をまとめておくことが望まれる。さらに、災害遺構の保存の初期整備と将来の維持管理・補修について財政的支援を含めた制度の検討をしておいて欲しい。災害遺構については、早期に文化財としての位置付けをすることも検討できないかと考える。

さらに、全国の自治体の地域防災計画の災害予防対策で災害伝承や災害遺構を防災教育に活用することや災害復旧対策で復興計画に災害モニュメントを保存して活用することを記載して欲しい。

本書の第７章では災害遺構の保存と活用に関する考え方・方法論を各筆者にまとめてもらったが、統一的な考え方をまとめるには至っていない。本書がきっかけとなり、調査研究が進み、災害遺構を元に災害伝承が防災・減災に活用されることを期待する。

本書の刊行計画は九州大学西部地区自然災害資料センターニュース「NDIC NEWS No.49, September 2013」の特集「特集：自然災害と伝承」の編集から始まった。機会を与えていただいたセンター関係者の皆さまに感謝申し上げる。

本書の刊行に当たって、貴重な絵図などの古文書の掲載を認めていただいた関係機関の担当者に感謝する。また、本書に取り上げた各地の災害遺構の調査や本書の取りまとめに多くの方々の協力を得たことに改めてお礼を申し上げる。さらに、本書の校閲および校正にお世話になったコピーライターの北川るみ子さん、ボランティアの高橋弘子さんに感謝する。最後に、古今書院関田伸雄様にお世話になったことに付記する。

執筆者紹介（執筆当時）

井上公夫　いのうえきみお　一般財団法人砂防フロンティア整備推進機構

1948年生まれ　東京都出身、1971年東京都立大学理学部地理学科卒業、農学博士、技術士（応用理学部門）、専門は防災地形学。歴史的大規模土砂災害を調査・研究。1971～2006年日本工営株式会社勤務、2006年10月より現職、中央防災会議災害教訓の継承に関する専門調査会「1707富士山宝永噴火」、「1847年善光寺地震」、「1858年飛越地震」、「1923年関東大震災」、「1947カスリーン台風」報告書分担執筆、平成13年度砂防学会論文賞「1792年の島原四月朔地震と島原大変後の地形変化」。執筆箇所は第2章、第7章第2節、口絵編集。

岩松　暉　いわまつあきら　鹿児島大学名誉教授、静岡大学客員教授、㈱防災地質研究所長

1938年生まれ、新潟県出身、1964年東京大学理学部地学科卒業、理学博士。
専門は応用地質学・災害地質学・情報地質学。1970年新潟大学理学部地盤災害研究施設助手、1976年鹿児島大学理学部地学科助教授を経て同教授・名誉教授。第18期日本学術会議会員、日本情報地質学会会長、日本応用地質学会理事九州支部長・日本自然災害学会理事等各種学会役員を歴任。（NPO）地質情報整備・活用機構第2代会長。2013年から静岡大学客員教授。執筆箇所は第5章、第7章第5節。

大石雅之　おおいしまさゆき　岩手県立博物館学芸部長

1953年生まれ、神奈川県出身、1976年東北大学理学部地質学古生物学教室卒業、1979年同修士課程修了、理学博士、専門は地質学古生物学。1980年4月岩手県教育委員会事務局博物館建設事務所、同年10月岩手県立博物館開館以後継続勤務、2012年より現職。三陸ジオパーク学術専門部会委員。執筆箇所は第6章第4節、第7章第7節。

緒續英章　おつづきひであき　ＮＰＯ法人砂防広報センター統轄研究員技術部部長

1955年生まれ　熊本県出身、1980年法政大学工学部土木工学科卒業、技術士（建設部門）。専門は鋼構造及びコンクリート、砂防工学。建設コンサルタントに従事し、伊豆大島溶岩流対策、雲仙普賢岳噴火時の応急・緊急対策や水無川砂防計画の基本構想策定などにあたる。現在は防災教育や災害教訓の伝承に取り組んでいる。執筆箇所は第4章。

杉本伸一　すぎもとしんいち　雲仙岳災害記念館副館長、内閣府火山防災エキスパート

1950年生まれ、長崎県出身、1968年長崎県立島原工業高等学校電子工学科卒業、島原市役所勤務。雲仙普賢岳の噴火災害では、社会教育課係長として、安中公民館に勤務し、住民の避難対応などに当たる。国内外の火山を自主研修し、災害体験をもとに災害教訓の伝承活動を行っている。火山都市国際会議島原大会および第5回ジオパーク国際ユネスコ会議に携わる。2009年7月からは内閣府火山防災エキスパートとして防災知識の普及などを行って

いる。定年退職後現職。執筆箇所は第 3 章、第 7 章第 3 節。

首藤伸夫　しゅとうのぶお　東北大学名誉教授

1934 年生まれ、大分県出身。1957 年東京大学工学部土木工学科卒業。建設省、中央大学、国際機関アジア工科大学院、東北大学工学部土木工学科、同災害制御研究センター津波工学研究部門、岩手県立大学、日本大学大学院と勤務。1960 年チリ津波から津波の研究を開始。1991 年国際事業「TIME」計画を創始、現在まで 24 カ国 52 機関に津波数値計算技術を移転。米国土木学会から 1996 年国際海岸工学賞を受賞その他。執筆箇所は第 6 章（第 4 節を除く）、第 7 章第 6 節。

高橋和雄　たかはしかずお　長崎大学名誉教授、長崎大学大学院工学研究科産学官連携研究員

1945 年生まれ、大分県出身、1970 年九州大学大学院工学研究科修了、工学博士。専門は橋梁工学、防災科学。雲仙普賢岳の火山災害の復興過程で、火砕流で被災した大野木場小学校の保存に奔走するとともに、災害遺構保存等が終わった後、平成新山フィールドミュージアム構想をまとめた。現在は近年の災害のアーカイブの作成と公開に取り組んでいる。執筆箇所はまえがき、第 4 章、第 7 章第 4 節、あとがき、全体の編集。

原田隆典　はらだたかのり　宮崎大学工学部社会環境システム工学科教授、
大学院防災環境研究センター長

1952 年生まれ、山口県出身、1980 年東京大学大学院工学研究科博士課程土木工学専攻修了（工学博士）。同年宮崎大学工学部土木工学科助教授を経て、1997 年同大学教授、現在に至る。この間、コロンビア大学研究助手や客員研究員、建設省土木研究所客員研究員を兼任。専門は地震工学、災害学。執筆箇所は第 1 章、第 7 章第 1 節。

書　名　災害伝承―命を守る地域の知恵―

コード　ISBN978-4-7722-4174-8　C1021

発行日　2014（平成 26）年 5 月 15 日　初版第 1 刷発行

編著者　高橋和雄

発行者　株式会社古今書院　橋本寿資

印刷所　三美印刷株式会社

製本所　三美印刷株式会社

発行所　古今書院

〒 101-0062　東京都千代田区神田駿河台 2-10

電　話　03-3291-2757

FAX　03-3233-0303

振　替　00100-8-35340

ﾎｰﾑﾍﾟｰｼﾞ　http://www.kokon.co.jp/

検印省略・Printed in Japan

古今書院の関連図書　ご案内

改訂保存版　東日本大震災津波詳細地図

原口　強・岩松　暉著
大阪市立大学准教授・鹿児島大学名誉教授

A4 判　上製　262 頁
本体 12000 円＋税　2013 年発行
ISBN978-4-7722-7119-6　C3044

★再度の現地調査と研究機関の資料をもとに全面改訂。図書館必備
青森県から千葉県まで（福島第一原発周辺を除く）6 県の沿岸すべてを実地踏査した結果をもとに津波の到達点と浸水高を 180 枚の大判地形図上に表示した「津波の大地図帳」。縮尺はすべて 2 万 5 千分の 1 で統一し、地域の比較が容易にできる。2011 年秋発行の前著（上下巻）を全面改訂。復興が進む地域において津波の新たな痕跡を見つけることはもはや不可能です。
［主な目次］青森県（東通村～階上町）／岩手県（洋野町～陸前高田市）／宮城県（気仙沼市～山元町）／福島県（新地町～いわき市）／茨城県（北茨城市～神栖市）／千葉県（銚子市～館山市）／現地踏査と地図化の方法／本を携えて被災地を行脚

関東大震災と土砂災害

井上公夫編著
砂防フロンティア整備推進機構技師長

A5 判　並製　240 頁　口絵 16 頁
本体 3500 円＋税　2013 年発行
ISBN978-4-7722-3153-4　C3051

★90 周年で蘇る記憶と記録で注意を喚起
地震による土砂災害で神奈川県、千葉県、山梨県、東京府で 1000 名以上もの方々が命を落とした。そんな記録をたどり、土砂災害の危険個所を丹念に追跡。歴史地震調査の仕事を有志とともに継続してきた編著者による庞大な文献と図表資料が本書の特徴。
［主な目次］第 1 章地震の特徴　第 2 章関東大震災による土砂災害の全体像　第 3 章震災地応急測図原図と土砂災害　第 4 章神奈川県西部の土砂災害と対応　第 5 章根府川を歩く　第 6 章神奈川県東部の土砂災害と対応　第 7 章静岡県・山梨県東部東京府の土砂災害　第 8 章千葉県南部の土砂災害と対応　コラム寺田寅彦、フェリス女学院ほか

古今書院の関連図書　ご案内

とらわれずに考えよう 地震・火山・岩石破壊

茂木清夫著
地震予知連絡会名誉委員・東京大学名誉教授

A5 判　上製　196 頁
本体 3000 円＋税　2009 年発行
ISBN978-4-7722-5227-0　C3044

★著名な地震学者が語る発想と着眼の研究史

注目に値する生き方を著者の研究エピソードからひろう。火山噴火の基本的な考えである茂木モデルが世界で認められ、岩石破壊実験の三軸圧縮実験装置を世界で初めて完成させ、東海地震の可能性を最初に発表して対策問題を提起した著者の着想と着眼は、どのようにして生まれたのか。

[主な内容] 1 山形の頃　2 大学と社会　3 地震研究所に入る　4 火山の噴火　5 実験地震学のはじまり　6 ソ連のネルセソフ博士との出会い　7 高圧下の岩石破壊実験　8 地震の音をとらえる　9 地震群　10 地震の時空間分布　11 地震災害を軽減するために　12 予知問題　13 活断層　14 想定される東海地震問題　15 地震と原子力発電所

3.11 学 地震と原発そして温暖化

横山裕道著
淑徳大学客員教授・元毎日新聞科学環境部長

A5 判　並製　224 頁
本体 2000 円＋税　2012 年発行
ISBN978-4-7722-4153-3　C3040

★全体像をつかみ、向き合って生きるためによく考える価値ある 1 冊

　東日本大震災や原発事故から 1 年。東北の復興や自然災害に強い国造り、脱原発後の温暖化防止が大きな課題だ。本書はそうした「3．11」の全体像を最新データを使って分かりやすく描いており、大学の教科書としても活用できる。筆者は地震、原発、温暖化を追い続けてきた元毎日新聞科学環境部長の大学教員。

〔主な内容〕Ⅰはじめに（1 章互いに絡み合う地震と原発、温暖化問題）Ⅱ想像を絶するような巨大地震と大津波（2 章…略）Ⅲメルトダウンの衝撃と広大な放射能汚染（6 章…略）Ⅳ大震災を乗り越えて底炭素社会を築く（10 章被災地をどう復旧・復興させるか、12 章地震・津波災害、自然災害に強い日本に、12 章脱原発を図り、核燃料サイクル計画も見直す、第 13 章原発に頼らず温暖化を防止し、低炭素社会を目指す）